税理士／
1級ファイナンシャル・プランニング技能士
伊藤 俊一 著

非上場株式評価
チェックシート

check sheet

LOGICA
ロギカ書房

はじめに

　法人資産税分野では非上場株式の評価が出発点となります。現在では、自社株評価は特殊領域ではなくなってきていること、事業承継対策においてポイントとなる自己株式の取得等や組織再編成、事業承継に係る資本政策プランニングにおいて自社株評価について、特に初期における税額シミュレーションの重大性が広く認識されています。

　筆者はこれまで、「非上場株式の評価」について具体的なチェックシートを説明していませんでした。しかし多くの読者からのリクエストにこたえ、ここに具体的な記載方法について改めて説明していきます。また、過去の拙著と同様、随所でその他周辺事例を取り上げています。

　なお、同族特殊関係者間の税務上の適正評価額の考え方等について本稿は一切主題としておりません。これらの考え方について参照されたい方は『新版 Q&A 非上場株式の評価と戦略的活用手法のすべて』（ロギカ書房）をご活用ください。

　本書の大きな特徴は、以下の点に集約されます。
・初級者から上級者まで幅広い読者のニーズにこたえるものを意識しています。
・論点は意図的にニッチな分野まで踏み込んで、特に網羅性を重視しています。そのため、類書では軽く扱っている記載についても誌面の許す限り詳細な解説をしています。
・裁決・裁判例・判例についても網羅性を重視し、できるだけ実務上のヒントになるような汎用性のあるものを厳選して掲載しています。
・評価は「不知・うっかり」で失念することが大半であり、苦手意識を持っている実務家が多いため表現はできるだけ平易に、また、随所に非常に簡単な「よくある」事例を組み込み、具体的な取引をイメージして

いただけるようにしました。一方で、実務上稀な事例についても上級者向けに汎用性のある取引のみを厳選し掲載しています（この点に関しては論点の切り貼りと感じられる読者もいらっしゃることと存じますが、課税実務での多くの失敗は「不知・うっかり」によるものです。したがって、論点は誌面の許す限り掲載しました。しかしながら、リストリクテッド・ストックや国外転出時課税などは意図的に割愛し、あくまで「普段よく使う周辺課税実務」にこだわっています）。

　最後に、株式会社ロギカ書房代表取締役橋詰守氏には企画段階から編集等、力強くサポートしていただいたこと、本書の実例作成にあたり多くを参照させていただいた、普段から良質な御質問くださる税務質問会（https://myhoumu.jp/zeimusoudan/）会員様に心から感謝申し上げます。

令和5年2月

税理士　伊藤　俊一

目次

第2章　取引相場のない株式（出資）の評価明細書 ＝様式別チェックシート編＝

参考・資料

参考

資料

【凡例】

相法	相続税法
相令	相続税法施行令
相基通	相続税法基本通達
所法	所得税法
所令	所得税法施行令
所基通	所得税基本通達
法法	法人税法
法令	法人税法施行令
措法	租税特別措置法
措通	租税特別措置法関係通達
評基通	財産評価基本通達
所法60①一	所得税法第60条第1項第1号

本書は、令和5年2月1日の法令・通達に基づいています。
ただし、当局内部資料は旧法条文・通達になっている場合
もあります（原文ママということ）。

第1章

取引相場のない株式（出資）の評価明細書
＝作成チェックシート編＝

*Q*1=株式評価明細書作成上の最初の考慮点

　株式評価明細書を課税実務で作成する際に最も初めに考慮するのは、何でしょうか？

Answer

　評価目的です。

解説

　通常の課題実務においては、

　　・相続税申告書作成

　　・贈与税申告書作成

における

　　・「相続税のための評価目的」

　　・「贈与税のための評価目的」

が多いと想定されるため、下記はそれを前提に解説しています。

　一方、

　　・小会社方式（所得税基本通達59-6、法人税基本通達9-1-14（4-1-6））

　　・時価純資産価額

を算定される場合もあるかと思いますが、

　　・小会社方式は課税実務では第４表、第５表で事足りる

　　・小会社方式は「原則として」財産評価基本通達を準用している

　　・時価純資産価額は第５表で事足りる

ため、あえて別稿での解説を施していません。

*Q*2=株式評価明細書作成上の次の考慮点

　株式評価明細書を課税実務で作成する際に *Q*1の次に考慮するのは、何でしょうか？

Answer

取引内容です。

解説

次に考慮するのは評価目的と表裏一体の関係を実務ではなされますが、取引内容です。

株式の異動は

・相続

・贈与（無償譲渡）

・遺贈

・譲渡（有償譲渡）

・増資

・減資

といった取引に大別されます。

そして当該株式の異動は、上記それぞれにおいて

・当該取引の取引当事者の属性

によっても変化します。

当該取引の取引当事者の属性は課税実務では重要な論点であり、詳細解説は『新版Q&A非上場株式の評価と戦略的活用手法のすべて』（ロギカ書房）に委ねます。

Q3=取引相場のない株式（出資）の評価明細書の全体像

取引相場のない株式（出資）の評価明細書に係る全体像を教えてください。

Answer

下記です。

解説

取引相場のない株式（出資）の評価明細書の全体像

明細書種別	何を計算するか？
第1表の1	株主の判定と会社区分の判定
1表の2	株主の判定と会社区分の判定（第1表の1の続きとなります）
第2表	特定評価会社の判定
第3表	一般評価会社の株式等価額
第4表	類似業種比準価額
第5表	純資産価額
第6表	特定評価会社の株式等価額
第7表	株式等保有特定会社の株式価額（S1＋S2方式）
第8表	株式等保有特定会社の株式価額（S1＋S2方式）（第7表の続きとなります）

（コメント）小会社方式算定においては、上記第4表、第5表しか実務上は用いません。

　　　　　時価純資産価額算定においては上記5表しか実務上は用いません。
　　　　　ただし特定評価会社に該当した場合を除きます。

Q4=小会社方式の見せ方

　小会社方式の見せ方を教えてください。

Answer

　下記です。

解説

　小会社方式算定の場合、第4表と第5表の作成だけで足ります。

　第4表は斟酌率について会社規模区分に応じて、×0.7（大会社）、×0.6

（中会社）、×0.5（小会社）にします。

　第5表は原則「土地（借地権等含む）、上場有価証券」を時価評価し、かつ法人税額等相当額を控除せず計算します。

　それらの加重平均をとるだけです。

　なお、営業権の評価明細書もセットで作成されることを強くお勧めします。

　小会社方式算定の場合、株価算定書に他の表を挿入する必要はありません。

Q5＝株価の見せ方

クライアントに対する株価の見せ方をご教示ください。

Answer

　下記のような「株価総括表」を作成することをお勧めしています。

解説

【株価総括表】〜株式会社○○様　令和4年3月期〜

会社名	株式会社○○	
年度	令和4年3月期	
業種区分	××	
会社規模	大会社	
特定会社判定	該当なし	
発行済株式数	249,119株	
自己株式	0株	
類似業種比準価額		※相続税評価額算定の基準値となります。
単価	769円／株	
総額	191,572,511円	
純資産価額（法人税等控除有）		※相続税評価額算定の基準値となります。
単価	2,948円／株	

総額	734,402,812円	
純資産価額（法人税額等控除無）		
単価	3,400円／株	
総額	847,004,600円	
相続税評価額（原則）		※個人株主⇒個人株主（大株主、オーナー、代表者）に譲渡・贈与するとき使用します。
単価	769円／株	
総額	191,572,511円	
法人取引価額（折衷）―　所基通59-6　法基通9-1-14（4-1-6）		※個人株主⇒法人に譲渡・贈与するとき使用します。金庫株・組織再編に使用します。
単価	2,071円／株	
総額	515,836,478円	
法人取引価額（時価）		※法人株主⇒法人に譲渡・贈与するとき使用します。金庫株・組織再編にも使用します。
単価	3,592円／株	
総額	894,835,448円	
配当還元方式価額		※個人株主⇒個人株主（少数株主）・持株会に譲渡・贈与するとき使用します。
単価	282円／株	
総額	70,251,558円	

※法人取引価額（折衷）及び法人取引価額（時価）における土地の評価は相続税評価額（概算）に0.8で割り戻した概算公示価格を適用しております。また保険積立金解約返戻金は当初約定利率によっております。

※類似業種比準価額の計算要素は令和4年8月1日現在の「「令和4年分の類似業種比準価額計算上の業種目及び業種目別株価等について」の一部改正について（法令解釈通達）」に基づいております（令和4年6月分まで）。

　上記総括表では、計7つの株価を並べています。これは銀行のプライベートバンキング部がこの7つの株価を並べた資料を作成しているため平仄を合わせているだけです。ただし、7つの株価の中で実際に使われるのは、下から4つまで、すなわち「相続税評価額（原則）」、「法人取引価額（折衷）」（折衷とありますが、小会社方式と呼ばれるもの、所得税基本通達59-6、法人税基本通達9-1-14（法人税基本通達4-1-6）のことです）、「法人取引価額（時価）」（時価とは時価純資産価額のことです）、「配当還元方式価額」の4つとなります。

　「相続税評価額（原則）」は、相続税申告時に使われるのはもちろんのこと、個人株主から個人株主（大株主、オーナー、代表者等）に譲渡、贈与するときに使用されるものになります。「法人取引価額（折衷）」は、法人株主

から法人に譲渡、贈与するときに使用される株価になります。また、合併比率、交換比率、交付比率の算定の基本となる株価の1つにも用いられます。自己株式取得（金庫株）もこれを使うことが多くあります。「法人取引価額（時価）」は、法人株主（時には、個人株主）から法人に譲渡、贈与するときや、自己株式取得（金庫株）、合併比率、交換比率、交付比率にも使用します。

「法人取引価額（折衷）」と「法人取引価額（時価）」が使われる場面は、原則として、同じ場面です。同一事業年度に連続再編するときには採用株価は統一させるのが望ましいといわれています。例えば、法人取引価額（折衷）で株式交換を行った事業年度で、さらに連続して合併をする時は法人取引価額（折衷）を用います。当初再編が時価であれば次回再編も時価にすべきです。不平等比率の認定を避けるためです。

「配当還元方式価格」は、個人株主から個人株主（持株会等の少数株主）に譲渡、贈与するときに使用します。表の最後の※ですが、「法人取引価額（折衷）及び法人取引価額（時価）における土地の評価は相続税評価額（概算）に0.8で割り戻した概算公示価格を適用しております。」と記載されています。基本的にはこのような計算方法で問題ありません。しかし、土地建物のボリュームが多い会社に関しては、不動産鑑定士を使うという方法がよいと思います。不動産鑑定士を使わない場合には近隣公示価格で引き直す方法（（公示地の標準価格）×対象地の路線価／公示地の路線価）も主流です。

Q6＝基本的な用語

　取引相場のない株式（出資）の評価明細書に係る基本的な用語の確認を教えてください。

Answer

　下記です。

解説

　本稿中における基本的な用語の確認はこちらの記載方法等で随時確認してください。

取引相場のない株式（出資）の評価明細書の記載方法等

　https://www.nta.go.jp/law/tsutatsu/kobetsu/hyoka/kaisei/r0109/pdf/01.pdf

取引相場のない株式（出資）の評価明細書の記載方法等

　取引相場のない株式（出資）の評価明細書は、相続、遺贈又は贈与により取得した取引相場のない株式及び持分会社の出資等並びにこれらに関する権利の価額を評価するために使用します。

　なお、この明細書は、第１表の１及び第１表の２で納税義務者である株主の態様の判定及び評価会社の規模（Ｌの割合）の判定を行い、また、第２表で特定の評価会社に該当するかどうかの判定を行い、それぞれについての評価方式に応じて、第３表以下を記載し作成します。

(注)１　評価会社が一般の評価会社（特定の評価会社に該当しない会社をいいます。）である場合には、第６表以下を記載する必要はありません。

　　　２　評価会社が「清算中の会社」に該当する場合には、適宜の様式により計算根拠等を示してください。

第１表の１　評価上の株主の判定及び会社規模の判定の明細書

１　この表は、評価上の株主の区分及び評価方式の判定に使用します。評価会社が「開業前又は休業中の会社」に該当する場合には、「１．株主及び評価方式の判定」欄及び「２．少数株式所有者の評価方式の判定」欄を記載する必要はありません。

　　なお、この表のそれぞれの「判定基準」欄及び「判定」欄は、該当する文字を○で囲んで表示します。

２　「事業内容」欄の「取扱品目及び製造、卸売、小売等の区分」欄には、評価会社の事業内容を具体的に記載します。「業種目番号」欄には、別に定める類似業種比準価額計算上の業種目の番号を記載します（類似業種比準価額を計算しない場合は省略しても差し支えありません。）。「取引金額の構成比」欄には、評価会社の取引金額全体に占める事業別の構成比を記載します。

　(注)　「取引金額」は直前期末以前１年間における評価会社の目的とする事業に係る収入金額（金融業・証券業については収入利息及び収入手数料）をいいます。

３　「１．株主及び評価方式の判定」の「判定要素（課税時期現在の株式等の所有状況）」の各欄は、次により記載します。

　⑴　「氏名又は名称」欄には、納税義務者が同族株主等の原則的評価方式等（配当還元方式以外の評価方式をいいます。）を適用する株主に該当するかどうかを判定するために必要な納税義務者の属する同族関係者グループ（株主の１人とその同族関係者のグループをいいます。）の株主の氏名又は名称を記載します。

　　　この場合における同族関係者とは、株主の１人とその配偶者、６親等内の血族及び３親等内の姻族等をいいます（付表「同族関係者の範囲等」参照）。

　⑵　「続柄」欄には、納税義務者との続柄を記載します。

　⑶　「会社における役職名」欄には、課税時期又は法定申告期限における役職名を、社長、代表取締役、副社長、専務、常務、会計参与、監査役等と具体的に記載します。

　⑷　「㋑　株式数（株式の種類）」の各欄には、相続、遺贈又は贈与による取得後の株式数を記載します（評価会社が会社法第108条第１項に掲げる事項について内容の異なる２以上の種類の株式（以下「種類株式」といいます。）を発行している場合には、次の⑸のニにより記載します。なお、評価会社が種類株式を発行していない場合には、株式の種類の記載を省略しても差し支えありません。）。

　　「㋺　**議決権数**」の各欄には、各株式数に応じた議決権数（個）を記載します（議決権数は㋑株式数÷１単元の株式数により計算し、１単元の株式数に満たない株式に係る議決権数は切り捨てて記載します。なお、会社法第188条に規定する単元株制度を採用していない会社は、１株式＝１議決権となります。）。

　　「㋩　**議決権割合**（㋺／④）」の各欄には、評価会社の議決権の総数（④欄の議決権の総数）に占める議決権数（それぞれの株主の㋺欄の議決権数）の割合を１％未満の端数を切り捨てて記載します（「納税義務者の属する同族関係者グループの議決権の合計数（⑤（②／④））」欄及び「筆頭株主グループの議決権の合計数（⑥（③／④））」欄は、各欄において、１％未満の端数を切り捨てて記載します。なお、これらの割合が50％超から51％未満までの範囲内にある場合には、１％未満の端数を切り上げて「51％」と記載します。）。

⑸　次に掲げる場合には、それぞれ次によります。

　イ　相続税の申告書を提出する際に、株式が共同相続人及び包括受遺者の間において分割されていない場合

　　　「㋑　株式数（株式の種類）」欄には、納税義務者が有する株式（未分割の株式を除きます。）の株式数の上部に、未分割の株式の株式数を㋑と表示の上、外書で記載し、納税義務者が有する株式の株式数に未分割の株式の株式数を加算した数に応じた議決権数を「㋺　議決権数」に記載します。また、「納税義務者の属する同族関係者グループの議決権の合計数（⑤（②／④））」欄には、納税義務者の属する同族関係者グループが有する実際の議決権数（未分割の株式に応じた議決権数を含みます。）を記載します。

　ロ　評価会社の株主のうちに会社法第308条第１項の規定によりその株式につき議決権を有しないこととされる会社がある場合

　　　「氏名又は名称」欄には、その会社の名称を記載します。

　　　「㋑　株式数（株式の種類）」欄には、議決権を有しないこととされる会社が有する株式数を㋬と表示の上、記載し、「㋺　議決権数」欄及び「㋩　議決権割合（㋺／④）」欄は、「－」で表示します。

　ハ　評価会社が自己株式を有する場合

　　　「㋑　株式数(株式の種類)」欄に会社法第113条第４項に規定する自己株式の数を記載します。

　ニ　評価会社が種類株式を発行している場合

　　　評価会社が種類株式を発行している場合には、次のとおり記載します。

　　　「㋑　株式数（株式の種類）」欄の各欄には、納税義務者が有する株式の種類ごとに記載するものとし、上段に株式数を、下段に株式の種類を記載します（記載例参照）。

　　　「㋺　議決権数」の各欄には、株式の種類に応じた議決権数を記載します（議決権数は㋑株式数÷その株式の種類に応じた１単元の株式数により算定し、１単元に満たない株式に係る議決権数は切り捨てて記載します。）。

　　　「㋩　議決権割合（㋺／④）」の各欄には、評価会社の議決権の総数（④欄の議決権の総数）に占める議決権数（それぞれの株主の㋺欄の議決権数で、２種類以上の株式を所有している場合には、記載例のように、各株式に係る議決権数を合計した数）の割合を１％未満の端数を切り捨てて記載します（「納税義務者の属する同族関係者グループの議決権の合計数（⑤（②／④））」欄及び「筆頭株主グループの議決権の合計数（⑥（③／④））」欄は、各欄において、１％未満の端数を切り捨てて記載します。なお、これらの割合が50％超から51％未満までの範囲内にある

場合には、１％未満の端数を切り上げて「51%」と記載します。）。

（記載例）

氏名又は名称	続 柄	会社における役職名	④ 株 式 数（株式の種類）	⑤ 議 決 権 数	⑥ 議決権割合（⑤／④）
財務　一郎	納税義務者	社長	株 10,000,000 （普通株式）	個 10,000	％ 14
〃	〃	〃	2,000,000 （種類株式A）	4,000	

4　「１．株主及び評価方式の判定」の「判定基準」欄及び「判定」欄の各欄は、該当する文字を〇で囲んで表示します。

　　なお、「判定」欄において、「同族株主等」に該当した納税義務者のうち、議決権割合（⑥の割合）が５％未満である者については、「２．少数株式所有者の評価方式の判定」欄により評価方式の判定を行います。

　　また、評価会社の株主のうちに中小企業投資育成会社がある場合は、財産評価基本通達188-6（（投資育成会社が株主である場合の同族株主等））の定めがありますので、留意してください。

5　「２．少数株式所有者の評価方式の判定」欄は、「判定要素」欄に掲げる項目の「㋺　役員」、「㋩　納税義務者が中心的な同族株主」及び「㋥　納税義務者以外に中心的な同族株主（又は株主）」の順に次により判定を行い、それぞれの該当する文字を〇で囲んで表示します（「判定内容」欄の括弧内は、それぞれの項目の判定結果を表します。）。

　　なお、「役員」、「中心的な同族株主」及び「中心的な株主」については、付表「同族関係者の範囲等」を参照してください。

⑴　「㋺　役員」欄は、納税義務者が課税時期において評価会社の役員である場合及び課税時期の翌日から法定申告期限までに役員となった場合に「である」とし、その他の者については「でない」として判定します。

⑵　「㋩　納税義務者が中心的な同族株主」欄は、納税義務者が中心的な同族株主に該当するかどうかの判定に使用しますので、納税義務者が同族株主のいない会社（⑥の割合が 30％未満の場合）の株主である場合には、この欄の判定は必要ありません。

⑶　「㋥　納税義務者以外に中心的な同族株主（又は株主）」欄は、納税義務者以外の株主の中に中心的な同族株主（納税義務者が同族株主のいない会社の株主である場合には、中心的な株主）がいるかどうかを判定し、中心的な同族株主又は中心的な株主がいる場合には、下段の氏名欄にその中心的な同族株主又は中心的な株主のうち１人の氏名を記載します。

第１表の２　評価上の株主の判定及び会社規模の判定の明細書　（続）

1　「３．会社の規模（Lの割合）の判定」の「判定要素」の各欄は、次により記載します。なお、評価会社が「開業前又は休業中の会社」に該当する場合及び「開業後３年未満の会社等」に該当する場合には、「３．会社の規模（Lの割合）の判定」欄を記載する必要はありません。

⑴　「直前期末の総資産価額（帳簿価額）」欄には、直前期末における各資産の確定決算上の帳簿価額の合計額を記載します。

　　（注）1　固定資産の減価償却累計額を間接法によって表示している場合には、各資産の帳簿価額の

　　　合計額から減価償却累計額を控除します。

　　2　売掛金、受取手形、貸付金等に対する貸倒引当金は控除しないことに留意してください。

　　3　前払費用、繰延資産、税効果会計の適用による繰延税金資産など、確定決算上の資産として計上されている資産は、帳簿価額の合計額に含めて記載します。

　　4　収用や特定の資産の買換え等の場合において、圧縮記帳引当金勘定に繰り入れた金額及び圧縮記帳積立金として積み立てた金額並びに翌事業年度以降に代替資産等を取得する予定であることから特別勘定に繰り入れた金額は、帳簿価額の合計額から控除しないことに留意してください。

⑵　「**直前期末以前1年間における従業員数**」欄には、直前期末以前1年間においてその期間継続して評価会社に勤務していた従業員（就業規則等で定められた1週間当たりの労働時間が30時間未満である従業員を除きます。以下「継続勤務従業員」といいます。）の数に、直前期末以前1年間において評価会社に勤務していた従業員（継続勤務従業員を除きます。）のその1年間における労働時間の合計時間数を従業員1人当たり年間平均労働時間数(1,800時間)で除して求めた数を加算した数を記載します。

　　(注)1　上記により計算した評価会社の従業員数が、例えば5.1人となる場合は従業員数「5人超」に、4.9人となる場合は従業員数「5人以下」に該当します。

　　　　2　従業員には、社長、理事長並びに法人税法施行令第71条((使用人兼務役員とされない役員))第1項第1号、第2号及び第4号に掲げる役員は含まないことに留意してください。

⑶　「**直前期末以前1年間の取引金額**」欄には、直前期の事業上の収入金額(売上高)を記載します。この場合の事業上の収入金額とは、その会社の目的とする事業に係る収入金額（金融業・証券業については収入利息及び収入手数料）をいいます。

　　(注)　直前期の事業年度が1年未満であるときには、課税時期の直前期末以前1年間の実際の収入金額によることとなりますが、実際の収入金額を明確に区分することが困難な期間がある場合は、その期間の収入金額を月数あん分して求めた金額によっても差し支えありません。

⑷　評価会社が「**卸売業**」、「**小売・サービス業**」又は「**卸売業、小売・サービス業以外**」のいずれの業種に該当するかは、直前期末以前1年間の取引金額に基づいて判定し、その取引金額のうちに2以上の業種に係る取引金額が含まれている場合には、それらの取引金額のうち最も多い取引金額に係る業種によって判定します。

⑸　「**会社規模とLの割合（中会社）の区分**」欄は、㋺欄の区分（「総資産価額（帳簿価額）」と「従業員数」とのいずれか下位の区分）と㋩欄（取引金額）の区分とのいずれか上位の区分により判定します。

　　(注)　大会社及びLの割合が0.90の中会社の従業員数はいずれも「35人超」のため、この場合の㋺欄の区分は、「総資産価額（帳簿価額）」欄の区分によります。

2　「**4．増（減）資の状況その他評価上の参考事項**」欄には、次のような事項を記載します。

⑴　課税時期の直前期末以後における増（減）資に関する事項

　　　例えば、増資については、次のように記載します。

　　　　増資年月日　　　　令和○年○月○日

　　　　増資金額　　　　　○○○　　千円

　　　　増資内容　　　　　1：0.5（1株当たりの払込金額50円、株主割当）

　　　　増資後の資本金額　○○○　　千円

⑵　課税時期以前3年間における社名変更、増（減）資、事業年度の変更、合併及び転換社債型新株予約権付社債（財産評価基本通達197⑷に規定する転換社債型新株予約権付社債、以下「転換社債」といいます。）の発行状況に関する事項

⑶　種類株式に関する事項

　　例えば、種類株式の内容、発行年月日、発行株式数等を、次のように記載します。

種類株式の内容	議決権制限株式
発行年月日	令和〇年〇月〇日
発行株式数	〇〇〇〇〇株
発行価額	1株につき〇〇円（うち資本金に組み入れる金額〇〇円）
1単元の株式の数	〇〇〇株
議決権	〇〇の事項を除き、株主総会において議決権を有しない。
転換条項	令和〇年〇月〇日から令和〇年〇月〇日までの間は株主からの請求により普通株式への転換可能（当初の転換価額は〇〇円）
償還条項	なし
残余財産の分配	普通株主に先立ち、1株につき〇〇円を支払う。

⑷　剰余金の配当の支払いに係る基準日及び効力発生日

⑸　剰余金の配当のうち、資本金等の額の減少に伴うものの金額

⑹　その他評価上参考となる事項

第2表　特定の評価会社の判定の明細書

1　この表は、評価会社が特定の評価会社に該当するかどうかの判定に使用します。

　　評価会社が特定の評価会社に明らかに該当しないものと認められる場合には、記載する必要はありません。また、配当還元方式を適用する株主について、原則的評価方式等の計算を省略する場合（原則的評価方式等により計算した価額が配当還元価額よりも高いと認められる場合）には、記載する必要はありません。

　　なお、この表のそれぞれの「判定基準」欄及び「判定」欄は、該当する文字を〇で囲んで表示します。

2　「1.　比準要素数1の会社」欄は、次により記載します。

　　なお、評価会社が「3.　土地保有特定会社」から「6.　清算中の会社」のいずれかに該当する場合には、記載する必要はありません。

⑴　「判定要素」の「⑴　直前期末を基とした判定要素」及び「⑵　直前々期末を基とした判定要素」の各欄は、当該各欄が示している第4表の「2.　比準要素等の金額の計算」の各欄の金額を記載します。

⑵　「判定基準」欄は、「⑴　直前期末を基とした判定要素」欄の判定要素のいずれか2が0で、かつ、「⑵　直前々期末を基とした判定要素」欄の判定要素のいずれか2以上が0の場合に、「である（該当）」を〇で囲んで表示します。

　（注）「⑴　直前期末を基とした判定要素」欄の判定要素がいずれも0である場合は、「4.　開業後3年未満の会社等」欄の「⑵　比準要素数0の会社」に該当することに留意してください。

3　「2.　株式等保有特定会社」及び「3.　土地保有特定会社」の「総資産価額」欄等には、課税時期

における評価会社の各資産を財産評価基本通達の定めにより評価した金額（第5表の①の金額等）を記載します。ただし、1株当たりの純資産価額（相続税評価額）の計算に当たって、第5表の記載方法等の2の⑷により直前期末における各資産及び各負債に基づいて計算を行っている場合には、当該直前期末において計算した第5表の当該各欄の金額により記載することになります（これらの場合、株式等保有特定会社及び土地保有特定会社の判定時期と純資産価額及び株式等保有特定会社のS₂の計算時期を同一とすることに留意してください。）。

　なお、「2.　株式等保有特定会社」欄は、評価会社が「3.　土地保有特定会社」から「6.　清算中の会社」のいずれかに該当する場合には記載する必要はなく、「3.　土地保有特定会社」欄は、評価会社が「4.　開業後3年未満の会社等」から「6.　清算中の会社」のいずれかに該当する場合には、記載する必要はありません。

(注)　「2.　株式等保有特定会社」の「株式等保有割合」欄の③の割合及び「3.　土地保有特定会社」の「土地保有割合」欄の⑥の割合は、1%未満の端数を切り捨てて記載します。

4　「4.　開業後3年未満の会社等」の「⑵　比準要素数0の会社」の「判定要素」の「直前期末を基とした判定要素」の各欄は、当該各欄が示している第4表の「2.　比準要素等の金額の計算」の各欄の金額（第2表の「1.　比準要素数1の会社」の「判定要素」の「⑴　直前期末を基とした判定要素」の各欄の金額と同一となります。）を記載します。

　なお、評価会社が「⑴　開業後3年未満の会社」に該当する場合には、「⑵　比準要素数0の会社」の各欄は記載する必要はありません。

　また、評価会社が「5.　開業前又は休業中の会社」又は「6.　清算中の会社」に該当する場合には、「4.　開業後3年未満の会社等」の各欄は、記載する必要はありません。

5　「5.　開業前又は休業中の会社」の各欄は、評価会社が「6.　清算中の会社」に該当する場合には、記載する必要はありません。

第3表　一般の評価会社の株式及び株式に関する権利の価額の計算明細書

1　この表は、一般の評価会社の株式及び株式に関する権利の評価に使用します（特定の評価会社の株式及び株式に関する権利の評価については、「第6表　特定の評価会社の株式及び株式に関する権利の価額の計算明細書」を使用します。）。

　なお、この表の各欄の金額は、各欄の表示単位未満の端数を切り捨てて記載します（ただし、下記の2及び4の⑵に留意してください。）。

2　「1.　原則的評価方式による価額」の「株式の価額の修正」欄の「1株当たりの割当株式数」及び「1株当たりの割当株式数又は交付株式数」は、1株未満の株式数を切り捨てずに実際の株式数を記載します。

3　「2.　配当還元方式による価額」欄は、第1表の1の「1.　株主及び評価方式の判定」欄又は「2.　少数株式所有者の評価方式の判定」欄の判定により納税義務者が配当還元方式を適用する株主に該当する場合に、次により記載します。

⑴　「1株当たりの資本金等の額、発行済株式数等」の「直前期末の資本金等の額」欄の⑨の金額は、法人税申告書別表五（一）（（利益積立金額及び資本金等の額の計算に関する明細書））（以下「別表五（一）」といいます。）の「差引翌期首現在資本金等の額」の「差引合計額」欄の金額を記載します。

⑵　「**直前期末以前２年間の配当金額**」欄は、評価会社の年配当金額の総額を基に、第４表の記載方法等の２の⑴に準じて記載します。

⑶　「**配当還元額**」欄の⑳の金額の記載に当たっては、原則的評価方式により計算した価額が配当還元価額よりも高いと認められるときには、「１．原則的評価方式による価額」欄の計算を省略しても差し支えありません。

４　「**４．株式及び株式に関する権利の価額**」欄は、次により記載します。

⑴　「**株式の評価額**」欄には、「①」欄から「⑳」欄までにより計算したその株式の価額を記載します。

⑵　「**株式に関する権利の評価額**」欄には、「㉑」欄から「㉔」欄までにより計算した株式に関する権利の価額を記載します。

　　なお、株式に関する権利が複数発生している場合には、それぞれの金額ごとに別に記載します（配当期待権の価額は、円単位で円未満２位（銭単位）により記載します。）。

第４表　類似業種比準価額等の計算明細書

１　この表は、評価会社の「類似業種比準価額」の計算を行うために使用します。

　　なお、この表の各欄の金額は、各欄の表示単位未満の端数を切り捨てて記載します（「比準割合の計算」欄の要素別比準割合及び比準割合は、それぞれ小数点以下２位未満を切り捨てて記載します。また、下記３の⑸に留意してください。）。

２　「**２．比準要素等の金額の計算**」の各欄は、次により記載します。

⑴　「**１株（50円）当たりの年配当金額**」の「**直前期末以前２（３）年間の年平均配当金額**」欄は、評価会社の剰余金の配当金額を基に次により記載します。

　　イ　「⑥　**年配当金額**」欄には、各事業年度中に配当金交付の効力が発生した剰余金の配当（資本金等の額の減少によるものを除きます。）の金額を記載します。

　　ロ　「⑦　**左のうち非経常的な配当金額**」欄には、剰余金の配当金額の算定の基となった配当金額のうち、特別配当、記念配当等の名称による配当金額で、将来、毎期継続することが予想できない金額を記載します。

　　ハ　「**直前期**」欄の記載に当たって、１年未満の事業年度がある場合には、直前期末以前１年間に対応する期間に配当金交付の効力が発生した剰余金の配当金額の総額を記載します。

　　　　なお、「直前々期」及び「直前々期の前期」の各欄についても、これに準じて記載します。

⑵　「**１株（50円）当たりの年配当金額**」の「⑬」欄は、「**比準要素数１の会社・比準要素数０の会社の判定要素の金額**」の「⑱」欄の金額を記載します。

⑶　「**１株（50円）当たりの年利益金額**」の「**直前期末以前２（３）年間の利益金額**」欄は、次により記載します。

　　イ　「⑫　**非経常的な利益金額**」欄には、固定資産売却益、保険差益等の非経常的な利益の金額を記載します。この場合、非経常的な利益の金額は、非経常的な損失の金額を控除した金額（負数の場合は０）とします。

　　ロ　「**直前期**」欄の記載に当たって、１年未満の事業年度がある場合には、直前期末以前１年間に対応する期間の利益の金額を記載します。この場合、実際の事業年度に係る利益の金額をあん分する必要があるときは、月数により行います。

　　なお、「直前々期」及び「直前々期の前期」の各欄についても、これに準じて記載します。

⑷　「1株（50円）当たりの年利益金額」の「比準要素数1の会社・比準要素数0の会社の判定要素の金額」の「Ⓒ①」欄及び「Ⓒ②」欄は、それぞれ次により記載します。

　イ　「Ⓒ①」欄は、㊂の金額（ただし、納税義務者の選択により、㊂の金額と㊄の金額との平均額によることができます。）を⑤の株式数で除した金額を記載します。

　ロ　「Ⓒ②」欄は、㊄の金額（ただし、納税義務者の選択により、㊄の金額と㊅の金額との平均額によることができます。）を⑤の株式数で除した金額を記載します。

　（注）1　Ⓒ①又はⒸ②の金額が負数のときは、0とします。

　　　　2　「直前々期の前期」の各欄は、上記のロの計算において、㊄の金額と㊅の金額との平均額によらない場合には記載する必要はありません。

⑸　「1株（50円）当たりの年利益金額」の「Ⓒ」欄には、㊂の金額を⑤の株式数で除した金額を記載します。ただし、納税義務者の選択により、直前期末以前2年間における利益金額を基として計算した金額（（㊂＋㊄）÷2）を⑤の株式数で除した金額をⒸの金額とすることができます。

　（注）Ⓒの金額が負数のときは、0とします。

⑹　「1株（50円）当たりの純資産価額」の「直前期末（直前々期末）の純資産価額」の「⑰　資本金等の額」欄は、第3表の記載方法等の3の⑴に基づき記載します。また、「⑱　利益積立金額」欄には、別表五（一）の「差引翌期首現在利益積立金額」の「差引合計額」欄の金額を記載します。

⑺　「1株（50円）当たりの純資産価額」の「比準要素数1の会社・比準要素数0の会社の判定要素の金額」の「Ⓓ①」欄及び「Ⓓ②」欄は、それぞれ⑯及び㊆の金額を⑤の株式数で除した金額を記載します。

　（注）Ⓓ①及びⒹ②の金額が負数のときは、0とします。

⑻　「1株（50円）当たりの純資産価額」の「Ⓓ」欄には、上記⑺で計算したⒹ①の金額を記載します。

　（注）Ⓓの金額が負数のときは、0とします。

3　「3.　類似業種比準価額の計算」の各欄は、次により記載します。

⑴　「類似業種と業種目番号」欄には、第1表の1の「事業内容」欄に記載された評価会社の事業内容に応じて、別に定める類似業種比準価額計算上の業種目及びその番号を記載します。

　　この場合において、評価会社の事業が該当する業種目は直前期末以前1年間の取引金額に基づいて判定した業種目とします。

　　なお、直前期末以前1年間の取引金額に2以上の業種目に係る取引金額が含まれている場合の業種目は、業種目別の割合が50％を超える業種目とし、その割合が50％を超える業種目がない場合は、次に掲げる場合に応じたそれぞれの業種目とします。

　イ　評価会社の事業が一つの中分類の業種目中の2以上の類似する小分類の業種目に属し、それらの業種目別の割合の合計が50％を超える場合

　　　その中分類の中にある類似する小分類の「その他の○○業」

　ロ　評価会社の事業が一つの中分類の業種目中の2以上の類似しない小分類の業種目に属し、それらの業種目別の割合の合計が50％を超える場合（イに該当する場合は除きます。）

　　　　その中分類の業種目

　ハ　評価会社の事業が一つの大分類の業種目中の２以上の類似する中分類の業種目に属し、それら
　　　の業種目別の割合の合計が50％を超える場合

　　　　その大分類の中にある類似する中分類の「その他の○○業」

　ニ　評価会社の事業が一つの大分類の業種目中の２以上の類似しない中分類の業種目に属し、それ
　　　らの業種目別の割合の合計が50％を超える場合（ハに該当する場合を除きます。）

　　　　その大分類の業種目

　ホ　イからニのいずれにも該当しない場合

　　　　大分類の業種目の中の「その他の産業」

　　　（注）

$$\text{業種目別の割合} = \frac{\text{業種目別の取引金額}}{\text{評価会社全体の取引金額}}$$

　　　また、類似業種は、業種目の区分の状況に応じて、次によります。

業種目の区分の状況	類　似　業　種
上記により判定した業種目が小分類に区分されている業種目の場合	小分類の業種目とその業種目の属する中分類の業種目とをそれぞれ記載します。
上記により判定した業種目が中分類に区分されている業種目の場合	中分類の業種目とその業種目の属する大分類の業種目とをそれぞれ記載します。
上記により判定した業種目が大分類に区分されている業種目の場合	大分類の業種目を記載します。

⑵　「類似業種の株価」及び「比準割合の計算」の各欄には、別に定める類似業種の株価A、１株（50
　円）当たりの年配当金額B、１株（50円）当たりの年利益金額C及び１株（50円）当たりの純資
　産価額Dの金額を記載します。

⑶　「比準割合の計算」の「比準割合」欄の比準割合（㉑及び㉔）は、「１株（50円）当たりの年配
　当金額」、「１株（50円）当たりの年利益金額」及び「１株（50円）当たりの純資産価額」の各欄
　の要素別比準割合を基に、次の算式により計算した割合を記載します。

$$\text{比準割合} = \frac{\dfrac{ⓑ}{B} + \dfrac{ⓒ}{C} + \dfrac{ⓓ}{D}}{3}$$

⑷　「１株（50円）当たりの比準価額」欄は、評価会社が第１表の２の「３．**会社の規模（Lの割
　合）の判定**」欄により、中会社に判定される会社にあっては算式中の「０．７」を「０．６」、小
　会社に判定される会社にあっては算式中の「０．７」を「０．５」として計算した金額を記載しま
　す。

⑸　「比準価額の修正」欄の「１株当たりの割当株式数」及び「１株当たりの割当株式数又は交付株
　式数」は、１株未満の株式数を切り捨てずに実際の株式数を記載します。

　（注）　⑴の類似業種比準価額計算上の業種目及びその番号、並びに、⑵の類似業種の株価A、１株
　　　　（50円）当たりの年配当金額B、１株（50円）当たりの年利益金額C及び１株（50円）当た
　　　　りの純資産価額Dの金額については、該当する年分の「令和○年分の類似業種比準価額計算上の業
　　　　種目及び業種目別株価等について（法令解釈通達）」で御確認の上記入してください。

　　　　　なお、当該通達については、国税庁ホームページ【https://www.nta.go.jp】上で御覧いた
　　　　だけます。

【令和3年3月1日以降用】

第5表　1株当たりの純資産価額（相続税評価額）の計算明細書

1　この表は、「1株当たりの純資産価額（相続税評価額）」の計算のほか、株式等保有特定会社及び土地保有特定会社の判定に必要な「総資産価額」、「株式等の価額の合計額」及び「土地等の価額の合計額」の計算にも使用します。

　　なお、この表の各欄の金額は、各欄の表示単位未満の端数を切り捨てて記載します。

2　「1. 資産及び負債の金額（課税時期現在）」の各欄は、課税時期における評価会社の各資産及び各負債について、次により記載します。

　⑴　「資産の部」の「相続税評価額」欄には、課税時期における評価会社の各資産について、財産評価基本通達の定めにより評価した価額（以下「相続税評価額」といいます。）を次により記載します。

　　イ　課税時期前3年以内に取得又は新築した土地及び土地の上に存する権利（以下「土地等」といいます。）並びに家屋及びその附属設備又は構築物（以下「家屋等」といいます。）がある場合には、当該土地等又は家屋等の相続税評価額は、課税時期における通常の取引価額に相当する金額（ただし、その土地等又は家屋等の帳簿価額が課税時期における通常の取引価額に相当すると認められる場合には、その帳簿価額に相当する金額）によって評価した価額を記載します。この場合、その土地等又は家屋等は、他の土地等又は家屋等と「科目」欄を別にして、「課税時期前3年以内に取得した土地等」などと記載します。

　　ロ　取引相場のない株式、出資又は転換社債（財産評価基本通達197-5（（転換社債型新株予約権付社債の評価））の⑶のロに定めるものをいいます。）の価額を純資産価額（相続税評価額）で評価する場合には、評価差額に対する法人税額等相当額の控除を行わないで計算した金額を「相続税評価額」として記載します（なお、その株式などが株式等保有特定会社の株式などである場合において、納税義務者の選択により、「S₁＋S₂」方式によって評価する場合のS₂の金額の計算においても、評価差額に対する法人税額等相当額の控除は行わないで計算することになります。）。この場合、その株式などは、他の株式などと「科目」欄を別にして、「法人税額等相当額の控除不適用の株式」などと記載します。

　　ハ　評価の対象となる資産について、帳簿価額がないもの（例えば、借地権、営業権等）であっても相続税評価額が算出される場合には、その評価額を「相続税評価額」欄に記載し、「帳簿価額」欄には「0」と記載します。

　　ニ　評価の対象となる資産で帳簿価額のあるもの（例えば、借家権、営業権等）であっても、その課税価格に算入すべき相続税評価額が算出されない場合には、「相続税評価額」欄に「0」と記載し、その帳簿価額を「帳簿価額」欄に記載します。

　　ホ　評価の対象とならないもの（例えば、財産性のない創立費、新株発行費等の繰延資産、繰延税金資産）については、記載しません。

　　ヘ　「株式等の価額の合計額」欄の⑪の金額は、評価会社が有している（又は有しているとみなされる）株式、出資及び新株予約権付社債（会社法第2条第22号に規定する新株予約権付社債をいいます。）（以下「株式等」といいます。）の相続税評価額の合計額を記載します。この場合、次のことに留意してください。

　　　（イ）　所有目的又は所有期間のいかんにかかわらず、全ての株式等の相続税評価額を合計します。

　　（ロ）　法人税法第12条（（信託財産に属する資産及び負債並びに信託財産に帰せられる収益及び費用の帰属））の規定により評価会社が信託財産を有するものとみなされる場合（ただし、評価会社が明らかに当該信託財産の収益の受益権のみを有している場合を除きます。）において、その信託財産に株式等が含まれているときには、評価会社が当該株式等を所有しているものとみなします。

　　（ハ）　「出資」とは、「法人」に対する出資をいい、民法上の組合等に対する出資は含まれません。

　ト　「土地等の価額の合計額」欄の⊖の金額は、上記のヘに準じて評価会社が所有している（又は所有しているとみなされる）土地等の相続税評価額の合計額を記載します。

　チ　**「現物出資等受入れ資産の価額の合計額」**欄の⊖の金額は、各資産の中に、現物出資、合併、株式交換、株式移転又は株式交付により著しく低い価額で受け入れた資産（以下「現物出資等受入れ資産」といいます。）がある場合に、現物出資、合併、株式交換、株式移転又は株式交付の時におけるその現物出資等受入れ資産の相続税評価額の合計額を記載します。ただし、その相続税評価額が、課税時期におけるその現物出資等受入れ資産の相続税評価額を上回る場合には、課税時期におけるその現物出資等受入れ資産の相続税評価額を記載します。

　　　また、現物出資等受入れ資産が合併により著しく低い価額で受け入れた資産（以下「合併受入れ資産」といいます。）である場合に、合併の時又は課税時期におけるその合併受入れ資産の相続税評価額が、合併受入れ資産に係る被合併会社の帳簿価額を上回るときは、その帳簿価額を記載します。

　　（注）　「相続税評価額」の「合計」欄の①の金額に占める課税時期における現物出資等受入れ資産の相続税評価額の合計の割合が20％以下の場合には、「現物出資等受入れ資産の価額の合計額」欄は、記載しません。

⑵　「**資産の部**」の「**帳簿価額**」欄には、「資産の部」の「相続税評価額」欄に評価額が記載された各資産についての課税時期における税務計算上の帳簿価額を記載します。

　（注）1　固定資産に係る減価償却累計額、特別償却準備金及び圧縮記帳に係る引当金又は積立金の金額がある場合には、それらの金額をそれぞれの引当金等に対応する資産の帳簿価額から控除した金額をその固定資産の帳簿価額とします。

　　　　2　営業権に含めて評価の対象となる特許権、漁業権等の資産の帳簿価額は、営業権の帳簿価額に含めて記載します。

⑶　「**負債の部**」の「**相続税評価額**」欄には、評価会社の課税時期における各負債の金額を、「**帳簿価額**」欄には、「負債の部」の「相続税評価額」欄に評価額が記載された各負債の税務計算上の帳簿価額をそれぞれ記載します。この場合、貸倒引当金、退職給与引当金、納税引当金及びその他の引当金、準備金並びに繰延税金負債に相当する金額は、負債に該当しないものとします。

　　なお、次の金額は、帳簿に負債としての記載がない場合であっても、課税時期において未払いとなっているものは負債として「相続税評価額」欄及び「帳簿価額」欄のいずれにも記載します。

　イ　未納公租公課、未払利息等の金額

　ロ　課税時期以前に賦課期日のあった固定資産税及び都市計画税の税額

　ハ　被相続人の死亡により、相続人その他の者に支給することが確定した退職手当金、功労金その他これらに準ずる給与の金額

　ニ　課税時期の属する事業年度に係る法人税額（地方法人税額を含みます。）、消費税額（地方消

費税額を含みます。）、事業税額（特別法人事業税額を含みます。）、道府県民税額及び市町村民税額のうち、その事業年度開始の日から課税時期までの期間に対応する金額

⑷　1株当たりの純資産価額（相続税評価額）の計算は、上記⑴から⑶の説明のとおり課税時期における各資産及び各負債の金額によることとしていますが、評価会社が課税時期において仮決算を行っていないため、課税時期における資産及び負債の金額が明確でない場合において、直前期末から課税時期までの間に資産及び負債について著しく増減がないため評価額の計算に影響が少ないと認められるときは、課税時期における各資産及び各負債の金額は、次により計算しても差し支えありません。このように計算した場合には、第2表の「2．株式等保有特定会社」欄及び「3．土地保有特定会社」欄の判定における総資産価額等についても、同様に取り扱われることになりますので、これらの特定の評価会社の判定時期と純資産価額及び株式等保有特定会社のS_2の計算時期は同一となります。

　イ　「相続税評価額」欄については、直前期末の資産及び負債の課税時期の相続税評価額

　ロ　「帳簿価額」欄については、直前期末の資産及び負債の帳簿価額

　(注)1　イ及びロの場合において、帳簿に負債としての記載がない場合であっても、次の金額は、負債として取り扱うことに留意してください。

　　　⑴　未納公租公課、未払利息等の金額

　　　⑵　直前期末日以前に賦課期日のあった固定資産税及び都市計画税の税額のうち、未払いとなっている金額

　　　⑶　直前期末日後から課税時期までに確定した剰余金の配当等の金額

　　　⑷　被相続人の死亡により、相続人その他の者に支給することが確定した退職手当金、功労金その他これらに準ずる給与の金額

　　　2　被相続人の死亡により評価会社が生命保険金を取得する場合には、その生命保険金請求権（未収保険金）の金額を「資産の部」の「相続税評価額」欄及び「帳簿価額」欄のいずれにも記載します。

3　「2．評価差額に対する法人税額等相当額の計算」欄の「帳簿価額による純資産価額」及び「評価差額に相当する金額」がマイナスとなる場合は、「0」と記載します。

4　「3．1株当たりの純資産価額の計算」の各欄は、次により記載します。

　⑴　「課税時期現在の発行済株式数」欄は、課税時期における発行済株式の総数を記載しますが、評価会社が自己株式を有している場合には、その自己株式の数を控除した株式数を記載します。

　⑵　「同族株主等の議決権割合（第1表の1の⑤の割合）が50%以下の場合」欄は、納税義務者が議決権割合（第1表の1の⑤の割合）50%以下の株主グループに属するときにのみ記載します。

　（注）　納税義務者が議決権割合50%以下の株主グループに属するかどうかの判定には、第1表の1の記載方法等の3の⑸に留意してください。

第6表　特定の評価会社の株式及び株式に関する権利の価額の計算明細書

1　この表は、特定の評価会社の株式及び株式に関する権利の評価に使用します（一般の評価会社の株式及び株式に関する権利の評価については、「第3表　一般の評価会社の株式及び株式に関する権利の価額の計算明細書」を使用します。）。

　　なお、この表の各欄の金額は、各欄の表示単位未満の端数を切り捨てて記載します。

2 「2. 配当還元方式による価額」欄は、第１表の１の「1. 株主及び評価方式の判定」欄又は「2. 少数株式所有者の評価方式の判定」欄の判定により納税義務者が配当還元方式を適用する株主に該当する場合に、次により記載します。

(1) 「直前期末以前２年間の配当金額」欄は、第４表の記載方法等の２の(1)に準じて記載します。

(2) 「配当還元価額」欄の㉒の金額の記載に当たっては、純資産価額方式等により計算した価額が、配当還元価額よりも高いと認められる場合には、「1. 純資産価額方式等による価額」欄の計算を省略して差し支えありません。

3 「3. 株式に関する権利の価額」欄及び「4. 株式及び株式に関する権利の価額」欄は、第３表の記載方法等の４に準じて記載します。

第７表　株式等保有特定会社の株式の価額の計算明細書

1 この表は、評価会社が株式等保有特定会社である場合において、その株式の価額を「S₁＋S₂」方式によって評価するときにおいて、「S₁」における類似業種比準価額の修正計算を行うために使用します。

なお、この表の各欄の金額は、各欄の表示単位未満の端数を切り捨てて記載します（ただし、下記２の(1)のニ及び２の(3)に留意してください。）。

2 「S₁の金額（類似業種比準価額の修正計算）」の各欄は、次により記載します。

(1) 「受取配当金等収受割合の計算」の各欄は、次により記載します。

イ 「受取配当金等の額」欄は、直前期及び直前々期の各事業年度における評価会社の受取配当金等の額（法人から受ける剰余金の配当（株式又は出資に係るものに限るものとし、資本金等の額の減少によるものを除きます。）、利益の配当、剰余金の分配（出資に係るものに限ります。）及び新株予約権付社債に係る利息の額をいいます。）の総額を、それぞれの各欄に記載し、その合計額を「合計」欄に記載します。

ロ 「営業利益の金額」欄は、イと同様に、各事業年度における評価会社の営業利益の金額（営業利益の金額に受取配当金等の額が含まれている場合には、受取配当金等の額を控除した金額）について記載します。

ハ 「① 直前期」及び「② 直前々期」の各欄の記載に当たって、１年未満の事業年度がある場合には、第４表の記載方法等の２の(1)のハに準じて記載します。

ニ 「受取配当金等収受割合」欄は、小数点以下３位未満の端数を切り捨てて記載します。

(2) 「直前期末の株式等の帳簿価額の合計額」欄の⑩の金額は、直前期末における株式等の税務計算上の帳簿価額の合計額を記載します（第５表を直前期末における各資産に基づいて作成しているときは、第５表の◎の金額を記載します。）。

(3) 「１株（50円）当たりの比準価額」欄、「１株当たりの比準価額」欄及び「比準価額の修正」欄は、第４表の記載方法等の１及び３に準じて記載します。

第８表　株式等保有特定会社の株式の価額の計算明細書（続）

1 この表は、評価会社が株式等保有特定会社である場合において、その株式の価額を「S₁＋S₂」方式によって評価するときのS₁における純資産価額の修正計算及び１株当たりのS₁の金額の計算並

びにS₂の金額の計算を行うために使用します。

　なお、この表の各欄の金額は、各欄の表示単位未満の端数を切り捨てて記載します。

2　「2.　S₂の金額」の各欄は、次により記載します。

⑴　「**課税時期現在の株式等の価額の合計額**」欄の⑱の金額は、課税時期における株式等の相続税評価額を記載しますが、第5表の記載方法等の2の⑴のロに留意するほか、同表の記載方法等の2の⑷により株式等保有特定会社の判定時期と純資産価額の計算時期が直前期末における決算に基づいて行われている場合には、S₂の計算時期も同一とすることに留意してください。

⑵　「**株式等に係る評価差額に相当する金額**」欄の⑳の金額は、株式等の相続税評価額と帳簿価額の差額に相当する金額を記載しますが、その金額が負数のときは、0と記載することに留意してください。

【令和3年3月1日以降用】

［付　表］　同族関係者の範囲等

項　　　目	内　　　　容
同族株主等の判定	**同族関係者** 1　個人たる同族関係者（法人税法施行令第4条第1項） 　⑴　株主等の親族（親族とは、配偶者、6親等内の血族及び3親等内の姻族をいう。） 　⑵　株主等と婚姻の届出をしていないが事実上婚姻関係と同様の事情にある者 　⑶　個人である株主等の使用人 　⑷　上記に掲げる者以外の者で個人である株主等から受ける金銭その他の資産によって生計を維持しているもの 　⑸　上記⑵、⑶及び⑷に掲げる者と生計を一にするこれらの者の親族 2　法人たる同族関係者（法人税法施行令第4条第2項～第4項、第6項） 　⑴　株主等の1人が他の会社（同族会社かどうかを判定しようとする会社以外の会社。以下同じ。）を支配している場合における当該他の会社 　　　ただし、同族関係会社であるかどうかの判定の基準となる株主等が個人の場合は、その者及び上記1の同族関係者が他の会社を支配している場合における当該他の会社（以下、⑵及び⑶において同じ。）。 　⑵　株主等の1人及びこれと特殊の関係のある⑴の会社が他の会社を支配している場合における当該他の会社 　⑶　株主等の1人並びにこれと特殊の関係のある⑴及び⑵の会社が他の会社を支配している場合における当該他の会社 　(注)　1　上記⑴から⑶に規定する「他の会社を支配している場合」とは、次に掲げる場合のいずれかに該当する場合をいう。 　　　　イ　他の会社の発行済株式又は出資（自己の株式又は出資を除く。）の総数又は総額の50%超の数又は金額の株式又は出資を有する場合 　　　　ロ　他の会社の次に掲げる議決権のいずれかにつき、その総数（当該議決権を行使することができない株主等が有する当該議決権の数を除く。）の50%超の数を有する場合 　　　　①　事業の全部若しくは重要な部分の譲渡、解散、継続、合併、分割、株式交換、株式移転又は現物出資に関する決議に係る議決権 　　　　②　役員の選任及び解任に関する決議に係る議決権 　　　　③　役員の報酬、賞与その他の職務執行の対価として会社が供与する財産上の利益に関する事項についての決議に係る議決権 　　　　④　剰余金の配当又は利益の配当に関する決議に係る議決権 　　　　ハ　他の会社の株主等（合名会社、合資会社又は合同会社の社員（当該他の会社が業務を執行する社員を定めた場合にあっては、業務を執行する社員）に限る。）の総数の半数を超える数を占める場合 　　　　2　個人又は法人との間で当該個人又は法人の意思と同一の内容の議決権を行使することに同意している者がある場合には、当該者が有する議決権は当該個人又は法人が有するものとみなし、かつ、当該個人又は法人（当該議決権に係る会社の株主等であるものを除く。）は当該議決権に係る会社の株主等であるものとみなして、他の会社を支配しているかどうかを判定する。 　⑷　上記⑴から⑶の場合に、同一の個人又は法人の同族関係者である2以上の会社が判定しようとする会社の株主等（社員を含む。）である場合には、その同族関係者である2以上の会社は、相互に同族関係者であるものとみなされる。

【令和3年3月1日以降用】

項　　目		内　　　　　容
少数株式所有者の評価方法の判定	役　　員	社長、理事長のほか、次に掲げる者（法人税法施行令第71条第1項第1号、第2号、第4号） ⑴　代表取締役、代表執行役、代表理事 ⑵　副社長、専務、常務その他これらに準ずる職制上の地位を有する役員 ⑶　取締役（指名委員会等設置会社の取締役及び監査等委員である取締役に限る。）、会計参与及び監査役並びに監事
	中心的な同族株主	同族株主のいる会社の株主で、課税時期において同族株主の1人並びにその株主の配偶者、直系血族、兄弟姉妹及び1親等の姻族（これらの者の同族関係者である会社のうち、これらの者が有する議決権の合計数がその会社の議決権総数の25％以上である会社を含む。）の有する議決権の合計数がその会社の議決権総数の25％以上である場合におけるその株主
	中心的な株　　主	同族株主のいない会社の株主で、課税時期において株主の1人及びその同族関係者の有する議決権の合計数がその会社の議決権総数の15％以上である株主グループのうち、いずれかのグループに単独でその会社の議決権総数の10％以上の議決権を有している株主がいる場合におけるその株主

$Q7$=取引相場のない株式（出資）の評価明細書の記載順序

取引相場のない株式（出資）の評価明細書の（標準的な）記載順序を教えてください。

Answer

下記です。

解説

（一般会社）評価明細書の記載順序

会社区分	評価明細書							
	1の1	1の2	2	3	4	5	6	7	8
原則方式	①	②	⑤	⑥	④	③			
配当還元方式	①			②					

※番号順

（コメント）上記はあくまで原則です。絶対に全てを添付する必要はないです。順序も税務ソフトによっては自動移動するので、上記の順番に固執する必要はありません。

（特定会社）評価明細書の記載順序

会社区分	評価明細書							
	1の1	1の2	2	3	4	5	6	7	8
株式等保有特定会社	①	②	⑤		④	③	⑧	⑥	⑦
土地保有特定会社	①	②	③		②	④			
比準要素数1、比準要素数0	①		④		③	②	⑤		
開業後3年未満又は開業前又は休業中	①		③		②	④			

清算中	①		②		③			
配当還元方式	①		②			③		

※番号順

（コメント）上記はあくまで原則です。全てを添付する必要はないです。
　　　　　　順序も税務ソフトによっては自動移動するので、上記の順番に固執する必要はありません。

Q8=時価純資産価額法

　時価純資産価額法とは何でしょうか？　またその算出方法をご教示ください。

Answer

　課税時期の貸借対照表をすべて時価に洗い替えるだけです。法人税額等相当額は控除しないでください。

解説

　実務上の作成手順としては以下の通りとなります。課税時期の貸借対照表を準備します。第5表もしくはエクセルを用意します。そこで資産、負債をすべて時価評価していきます。よく計上されるものとして下記が挙げられます。

・純資産のプラス項目

　　不動産、有価証券の含み益、保険積立金の時価修正（解約返戻金相当額）、レバレッジドリースの修正、繰延税金資産の認識

・純資産のマイナス項目

　　不動産、有価証券の含み損、不良在庫（ただし税務上、評価額を計上しにくいため帳簿価額計上のままであることが多いです）、過年度の減価償却不足額、回収見込みのない金銭債権、従業員退職給付引当金不足額、繰延税金負債の認識等

これらをもれなく全て計上します。これが時価純資産価額です。課税実務上は小会社方式をとる時も類似業種比準価額（斟酌率 =0.7、0.6、0.5）×50％＋当該時価純資産価額×50％を採用することも多く見受けられます。

$Q9$=予測株価

クライアントに対する予測株価をご教示ください。

Answer

基本的に下記の図を用いることが多いです。

解説

類似業種比準価額の修正は、当該利益に応じて計算していきます。当然⑩の純資産も予想利益×（1－実効税率）の分だけ積んでいきます。純資産価額は当該利益×（1－実効税率）の分だけ積んで計算します。小会社方式はその折衷した金額を算定すればよいことになります。

【将来株価】 ～株式会社○○様　令和5年3月期（予測）～

会社名	株式会社○○
年度	令和5年3月期（予測）
業種区分	××
会社規模	大会社
特定会社判定	該当なし
発行済株式数	249,119株
配当（記念配当を除く）	3,736,785円

総額 9,964,760円
うち　普通配当3％　記念配当5％

△23,848千円以下になるまで変動はほぼない

令和5年3月期利益予測	60,000,000円	40,000,000円	20,000,000円	10,000,000円	5,000,000円	1,000,000円	0円	△1,000,000円	△5,000,000円
類似業種比準価額 単価	769円/株	769円/株	783円/株	574円/株	456円/株	416円/株	416円/株	416円/株	416円/株
類似業種比準価額 総額	191,572,511円	191,572,511円	195,060,177円	142,994,306円	113,598,264円	103,633,504円	103,633,504円	103,633,504円	103,633,504円
純資産価額（法人税額控除有） 単価	2,948円/株	3,029円/株	2,981円/株	2,957円/株	2,945円/株	2,935円/株	2,933円/株	2,948円/株	2,948円/株
純資産価額（法人税額控除有） 総額	734,402,812円	754,666,027円	742,666,027円	736,666,027円	733,666,027円	731,266,027円	730,666,027円	729,666,027円	725,666,027円
純資産価額（法人税額控除無） 単価	3,400円/株	3,530円/株	3,433円/株	3,409円/株	3,397円/株	3,387円/株	3,385円/株	3,381円/株	3,365円/株
純資産価額（法人税額控除無） 総額	847,004,600円	879,267,815円	855,267,815円	849,267,815円	846,267,815円	843,867,815円	843,267,815円	842,267,815円	838,267,815円
相続税評価額（原則） 単価	769円/株	769円/株	783円/株	574円/株	456円/株	416円/株	416円/株	416円/株	416円/株
相続税評価額（原則） 総額	191,572,511円	191,572,511円	195,060,177円	142,994,306円	113,598,264円	103,633,504円	103,633,504円	103,633,504円	103,633,504円
法人取引価額（折衷） 単価	2,071円/株	2,275円/株	2,092円/株	2,006円/株	1,957円/株	1,938円/株	1,937円/株	1,935円/株	1,927円/株
法人取引価額（折衷） 総額	515,836,478円	566,755,774円	521,213,680円	499,618,727円	487,620,140円	482,861,297円	482,561,297円	482,061,297円	480,061,297円
法人取引価額（時価） 単価	3,592円/株	3,722円/株	3,625円/株	3,601円/株	3,589円/株	3,579円/株	3,577円/株	3,573円/株	3,557円/株
法人取引価額（時価） 総額	894,835,448円	927,098,663円	903,098,663円	897,098,663円	894,098,663円	891,698,663円	891,098,663円	890,098,663円	886,098,663円
配当還元方式価額 単価	282円/株	282円/株	282円/株	282円/株	282円/株	282円/株	282円/株	282円/株	282円/株
配当還元方式価額 総額	70,251,558円	70,251,558円	70,251,558円	70,251,558円	70,251,558円	70,251,558円	70,251,558円	70,251,558円	70,251,558円

※法人取引価額（折衷）および法人取引価額（時価）における土地の評価額（時価）に1.25倍した概算公示価格を適用しております。
※類似業種比準価額の計算要素は令和4年8月1日現在の「令和4年分の類似業種比準価額計算上の業種目及び業種目別株価等について」の一部改正について」（法令解釈通達）に基づいております

*Q*10=税務上の適正な時価以外の課税関係

税務上の適正な時価を外れた場合の課税関係についてご教示ください。

Answer

基本的に以下の課税関係になります。

解説

自社株を移動する場合の税務上の適正な評価額があり、そこから外れてしまうと、以下のような課税が生じてしまいます。

1　個人⇒個人間売買

① 　低額譲渡の場合：相続税法第7条「みなし贈与」の発動可能性が有ります。

「著しく低い価額」：明確な規定ありません。ただし、相続税評価額での売買であれば実務上問題ありません。個人間ではみなし譲渡は発動しないことに留意してください。

「時価」：明確な規定はありません。ただし、相続税評価額での売買であれば実務上問題ありません。

② 　高額譲渡の場合：課税関係が生じる可能性は低いでしょう。

以上、東京地判平成19年8月23日判示が生きていることが前提です。この判示には批判意見も多い一方、課税実務上は非常に多くの場面で採用されています。

2　個人⇒法人間売買

① 　低額譲渡の場合：下記の課税関係が生じます。

・売主個人

時価の2分の1未満：時価譲渡とみなし譲渡所得課税（所法59①二、所令169）が生じます。ただし、時価の2分の1以上でも行為計算否認の発動可能性が有ります（所基通59-3）。実務上は

　　　　　「時価」は前述の所得税基本通達59-6、法人税基本通達
　　　　　9-1-14（法人税基本通達4-1-6）、租税特別措置法基本通達
　　　　　37の10・37の11共-22に従います。
　　・買主法人：時価より低い場合は、差額を受贈益課税（法法2②）
　　②　高額譲渡：特に課税関係は生じる可能性は低いでしょう。

3　法人⇒個人間売買

　　①　低額譲渡
　　　　売主法人：低額譲渡なら寄附金（法法37）、給与（法法34）
　　　　買主個人：低額譲渡なら一時所得（所法34）、給与（所法28）
　　②　高額譲渡
　　　　特に課税関係が生じる可能性は低いでしょう。

　以上、拙著『新版Q&A みなし贈与のすべて』（ロギカ書房）で詳細解説
していますのでご参照ください。

$Q11$＝税務上の適正評価額の強制力

　前述までの税務上の適正評価額に「絶対に」従わなければならないので
しょうか。

Answer

　そんなことはありません。確固たる専門家の証明書があれば大丈夫だと
暗に読みとれる判示も過去にあります。

解説

　2つのアプローチからそれは原則としてないと考えられます。1つは先
述の「純然たる第三者概念」です。これに該当した時は、法人税基本通達
9-1-14（4-1-6）も所得税基本通達59-6も、ともに形式的に当ては
めることはおかしいとありますので、これが論拠の1つとなります。ま

た、課税執行庁が、納税義務者が選択した株価とそれに基づいて計算した所得に代えて、租税法上の定めた株価に基づいて計算した所得をもって課税をするのであれば、明らかに取引自体に干渉をなす結果を招きます。これは租税法の隠れた原則の1つの「経済取引への中立性」から逸脱することになるという意見もあります[1]。

　もう1つは過去の裁判例です。東京地判平成19年1月31日では次のように述べています。

　判示において「原告は、本件における買取価額は、公認会計士や税理士等の専門家に相談して決めたものでも、評価通達に定められた評価方法を基に算定したものでもなく、原告の大体の感覚で決めた旨述べており、原告が買取価額の設定をする際に何らかの合理的な方法に基づく計算を行ったという事実は認められない上、本件各買取申出書面には、1株当たりの当期利益や、類似業種比準方式又は純資産価額方式に基づく1株当たりの評価額等、Aの株式の買取価額の算定根拠を示す記載は一切ない。また、弁論の全趣旨によると、Aの株式は、原告の買取りの申出による売買以外の取引はほとんど行われていなかったものと認められるところ、Aの株主が株主総会に出席することはほとんどなかったこと及び本件各譲渡人同士のつながりを示す事実は見受けられず、本件各譲渡人が本件各譲受けに際し、本件各株式の売却価額について他の者に相談等した様子がうかがわれないことからすると、本件各譲渡人が、Aの株式の客観的な交換価値を把握するための情報を入手していたとは言い難く、その客観的な交換価値を把握することは困難であったといえる。」

　ここから専門家による鑑定意見書が存在し、かつ、その計算過程に問題がないのであれば、租税法上も容認されるとの見解があります。

1　茂腹敏明『非上場株式鑑定ハンドブック』460頁　中央経済社　2009年

*Q*12＝相続自社株の金庫株特例における価額

　相続自社株の金庫株特例における価額の論点についてご教示ください。

Answer

　下記の点につきご留意ください。

解説

　所得税基本通達59-6に関連するものとして、相続自社株の金庫株特例における価額の論点に留意します。

　譲渡する自社株の時価は、所得税基本通達59-6により算定するのですが、実務上の通常の対応は相続税評価額ベースにすることが多いです。相続した自社株があるとして、みなし配当特例や取得費加算の特例を使いたいという気持ちもあり、早めに資金化もしたいということで、相続した自社株を会社に売却するという方法はよく行われます。その場合、相続した自社株の評価額というのを評価替えせずに、相続税評価額をそのまま売却価額としてしまうケースが、実務上は散見されます。

　この価額設定は誤りです。会社に売却する場合の税務上の適正価額は所得税基本通達59-6で計算します。つまり、相続税評価額で売買を行うとしても、相続税評価額＞所基通59-6×1/2をクリアしているかどうかを確認します。みなし譲渡（所法59）の発動可能性があります。

*Q*13＝第5表 純資産価額算定における各財産に対する基本的チェック項目

　第5表 純資産価額算定における各財産に対する基本的チェック項目を教えてください。

Answer

　相続税の申告のためのチェックシートが参考になります。

解説

第5表 純資産価額算定は基本的に各財産に対する財産評価基本通達を適用し、評価替えを行います。

そのため、各財産に係る財産評価基本通達適用にあたっての基本的な内容は、添付の内容で随時確認してください。

相続税の申告のためのチェックシート

https://www.nta.go.jp/about/organization/nagoya/topics/checksheet/pdf/202008.pdf

（第1面）

相続税の申告のためのチェックシート
（令和2年4月以降相続開始用）

このチェックシートは、相続税の申告書が正しく作成されるよう、一般に誤りやすい事項についてのチェックポイントをまとめたものです。
申告書作成に際して、確認の上、申告書に添付して提出くださるようお願いいたします。

区分	種類	確認事項	確認資料	確認(✓)	該当の有無(✓)	確認書類の添付(✓)
相続財産の分割等		① 遺言書がありますか。	家庭裁判所の検認を受けた遺言書又は公正証書による遺言書	□	有□ 無□	□
		② 遺産分割協議書の写しがありますか。	遺産分割協議書、各相続人の印鑑証明書	□	有□ 無□	□
		③ 死因贈与により財産を取得した者はいませんか。	遺言書や贈与契約証書	□	有□ 無□	□
		④ 相続人に未成年者はいませんか。	特別代理人選任の審判の証明書	□	有□ 無□	□
		⑤ 法定相続人に誤りはありませんか。	戸籍の謄本、法定相続情報一覧図の写し	□		
取得財産	土地（土地の上に存する権利を含みます。）家屋（構築物）	未登記物件、共有物件、先代名義の物件等はありませんか。	所有不動産を証明するもの（固定資産税評価証明書、登記事項証明書等）	□	有□ 無□	□
		被相続人の住所地以外の市区町村（例えば、相続人の住所地や被相続人の本籍地等）に所在する不動産はありませんか。		□	有□ 無□	□
		日本国外に所在する不動産はありませんか。		□	有□ 無□	□
		他人の土地の上に建物を所有していたり、他人の土地を小作している場合、借地権や耕作権はありませんか。	賃貸借契約書、小作に付されている旨の農業委員会の証明書等	□	有□ 無□	□
	事業（農業）用財産	事業用財産又は農業用財産はありませんか。	資産・負債の残高表（所得税青色申告決算書又は収支内訳書）	□	有□ 無□	□
	有価証券	① 株式、出資、公社債、貸付信託、証券投資信託の受益証券等はありませんか。	証券、通帳又は預り証等	□	有□ 無□	□
		② 名義は異なるが、被相続人に帰属するものはありませんか。（無記名の有価証券も含みます。）	証券、通帳又は預り証等	□	有□ 無□	□
		③ 増資等による株式の増加分や端株はありませんか。	配当金支払通知書等	□	有□ 無□	□
		④ 株式の割当てを受ける権利や配当期待権はありませんか。	配当金支払通知書等	□	有□ 無□	□
	現金預貯金	① 相続開始日現在の残高で計上していますか。	預貯金・金銭信託等の残高証明書、預貯金通帳（証書）	□		
		② 名義は異なるが、被相続人に帰属するものはありませんか。（無記名の預貯金も含みます。）		□	有□ 無□	□
		③ 日本国外に所在する預貯金等はありませんか。		□	有□ 無□	□
		④ 定期性預貯金の既経過利息の既経過利息を相続開始日に解約するとした場合の利率とし、源泉所得税相当額を控除して計算しましたか。	既経過利息の計算明細書	□	有□ 無□	□
		⑤ 相続開始直前に、被相続人の預金口座等から出金された現金について、その状況を確認しましたか。	預貯金通帳等	□	有□ 無□	□
		⑥ 預貯金や現金等の増減について、相続開始前5年間程度の期間における入出金を確認しましたか。	預貯金通帳等	□	有□ 無□	□
	家庭用財産	家庭用財産はありませんか。	家庭用財産の一覧表	□	有□ 無□	□
	その他の財産	生命保険金、死亡退職金はありませんか。	保険証券、支払保険金計算書、退職金の支払調書、取締役会議事録等	□	有□ 無□	□
		【ある場合】相続放棄した者が受け取った生命保険金や死亡退職金から、非課税額（500万円×法定相続人数）を控除していませんか。	相続税の申告書第9表、第10表	□	有□ 無□	□

相続人代表
住　　所

氏　　名
　　　電話　　　（　　　）

被相続人氏名

関与税理士	所在地	
	氏名	電話

R2.7

35

(第2面)

区分	種類	確認事項	確認資料	確認(✓)	該当の有無(✓)	確認書類の添付(✓)
取得財産	その他の財産	② 生命保険契約、損害保険契約に関する権利はありませんか。	保険証券、支払保険料計算書、所得税及び復興所得税の確定申告書(控)等	□	有 □　無 □	□
		③ 契約者名が家族名義等で、被相続人が保険料を負担していた生命保険契約はありませんか。		□	有 □　無 □	□
		④ 未支給の国民年金の請求権を相続財産に計上していませんか(未支給国民年金の請求権は相続財産ではありません。)。	未支給年金請求書等	□	有 □　無 □	□
		⑤ 親族や同族法人に対する貸付金等はありませんか。	金銭消費貸借契約書等	□	有 □　無 □	□
		⑥ 庭園設備、自動車、バイク及び船舶はありませんか。	現物の確認(最近取得している場合は、取得価額の分かる書類)。	□	有 □　無 □	□
		⑦ 貴金属(金地金等)、書画、骨とう等はありませんか。	評価明細書(最近取得している場合は、取得価額の分かる書類)	□	有 □　無 □	□
		⑧ 未収給与、未収地代・家賃等はありませんか。	賃貸借契約書、領収書等	□	有 □　無 □	□
		⑨ 修繕等について、資本的支出に当たるものはありませんか。	修繕等工事の明細、領収書等	□	有 □　無 □	□
		⑩ 所得税及び復興特別所得税の準確定申告の還付金はありませんか。	所得税及び復興特別所得税の準確定申告書(控)	□	有 □　無 □	□
債務等	債務	① 借入金、未払金、未納となっていた固定資産税、所得税等はありませんか。	請求書、金銭消費貸借契約書、納付書、納税通知書等	□	有 □　無 □	□
		② 被相続人の住宅ローンのうち、団体信用生命保険に加入していたことにより返済する必要がなくなった金額を債務として控除していませんか。	住宅ローンの設定契約書等	□	有 □　無 □	□
		③ 相続放棄した相続人が引き継いだ債務を債務控除していませんか。	相続税の申告書第1表、第13表、相続放棄申述受理証明書	□	有 □　無 □	□
	葬式費用	① 法要や香典返しに要した費用が含まれていませんか。	領収書、請求書等	□	有 □　無 □	□
		② 墓石や仏壇の購入費用が含まれていませんか。		□	有 □　無 □	□
生前贈与財産の相続財産への加算		① 【相続時精算課税】被相続人から、相続時精算課税の適用を受けて贈与した財産はありませんか。	贈与契約書、贈与税の申告書(控)※ 相続税の課税価格に加算すべき他の共同相続人等に係る贈与税の課税価格の合計額が不明である場合は、相続税法第49条に基づく開示請求を行うことを検討してください。	□	有 □　無 □	□
		② 【暦年課税】相続開始前3年以内に贈与を受けた財産を加算していますか(贈与税の基礎控除額以下の価額の受贈財産を含みます。)。		□	有 □　無 □	□
		③ 相続により財産を取得しなかった者が相続開始前3年以内に受けた贈与財産を加算していませんか。	相続税の申告書第1表	□	有 □　無 □	□
		④ 被相続人から贈与し、贈与税の配偶者控除を受けた財産を、相続開始前3年以内に贈与を受けた財産として加算していませんか。	贈与税の申告書(控)、相続税の申告書第14表	□	有 □　無 □	□
		⑤ 【「教育資金」又は「結婚・子育て資金」の一括贈与に係る非課税の特例】管理残額は加算していますか。	管理残額が分かるもの	□	有 □　無 □	□
財産の評価	不動産	① 現況の地目で評価していますか。また、評価単位に誤りはありませんか。	土地及び土地の上に存する権利の評価明細書	□		□
		② 同族法人等に対して貸し付けている土地等のうち、無償返還の届出書を提出しているものについて、誤って借地権相当額を控除していませんか。	土地の無償返還に関する届出書	□	有 □　無 □	□
		③ 貸家(独立家屋)の中に、空き家となっているものはありませんか(相続開始時に現実に貸し付けられていない家屋の敷地は、自用地としての価額で評価します。)。	不動産賃貸借契約書等	□	有 □　無 □	□
		④ 親族等に対して、使用貸借により貸し付けている土地等は自用地評価していますか。	不動産賃貸借契約書等	□	有 □　無 □	□
		⑤ 土地に縄延びはありませんか。	実測図又は森林簿の写し	□	有 □　無 □	□
		⑥ 市街地周辺農地は20%評価減をしていますか。	市街地農地等の評価明細書	□	有 □　無 □	□

（第3面）

区分	種類	確認事項	確認資料	確認(✓)	該当の有無(✓)	確認書類の添付(✓)
財産の評価	非上場株式	【共通】① 同族株主の判定に当たっては、相続開始後の議決権の数を基に判定していますか。	株主名簿、遺産分割協議書等	□	有□ 無□	□
		【類似業種比準方式】② 1株当たり利益金額の計算に当たって、繰越欠損金は加算していますか。		□	有□ 無□	□
		③ 比準要素数0の会社であるにもかかわらず、類似業種比準方式により評価していませんか。	取引相場のない株式（出資）の評価明細書、法人税申告書等	□	有□ 無□	□
		④ 類似業種の株価の「課税時期の属する月」は、相続開始の時期と一致していますか。		□	有□ 無□	□
		【純資産価額方式】⑤ 土地や株式等の評価替えをしていますか。	取引相場のない株式（出資）の評価明細書、法人の貸借対照表等	□	有□ 無□	□
		⑥ 課税時期前3年以内に取得した土地建物等は、通常の取引価額で計上していますか。		□	有□ 無□	□
		⑦ 資産の部に土地の計上がなく、かつ、建物がある場合、借地権の有無の検討をしていますか。	取引相場のない株式（出資）の評価明細書、土地の賃貸借契約書、法人の貸借対照表等	□	有□ 無□	□
		⑧ 資産の部に財産性のない前払金や繰延資産は計上していませんか。		□	有□ 無□	□
		⑨ 負債の部に引当金は計上していませんか（平成14年改正法人税法附則に規定する退職給与引当金を除きます。）。	取引相場のない株式（出資）の評価明細書	□	有□ 無□	□
		⑩ 法人が受け取る生命保険金を資産に計上していますか。また、法人から支払われる退職金等を負債に計上していますか。	取引相場のない株式（出資）の評価明細書、法人の総勘定元帳等	□	有□ 無□	□
		⑪ 資産の部に計上すべき取引相場のない株式等の評価をする際に、法人税等相当額を控除していませんか。	取引相場のない株式（出資）の評価明細書	□	有□ 無□	□
	立木	相続人及び包括受遺者は、立木について、15%評価減をしていますか。	山林・森林の立木の評価明細書	□	有□ 無□	□
特例	配偶者の税額軽減	遺産の分割が確定していますか（特例の適用を受けるには、遺産の分割が完了していることが必要です。）。	遺言書、遺産分割協議書	□	有□ 無□	
	小規模宅地	① 第4面のフローチャートで判定を行った結果、特例の適用要件を備えていますか。	（第4面）	□	有□ 無□	
		② 貸付事業用宅地等の有無の別に応じて、限度面積の計算は適正に行っていますか。	相続税の申告書第11・11の2表の付表1	□	有□ 無□	
税額計算等	税額計算	① 法定相続人の数に含める養子の数は確認しましたか（実子がいる場合には1人、実子がいない場合には2人が上限となります。）。	被相続人及び相続人の戸籍の謄本等、相続税の申告書第2表	□	有□ 無□	□
		② 相続放棄した者についても、基礎控除額及び相続税の総額の計算上、法定相続人の数に加算していますか。	相続税の申告書第2表	□	有□ 無□	□
		③ 嫡出でない子の相続分を誤って嫡出である子の相続分の2分の1としていませんか。	被相続人及び相続人の戸籍の謄本等、相続税の申告書第2表	□	有□ 無□	□
	税額加算	相続又は遺贈により財産を取得した者が孫（代襲相続人を除きます。）や兄弟姉妹、受遺者等の場合は、税額の2割加算をしていますか。	戸籍の謄本等、遺言書、贈与契約書	□	有□ 無□	□
	税額控除	① 未成年者控除及び障害者控除のうち、控除しきれない金額（控除不足額）がある場合、扶養義務者から控除していますか。	相続税の申告書第6表	□	有□ 無□	□
		② 相続人以外の者が相次相続控除を受けていませんか。	戸籍の謄本等	□	有□ 無□	□
その他		① 生前に土地の譲渡等がある場合、その売却代金等が相続財産に反映されていますか。	不動産の売買契約書	□	有□ 無□	□
		② 短い間隔で相続が2回以上発生している場合、前回以前の相続の時に受け取った財産は、今回の相続財産に反映されていますか。	前回相続の際の遺産分割協議書等	□	有□ 無□	□
		③ 多額の債務がある場合、その借入れによって取得等した財産は、相続財産に反映されていますか。	金銭消費貸借契約書等	□	有□ 無□	□
		④ 各種特例の適用を受ける場合、別紙「提出書類一覧表」の提出書類を添付していますか。	提出書類一覧表	□	有□ 無□	

（第4面）

小規模宅地等の特例

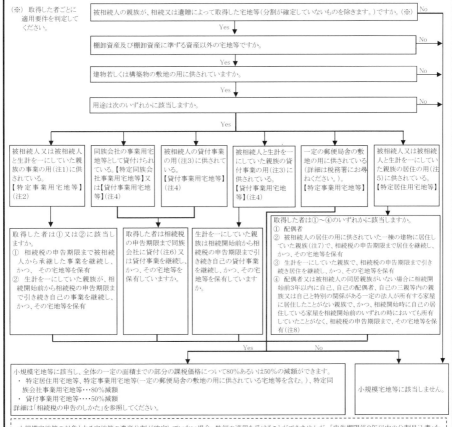

（※）取得した者ごとに適用要件を判定してください。

被相続人の親族が、相続又は遺贈によって取得した宅地等（分割が確定していないものを除きます。）ですか。（※）　No

Yes ↓

棚卸資産及び棚卸資産に準ずる資産以外の宅地等ですか。　No

Yes ↓

建物若しくは構築物の敷地の用に供されていますか。　No

Yes ↓

用途は次のいずれかに該当しますか。　No

Yes ↓

| 被相続人又は被相続人と生計を一にしていた親族の事業の用（注1）に供されている。【特定事業用宅地等】（注2） | 同族会社の事業用宅地等として貸付けられている。【特定同族会社事業用宅地等】又は【貸付事業用宅地等】（注4） | 被相続人の貸付事業の用（注3）に供されている。【貸付事業用宅地等】（注4） | 被相続人と生計を一にしていた親族の貸付事業の用（注3）に供されている。【貸付事業用宅地等】（注4） | 一定の郵便局舎の敷地の用に供されている（詳細は税務署にお尋ねください。）【特定事業用宅地等】 | 被相続人又は被相続人と生計を一にしていた親族の居住の用（注5）に供されている。【特定居住用宅地等】 |

| 取得した者は①又は②に該当しますか。
① 相続税の申告期限までを被相続人から承継した事業を継続し、かつ、その宅地等を保有
② 生計を一にしていた親族が、相続開始前から相続税の申告期限まで引き続き自己の事業を継続し、かつ、その宅地等を保有 | 取得した者は相続税の申告期限まで同族会社に貸付（注6）又は貸付事業の用に供している宅地等を、かつ、その宅地等を保有していますか。 | 生計を一にしていた親族は相続開始前から相続税の申告期限まで引き続き自己の貸付事業を継続し、かつ、その宅地等を保有していますか。 | 取得した者は①～④のいずれかに該当しますか。
① 配偶者
② 被相続人の居住の用に供されていた一棟の建物に居住していた親族（注7）で、相続税の申告期限まで居住を継続し、かつ、その宅地等を保有
③ 生計を一にしていた親族で、相続税の申告期限まで引き続き居住を継続し、かつ、その宅地等を保有
④ 配偶者又は被相続人の同居親族がいない場合に相続開始前3年以内に自己、自己の配偶者、自己の三親等内の親族又は自己と特別の関係がある一定の法人が所有する家屋に居住したことがない親族で、かつ、相続開始時に自己の居住している家屋を相続開始前のいずれの時においても所有していたことがなく、相続税の申告期限まで、その宅地等を保有（注8） |

Yes → ／ No →

| 小規模宅地等に該当し、全体の一定の面積までの部分の課税価格について80%あるいは50%の減額ができます。
・特定居住用宅地等、特定事業用宅地等（一定の郵便局舎の敷地の用に供されている宅地等を含む。）、特定同族会社事業用宅地等…80%減額
・貸付事業用宅地等…50%減額
詳細は「相続税の申告のしかた」を参照してください。 | 小規模宅地等に該当しません。 |

小規模宅地等の対象となる宅地等の遺産分割が確定していない場合、特例の適用を受けることができませんが、「申告期限後3年以内の分割見込書」を提出することによって、財産の分割が確定したときに特例の適用を受けることができます。

（注1）貸付事業の用を除きます。
（注2）相続開始前3年以内に新たに被相続人等の事業の用に供された宅地等を除きます（一定規模以上の事業を行っていた被相続人等の当該事業の用に供された土地等又は平成31年3月31日までに事業の用に供されている宅地等を除きます。）。
（注3）不動産貸付業、駐車場業、自転車駐車場業及び準事業に限ります（準事業とは、事業と称するに至らない不動産貸付その他これに類する行為で相当の対価を得て継続的に行うものをいいます。）。
（注4）相続開始前3年以内に新たに貸付事業の用に供された宅地等を除きます（相続開始の日まで3年を超えて引き続き特定貸付事業（貸付事業のうち準事業以外のものをいいます。）を行っていた者の貸付事業の用に供されていた宅地等及び平成30年3月31日までに貸付事業の用に供されている宅地等を除きます。）。
（注5）次のような理由により、相続開始の直前において被相続人の居住の用に供されていなかった宅地等について、一定の要件を満たす場合には、特例の適用を受けることができます。
　　（1）要介護認定又は要支援認定を受けていた被相続人が次の住居又は施設に入居又は入所していたこと
　　　　認知症対応型老人共同生活援助事業が行われる住居、養護老人ホーム、特別養護老人ホーム、軽費老人ホーム、有料老人ホーム、介護老人保健施設、介護医療院又はサービス付き高齢者向け住宅
　　（2）障害支援区分の認定を受けていた被相続人又は障害者支援施設などに入所又は入居していたこと
（注6）相続税の申告期限において、その法人の役員（法人税法第2条第15号に規定する役員（清算人を除きます。））である者に限ります。
（注7）次の（1）又は（2）のいずれに該当するかに応じ、それぞれの部分に居住していた親族のことをいいます。
　　（1）被相続人の居住の用に供されていた一棟の建物が、「建物の区分所有等に関する法律第1条の規定に該当する建物」（区分所有建物である旨の登記がされている建物をいいます。）である場合…被相続人の居住の用に供されていた部分
　　（2）上記（1）以外の建物である場合…被相続人の居住の用に供されていた部分
（注8）令和2年4月1日以後において相続又は遺贈により取得する財産のうちに、平成30年度税制改正前の特定居住用宅地等の要件を満たすものがある場合において、同年3月31日において当該宅地等の上に存する建物の新築又は増築等の工事が行われており、かつ、その工事の完了前に相続又は遺贈があった場合には、特例の適用を受けられる場合があります。詳しくは、「相続税の申告のしかた」をご確認ください。

（別紙）

提 出 書 類 一 覧 表

1 税務署に提出する申告書等に必要となる本人確認書類

マイナンバー（個人番号）を記載した相続税の申告書を提出する際は、税務署で本人確認（①番号確認及び②身元確認）を行うため、申告書に記載された各相続人等の本人確認書類の写しを添付していただく必要があります。

なお、各相続人等のうち税務署の窓口で相続税の申告書を提出する方は、ご自身の本人確認書類の写しの添付に代えて、本人確認書類を提示していただいても構いません。

おって、e－Taxにより申告手続を行う場合には、本人確認書類の提示又は写しの提出が不要です。

（注）相続税の申告書は、e－Taxを利用して提出（送信）することができます。

本人確認書類	写しの添付(✔)
マイナンバーカードをお持ちの方	
マイナンバーカード（個人番号カード） （注）マイナンバーカードの表面で身元確認、裏面で番号確認を行いますので、本人確認書類として写しを添付していただく場合は、表面と裏面の両面の写しが必要となります。	☐
マイナンバーカードをお持ちでない方（①及び②の両方が必要となります。）	写しの添付(✔)
①以下の番号確認書類のうちいずれか一つ ・通知カード ・住民票の写し（マイナンバーの記載があるもの） など	☐
②以下の身元確認書類のうちいずれか一つ ・運転免許証 ・公的医療保険の被保険者証 ・パスポート ・身体障害者手帳 ・在留カード など	☐

2 相続税の申告書に添付して提出する書類

相続税申告書に添付する書類	添付済(✔)	配偶者の税額軽減の特例を受ける場合	相続時精算課税適用者がいる場合	農地等の納税猶予の特例を受ける場合	小規模宅地等の特例を受ける場合	特定計画山林の特例を受ける場合	特例の適用を受けない場合	延納する場合
1　相続開始の日から10日を経過した日以後に作成された戸籍の謄本（複写したものを含みます。）で、被相続人の全ての相続人を明らかにするもの、又は図形式の「法定相続情報一覧図の写し」（複写したものを含みます。また、子の続柄が、実子又は養子のいずれであるかが分かるように記載されたものに限ります。）※1	☐			◎				
2　被相続人の戸籍の附票の写し（相続開始の日以後に作成されたもの）（複写したものを含みます。）	☐			◎	—	—		
3　遺言書の写し又は遺産分割協議書の写し	☐	◎	—	—	◎	◎		
4　相続人全員の印鑑証明書（遺産分割協議書に押印したもの）	☐	◎	—	—	◎	◎		
5　申告期限後3年以内の分割見込書（申告期限内に遺産分割ができない場合）	☐	◎	—	—	◎	◎		
6　相続の納税猶予に関する適格者証明書	☐			※2				
7　「特定貸付けに関する届出書」及び添付書類（特定貸付を行っている場合）	☐			◎	※3			
8　森林経営計画書の写し及び当該森林経営計画に係る認定書	☐					※4 ◎		
9　延納申請書	☐							◎
10　金銭納付を困難とする理由書	☐							◎
11　担保提供関係書類	☐			※5			※5	◎

◎ ……… 必ず提出していただく書類　　　　　　○ ……… 提出をお願いしている書類

※1　「法定相続情報一覧図の写し」を提出する場合で被相続人に養子がいる場合には、その養子の戸籍の謄本又は抄本（写しを含みます。）も必要になります。

※2　農地等のうち、平成3年1月1日現在において三大都市圏の特定市に所在するものがあるなど、特別な場合には他の書類も必要になります。

※3　下記【小規模宅地の特例を受ける場合の提出書類】を参照してください。

※4　特定森林経営計画対象山林である特定計画山林について特例の適用を受ける場合に限ります。

※5　担保提供関係書類の提出については、「相続税の申告のしかた」を参照してください。

（注）　農地等以外の納税猶予の特例の適用を受ける場合の提出書類等は、「相続税の申告のしかた」を参照してください。

【小規模宅地等の特例を受ける場合の提出書類】

相続税申告書に添付する書類	添付済(✔)	特定事業用宅地等	特定居住用宅地等 ※2				特定同族会社事業用宅地等	貸付事業用宅地等 ※3
			配偶者が取得	被相続人の居住の用に供されていた一棟の建物に居住していた者が取得	生計を一にする者が取得	相続開始前3年以内に、自己、自己の配偶者、自己の三親等内の親族又は自己と特別の関係のある一定の法人の所有する家屋に居住していない者が取得		
1　①相続開始前3年以内に居住していた家屋が、自己、自己の配偶者、自己の三親等内の親族又は自己と特別の関係がある一定の法人の所有する家屋以外の家屋である旨を証する書類 ②相続開始時に自己の居住している家屋を相続開始前のいずれの時においても所有していたことがないことを証する書類	☐	—	—	—	—	◎	—	—
2　遺言書の写し又は遺産分割協議書の写し	☐	◎	◎	◎	◎	◎	◎	◎
3　相続人全員の印鑑証明書（遺産分割協議書に押印したもの）	☐	◎	◎	◎	◎	◎	◎	◎
4　申告期限後3年以内の分割見込書（申告期限内に遺産分割ができない場合）	☐	◎	◎	◎	◎	◎	◎	◎
5　総務大臣が交付した証明書	☐	※1 ◎	—	—	—	—	—	—
6　特定同族法人の発行済株式の総数又は出資金額及び被相続人等が有する当該法人の株式の総数又は出資の合計額を記した書類（当該法人が証明したもの）	☐	—	—	—	—	—	◎	—
7　特定同族法人に係る定款の写し	☐	—	—	—	—	—	◎	—

◎ ……… 必ず提出していただく書類

※1　日本郵便株式会社に貸し付けられている一定の郵便局舎の敷地の用に供されている宅地等について特例を受ける場合に限ります。

※2　①　被相続人が老人ホーム等に入居等をしていた場合に特例を適用するためには、上記の書類及び戸籍の附票の写し（相続開始の日以後に作成されたもの。複写を含みます。）、介護保険の被保険者証の写し等で要介護認定等を受けていたことを明らかにするもの、入居等をしていた施設等の名称及び所在地並びにその施設が特例の対象となる一定の施設等に該当することを明らかにする書類が必要になります。

　　②　宅地等を取得する親族（配偶者を除きます。）が個人番号（行政手続における特定の個人を識別するための番号の利用等に関する法律第2条第5項に規定する個人番号をいいます。）を有しない場合には、当該親族の住所等を明らかにする書類が必要となる場合があります。詳しくは税務署にお尋ねください。

※3　平成30年4月1日以後に新たに被相続人等の貸付事業の用に供された宅地等である場合には、被相続人等が相続開始の日まで3年を超えて特定貸付事業を行っていたことを明らかにする書類が必要になります。

相 続 関 係 図

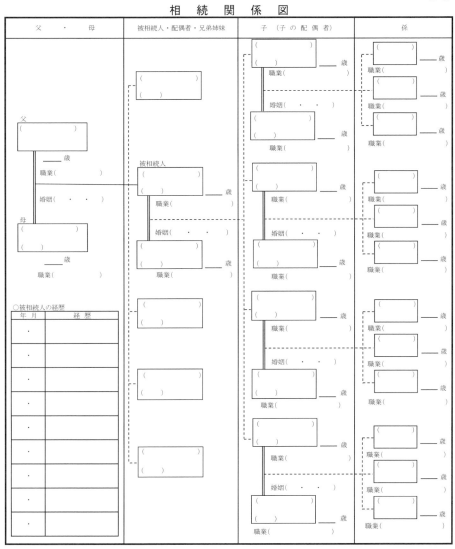

○ 「相続関係図」記載に当たっての留意事項
1　各人の年齢については、相続開始日現在の年齢を記入してください。
2　各人の職業については、相続開始日現在の職業を「㈱○○○代表取締役」など具体的に記入してください。また、被相続人の職業は、生前の主なものを記入してください。
3　　　　　の中に氏名を記入してください。また、　　　　　の中の上部の（　）にはふりがなを、左部の（　）には旧姓を記入してください。
　　なお、配偶者及び孫について姓が同じ場合は、姓を省略しても差し支えありません。
4　相続関係図に記入いただいた方の中に既にお亡くなりになっている方がいる場合は、　　　　　（氏名記入欄）上の余白に、お亡くなりになった年月日を記入してください。
5　親子及び兄弟姉妹関係の点線部分は、実線で表示してください。
6　「被相続人の経歴」欄は、被相続人の略歴を記載してください。
7　この用紙に書ききれない場合は適宜の用紙に同様の内容を記入してください。

*Q*14=株価算定必要書類リスト

株価算定必要書類リストについて教えてください。

Answer

筆者が使用している株価算定必要書類リストを提示します。

●解説

筆者が使用している株価算定必要書類リストは、下記のようなものです。

［株価算定必要書類リスト］

〜下記の必要資料のうち貴社に該当する資料のみご用意願います〜

NO	資料名	資料詳細	A社	B社
1	定款	直近のものをお願いします。	☐	☐
2	謄本	直近のものをお願いします。	☐	☐
3	株主名簿	続柄がわかるものをお願いします。	☐	☐
4	決算書・申告書3期分	配当は記念配当・特別配当の区分が分かるものをお願いします。また、もしあれば納税一覧もご用意願います。	☐	☐
5	修正申告書	もしあればお願いします。	☐	☐
6	消費税3期分		☐	☐
7	事業税3期分		☐	☐
8	法人事業概況書		☐	☐
9	固定資産税明細	固定資産税の通知書で代用可能です（グーグルマップ等で所在が分かるものを随時添付してください）。	☐	☐
10	上場有価証券	口数がわかるものをお願いします。	☐	☐

11	非上場有価証券	口数が分かるもの及びできれば当該会社の決算書をご用意願います。	☐	☐
12	電話加入権	事業所別の本数	☐	☐
13	従業員数	正社員、パート、アルバイト別、パートアルバイトは直近1年間の総労働時間	☐	☐
14	保険積立金	解約返戻金相当額がわかるもの	☐	☐
15	賃貸借契約書		☐	☐
16	ゴルフ会員権	正・平日会員の別がわかるもの	☐	☐

*Q*15 = 株価算定作業開始直前の確認項目

株価算定作業開始直前の「大まかな」チェック項目について教えてください。

Answer

下記です。

解説

株価算定作業開始直前の「大まかな」確認項目は下記となります。

会社からの株価算定必要資料リストについて
作業開始直前の確認項目

要確認項目	チェック
評価時点はいつか？	☐
評価項目（評価目的）は何か？	☐

全部履歴事項証明書より、下記を確認したか？ 　・当該法人設立年月日 　・種類株式の発行有無 　・役員氏名	☐
親族図から下記を確認したか？（第1チェック） 　・株主区分	☐
評価時点における株主名簿及び議決権割合の資料より、下記を確認したか？（第2チェック、第1チェックと同時に実施） 　・株主区分	☐
直近会社決算書報告書・法人税申告書より下記を確認したか？ 　・当該決算書・申告書は最終のものに間違いないこと（税務署受領印、ETAX受付控え等）	☐
直近会社決算書報告書・法人税申告書より下記を確認したか？ 　・直近決算期後、評価時点までの資産（負債）が著しく増減する取引 　＝重要な後発事象（増減資を含む）	☐
直近会社決算書報告書・法人税申告書より下記を確認したか？ 　・会社の取引内容を大まかに理解し、現時点における不明事項についてヒアリングしているか？（業種区分適用誤りの防止のため）	☐
売上内容をヒアリングし、現時点での会社規模区分を大まかに目星を付けたか？	☐
特定評価会社への該当性について大まかに目星を付けたか？	☐
類似業種比準方式を適用できないケース（合併3年以内論点等）については確認したか？	☐

Q16=会計事務所で行う株価算定作業前の確認項目

会計事務所で行う株価算定作業前の確認項目について教えてください。

Answer

下記です。

解説

株価算定作業開始直前の「大まかな」確認項目は下記となります。

確認項目	根拠	確認
相続・贈与等、課税時期に応じて、最新版の様式を利用しているか？		☐
会社区分の判定においては、最新の税制改正後の判定基準を採用したか？ 国税庁のホームページでチェックしたか？		☐

第2章

取引相場のない株式（出資）の評価明細書
＝様式別チェックシート編＝

1 第 1 表の 1

評価上の株主の判定及び会社規模の判定
の明細書

第１表の１　評価上の株主の判定及び会社規模の判定の明細書　　　　整理番号

会　社　名	（電話　　　　　　　）	本店の所在地	
代表者氏名		事業内容	取扱品目及び製造、卸売、小売等の区分 ／ 業種目番号 ／ 取引金額の構成比
課税時期	年　　月　　日		
直前期	自　　年　　月　　日／至　　年　　月　　日		

1.　株主及び評価方式の判定

判定要素（課税時期現在の株式等の所有状況）

氏名又は名称	続柄	会社における役職名	④株式数（株式の種類）	⑤議決権数 個	⑥議決権割合（⑤／④）%
	納税義務者		株		
自己株式					
納税義務者の属する同族関係者グループの議決権の合計数				②	⑤（②／④）
筆頭株主グループの議決権の合計数				③	⑥（③／④）
評価会社の発行済株式又は議決権の総数			①	④ 100	

判定基準：納税義務者の属する同族関係者グループの議決権割合（⑤の割合）を基として、区分します。

区分基準	筆頭株主グループの議決権割合（⑥の割合）			株主の区分
	50%超の場合	30%以上50%以下の場合	30%未満の場合	
⑤の割合	50%超	30%以上	15%以上	同族株主等
	50%未満	30%未満	15%未満	同族株主等以外の株主

判定	同族株主等（原則的評価方式等）	同族株主等以外の株主（配当還元方式）

「同族株主等」に該当する納税義務者のうち、議決権割合（⑤の割合）が5%未満の者の評価方式は、「2. 少数株式所有者の評価方式の判定」欄により判定します。

2.　少数株式所有者の評価方式の判定

	項　目	判　定　内　容
判定要素	氏　名	
	㋑役員	である（原則的評価方式等）・でない（次の㋺へ）
	㋺納税義務者が中心的な同族株主	である（原則的評価方式等）・でない（次の㋩へ）
	㋩納税義務者以外に中心的な同族株主（又は株主）	がいる（配当還元方式）・がいない（原則的評価方式等）（氏名　　　　　　）
判　定	原則的評価方式等　・　配当還元方式	

① 株主区分判定フローチャート

作業開始前に大まかな判定ができるようにしておきます。下記は特段知らなくても、税務ソフトに適正な株主構成及び親族構成を入力すれば自動判定します。

【株主区分による評価方式判定フロー表】

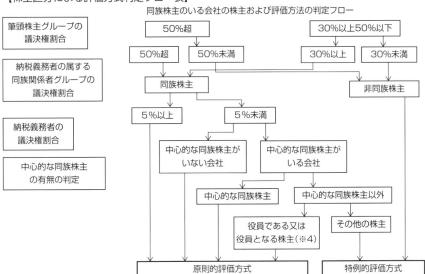

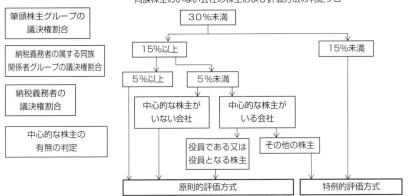

（上記図表（計 2 点）出典：品川芳宣（著）、野村資産承継研究所（編集）「非上場株式の評価ガイドブック」52頁（ぎょうせい　2017年）を引用しています。

$Q17$＝個人⇒個人間の税務上の自社株評価額

個人⇒個人間の税務上の適切な自社株評価額についてご教授ください。

Answer

相続・贈与・遺贈・譲渡の各場面で適用される株価は異なります。また誰から誰へ、でも利用される株価は変わります。

個人⇒個人、個人⇒法人、法人⇒個人、法人⇒法人と４別されますが、すべて一方通行で、それぞれの場合で判定していきます。

解説

税務上の適正評価額は「譲受人ベース」での「譲受後の議決権割合」で判定します。原則が相続税評価原則、例外が配当還元方式です。相続・贈与・遺贈と同様の考え方をとるからです。みなし贈与認定は適正時価の約80％程度を切るくらいです。

なお、判定は下記フローチャートに従います（以下、判定に関して下記フローチャートを使うことは全て共通）。

区分	株主の態様				評価方式
同族株主のいる会社	同族株主	取得後の議決権割合が５％以上の株主			原則的評価方式
		取得後の議決権割合が５％未満の株主	中心的な同族株主がいない場合		
			中心的な同族株主がいる場合	中心的な同族株主	
				役員である株主又は役員となる株主	
				その他の株主	配当還元方式
	同族株主以外の株主				

区分	株主の態様			評価方式
同族株主のいない会社	議決権割合の合計額が15％以上の株主グループに属する株主	取得後の議決権割合が５％以上の株主		原則的評価方式
		取得後の議決権割合が５％未満の株主	中心的な株主がいない場合	
			役員である株主又は役員となる株主	
			その他の株主	配当還元方式
	議決権割合の合計が15％未満の株主グループに属する株主			

　個人⇒個人間における相続・贈与・遺贈・譲渡において適用されます。

　取引相場のない株式の評価方式については、財産評価基本通達178、179に規定があり、以下のように大会社、中会社、小会社、特例評価に分かれます。

財産評価基本通達178

（取引相場のない株式の評価上の区分）

　　取引相場のない株式の価額は、評価しようとするその株式の発行会社（以下「評価会社」という。）が次の表の大会社、中会社又は小会社のいずれに該当するかに応じて、それぞれ次項の定めによって評価する。ただし、同族株主以外の株主等が取得した株式又は特定の評価会社の株式の価額は、それぞれ188《同族株主以外の株主等が取得した株式》又は189《特定の評価会社の株式》の定めによって評価する。

規模区分	区分の内容		総資産価額（帳簿価額によって計算した金額）及び従業員数	直前期末以前１年間における取引金額
大会社	従業員数が70人以上の会社又は右のいずれかに該当する会社	卸売業	20億円以上（従業員数が35人以下の会社を除く。）	30億円以上
		小売・サービス業	15億円以上（従業員数が35人以下の会社を除く。）	20億円以上

		卸売業、小売・サービス業以外	15億円以上（従業員数が35人以下の会社を除く。）	15億円以上
中会社	従業員数が70人未満の会社で右のいずれかに該当する会社（大会社に該当する場合を除く。）	卸売業	7,000万円以上（従業員数が５人以下の会社を除く。）	２億円以上30億円未満
		小売・サービス業	4,000万円以上（従業員数が５人以下の会社を除く。）	6,000万円以上20億円未満
		卸売業、小売・サービス業以外	5,000万円以上（従業員数が５人以下の会社を除く。）	8,000万円以上15億円未満
小会社	従業員数が70人未満の会社で右のいずれにも該当する会社	卸売業	7,000万円未満又は従業員数が５人以下	２億円未満
		小売・サービス業	4,000万円未満又は従業員数が５人以下	6,000万円未満
		卸売業、小売・サービス業以外	5,000万円未満又は従業員数が５人以下	8,000万円未満

　上の表の「総資産価額（帳簿価額によって計算した金額）及び従業員数」及び「直前期末以前１年間における取引金額」は、それぞれ次の(1)から(3)により、「卸売業」、「小売・サービス業」又は「卸売業、小売・サービス業以外」の判定は(4)による。

(1)　「総資産価額（帳簿価額によって計算した金額）」は、課税時期の直前に終了した事業年度の末日（以下「直前期末」という。）における評価会社の各資産の帳簿価額の合計額とする。

(2)　「従業員数」は、直前期末以前１年間においてその期間継続して評価会社に勤務していた従業員（就業規則等で定められた１週間当たりの労働時間が30時間未満である従業員を除く。以下この項において「継続勤務従業員」という。）の数に、直前期末以前１年間において評価会社に勤務していた従業員（継続勤務従業員を除く。）のその１年間における労働時間の合計時間数を従業員１人当たり年間平均労働時間数で除して求めた数を加算した数とする。

　　この場合における従業員 1 人当たり年間平均労働時間数は、1,800時間とする。

(3)　「直前期末以前 1 年間における取引金額」は、その期間における評価会社の目的とする事業に係る収入金額（金融業・証券業については収入利息及び収入手数料）とする。

(4)　評価会社が「卸売業」、「小売・サービス業」又は「卸売業、小売・サービス業以外」のいずれの業種に該当するかは、上記(3)の直前期末以前 1 年間における取引金額（以下この項及び181- 2 《評価会社の事業が該当する業種目》において「取引金額」という。）に基づいて判定し、当該取引金額のうちに 2 以上の業種に係る取引金額が含まれている場合には、それらの取引金額のうち最も多い取引金額に係る業種によって判定する。

(注)　上記(2)の従業員には、社長、理事長並びに法人税法施行令第71条《使用人兼務役員とされない役員》第 1 項第 1 号、第 2 号及び第 4 号に掲げる役員は含まないのであるから留意する。

財産評価基本通達179項

（取引相場のない株式の評価の原則）

　　前項により区分された大会社、中会社及び小会社の株式の価額は、それぞれ次による。

(1)　大会社の株式の価額は、類似業種比準価額によって評価する。ただし、納税義務者の選択により、 1 株当たりの純資産価額（相続税評価額によって計算した金額）によって評価することができる。

(2)　中会社の株式の価額は、次の算式により計算した金額によって評価する。ただし、納税義務者の選択により、算式中の類似業種比準価額を 1 株当たりの純資産価額（相続税評価額によって計算した金額）によって計算することができる。

　　類似業種比準価額×L＋1 株当たりの純資産価額（相続税評価額によって計算した金額）×（1−L）

　　上の算式中の「L」は、評価会社の前項に定める総資産価額（帳簿価

額によって計算した金額）及び従業員数又は直前期末以前1年間におけ
る取引金額に応じて、それぞれ次に定める割合のうちいずれか大きい
方の割合とする。

イ　総資産価額（帳簿価額によって計算した金額）及び従業員数に応ず
る割合

卸売業	小売・サービス業	卸売業、小売・サービス業以外	割合
4億円以上（従業員数が35人以下の会社を除く。）	5億円以上（従業員数が35人以下の会社を除く。）	5億円以上（従業員数が35人以下の会社を除く。）	0.90
2億円以上（従業員数が20人以下の会社を除く。）	2億5,000万円以上（従業員数が20人以下の会社を除く。）	2億5,000万円以上（従業員数が20人以下の会社を除く。）	0.75
7,000万円以上（従業員数が5人以下の会社を除く。）	4,000万円以上（従業員数が5人以下の会社を除く。）	5,000万円以上（従業員数が5人以下の会社を除く。）	0.60

（注）　複数の区分に該当する場合には、上位の区分に該当するものとする。

ロ　直前期末以前1年間における取引金額に応ずる割合

卸売業	小売・サービス業	卸売業、小売・サービス業以外	割合
7億円以上30億円未満	5億円以上20億円未満	4億円以上15億円未満	0.90
3億5,000万円以上7億円未満	2億5,000万円以上5億円未満	2億円以上4億円未満	0.75
2億円以上3億5,000万円未満	6,000万円以上2億5,000万円未満	8,000万円以上2億円未満	0.60

⑶　小会社の株式の価額は、1株当たりの純資産価額（相続税評価額に
よって計算した金額）によって評価する。ただし、納税義務者の選択に
より、Lを0.50として⑵の算式により計算した金額によって評価する
ことができる。

財産評価基本通達188-2

（同族株主以外の株主等が取得した株式の評価）

　　前項の株式の価額は、その株式に係る年配当金額（183《評価会社の１株当たりの配当金額等の計算》の(1)に定める１株当たりの配当金額をいう。ただし、その金額が２円50銭未満のもの及び無配のものにあっては２円50銭とする。）を基として、次の算式により計算した金額によって評価する。ただし、その金額がその株式を179《取引相場のない株式の評価の原則》の定めにより評価するものとして計算した金額を超える場合には、179《取引相場のない株式の評価の原則》の定めにより計算した金額によって評価する。

$$\frac{\text{その株式に係る}}{\text{年配当金額}}{10\%} \times \frac{\text{その株式の１株当たりの}}{\text{資本金等の額}}{50円}$$

（注）　上記算式の「その株式に係る年配当金額」は１株当たりの資本金等の額を50円とした場合の金額であるので、算式中において、評価会社の直前期末における１株当たりの資本金等の額の50円に対する倍数を乗じて評価額を計算することとしていることに留意する。

原則的評価	大会社	類似業種比準価額方式
	中会社	類似業種比準価額方式と純資産価額方式併用 （Ｌの割合によって類似の利用範囲が異なります）
	小会社	純資産価額方式 OR 類似業種比準価額方式（50%）と純資産価額方式（50%）併用
特例評価		配当還元方式

　　財産評価基本通達の規定は、そもそも相続税申告書における自社株の相続税評価や贈与税申告における贈与時の株価評価（遺贈も含みます）に用いられるものでした。

　　しかし、実務上は売買にも利用されています。相続税評価額が売買にも用いられることして一般的に根拠として挙げられている裁判例が下記で

す。

（参照）

> 東京地方裁判所平成18年（行ウ）第562号贈与税決定処分取消等請求事件（全部取消し）（確定）（納税者勝訴）平成19年 8 月23日判決【税務訴訟資料　第257号 -154（順号10763）】【親族間の譲渡とみなし贈与／「著しく低い価額」の対価とは】

〔判示事項〕

　相続税評価額が地価公示価格と同水準の価格の約80パーセントであることからすると、地価が安定して推移している場合や上昇している場合には、この開差に着目し、実質的には贈与税の負担を免れつつ贈与を行った場合と同様の経済的利益の移転を行うことが可能になるのであり、このことが租税負担の公平の見地から相当でないことは明らかであるとの課税庁の主張が、仮に時価の80パーセントの対価で土地を譲渡するとすれば、これによって移転できる経済的利益は当該土地の時価の20パーセントにとどまるのであり（換価することまで考えれば、実際の経済的利益はそれよりさらに低くなるであろう。）、「贈与税の負担を免れつつ贈与を行った場合と同様の経済的利益の移転を行うことが可能になる」とまでいえるのかはなはだ疑問である上、そもそも課税庁の上記主張は、相続税法第 7 条（贈与又は遺贈により取得したものとみなす場合）自身が「著しく低い価額」に至らない程度の「低い価額」の対価での譲渡は許容していることを考慮しないものであるとして排斥された事例。

　「著しく低い価額」の対価に当たるか否かは、単に時価との比較（比率）のみによって決するものではなく、「実質的に贈与を受けたと認められる金額」の有無によって判断すべきであるとの課税庁の主張が、相続税法第 7 条（贈与又は遺贈により取得したものとみなす場合）は、当事者に実質的に贈与の意思があったか否かを問わず適用されるものであることは既に述べたとおりであり、実質的に贈与を受けたか否かという基準が妥当なもの

とは解されず、また、この基準によるとすれば、時価よりも低い価額の対価で譲渡が行われた場合、客観的にみて譲受人は譲渡人から一定の経済的利益を無償で譲り受けたと評価することができるのであるから、そのすべての場合において実質的に贈与を受けたということにもなりかねず、単なる「低い価額」を除外し「著しく低い価額」のみを対象としている同条の趣旨に反することになるとして排斥された事例。

　第三者との間では決して成立し得ないような対価で売買が行われ、当事者の一方が他方の負担の下に多額の経済的利益を享受したか否かによって判断すべきであるとの課税庁の主張が、第三者との間では決して成立し得ないような対価で売買が行われたか否かという基準は趣旨が明確でなく、仮に「第三者」という表現によって、親族間やこれに準じた親しい関係にある者相互間の譲渡とそれ以外の間柄にある者相互間の譲渡とを区別し、親族間やこれに準じた親しい関係にある者相互間の譲渡においては、たとえ「著しく低い価額」の対価でなくても課税する趣旨であるとすれば、相続税法7条（贈与又は遺贈により取得したものとみなす場合）の文理に反するというほかなく、また、時価の80パーセント程度の水準の対価であれば、上記の意味での「第三者」との間で売買が決して成立し得ないような対価であるとまでは断言できないとして排斥された事例。

　財産の譲受の状況の一要因である「個々の取引の意図、目的その合理性」が、相続税法第7条（贈与又は遺贈により取得したものとみなす場合）の「著しく低い価額」に当たるか否かを判断する際の一事情として考慮されるべきものであるとの課税庁の主張が、取引の意図、目的、合理性といった事情を考慮するとなると、結局、当事者に租税負担回避の意図・目的があったか否かといった点が重要な考慮要素になると思われるが、同条は当事者に租税負担回避の意図・目的があったか否かを問わずに適用されるものであり、同主張は同条の趣旨に反することになるとして排斥された事例。

　相続税評価額と同程度の価額かそれ以上の価額の対価によって土地の譲渡が行われた場合におけるその代金額は、相続税法第7条（贈与又は遺贈に

より取得したものとみなす場合）にいう「著しく低い価額」の対価には当たらないとされた事例。

　租税の公平負担の要請から実質的にみても、本件における土地売買の代金額と土地の時価や相続税評価額との比較に加え、譲渡者が土地を購入してから売買が行われるまで 2 年以上の期間が経過していること、売買により納税者らが取得したものは土地の持分であり、容易に換価できるものではなく、実際に原告らもこれを換価してはいないこと、課税庁の主張を前提としても、譲渡者が土地を売買をしたことには流動資産を増やしたいとの一応合理的な理由があったことなどの事情を考慮すれば、本件の土地売買が明らかに異常で不当といえるような専ら租税負担の回避を目的として仕組まれた取引であるとは認められないとされた事例。

（参照）

TAINS コード　Z257-10622
東京地方裁判所平成17年（行ウ）第199号贈与税決定処分取消請求事件（棄却）（確定）【みなし贈与／譲渡制限自社株式を第三者から著しく低い価額により取得】

要　点
　相続税法 7 条の規定は、租税回避の意図があることを主観的要件とせず、独立第三者間取引においても適用されるとされた事案

　本件は、株式会社 A 社の代表取締役である納税者（原告）が、複数の株主から A 社の株式を買い受けたところ、相続税法 7 条の「著しく低い価額の対価で財産の譲渡を受けた場合」に当たるとして、A 社株式の譲渡対価と譲渡時における時価との差額に相当する金額を納税者が贈与により取得したものとみなし、課税庁が納税者に贈与税の決定処分をしたことにつき取消しを求めて起こされた裁判です。

　本件の争点は相続税法第７条が、取引当事者の租税回避問題が生じるような特殊な関係にある場合に限り適用されるかどうかです。

　裁判所は、相続税法第７条の趣旨及び規定の仕方に照らし、著しく低い価額の対価で財産の譲渡が行われた場合には、その対価と時価との差額に担税力が認められるため、税負担の公平という見地から同条が適用されるとしました。このため、同条の適用に当たり租税回避の問題が生じるような特殊な関係にあるか否かといった取引当事者間の関係及び主観面は問わないと判断しています。独立した第三者間取引においても同条は適用されるとしています。

　本件は、地裁で確定しました。

（参照）

　TAINS コード　F０-３-282
（みなし贈与／低額譲受け）
　審査請求人の取引相場のない株式の譲受けは、相続税法７条の「著しく低い価額の対価で財産の譲渡があった場合」に該当するとされた事例（平23-06-30裁決）

〔裁決の要旨〕
1　本件は、請求人が取得した取引相場のない株式について、原処分庁が、当該株式の取得価額はその時価よりも著しく低額であり、相続税法７条に規定する「著しく低い価額の対価で財産の譲渡を受けた場合」に当たるとして、当該株式の時価と取得価額との差額に相当する金額を贈与により取得したものとみなして贈与税の更正処分等を行ったのに対し、請求人が、原処分庁が当該株主の時価の算定の基礎とした建物及び土地の価額に誤りがあり、「著しく低い価額の対価で財産の譲渡を受けた場合」には当たらないとして、その処分の全部の取消しを求めた事案である。
2　固定資産税評価額における家屋の評価は、３年ごとの基準年度に、再

　　建築価格を基準として、これに家屋の減耗の状況による補正及び需給事情による補正を行って評価する方法が採られているところ、本件建物の評価についても、家屋の減耗の状況に応じた補正を行って、本件の固定資産税評価額を算定したことが認められ、本件建物には損壊等の事実は認められないことからすると、本件建物の固定資産税評価額の算定において行った補正を超え、更なる補正を要するほどの本件建物の著しい損耗といった事情は認められず、本件建物の固定資産税評価額は、固定資産評価基準に則って適正に算定されており、客観的な交換価値を正確に反映していると認められる。

　　また、本件建物には上記のとおり損壊等の事実は認められず、本件建物の固定資産評価額は客観的な交換価値を正確に反映しており、評価通達89の定めによる家屋の評価額は、その家屋の客観的な交換価値である固定資産税評価額と同額になることから、本件建物の価額についても評価通達の定めにより難い特別な事情は認められない。

3　取引事例に係る取引価格及び地価公示価格に基づいて算定した本件土地の更地価格（192,146,474円）は、本件土地の自用地としての価額（170,016,102円）を上回っていることからすれば、評価通達の定めに基づき路線価を基礎とした本件土地の価額が客観的な交換価値を上回ることが明らかであるとはいえず、本件土地を評価するに当たり、評価通達の定めにより難い特別な事情は認められないことから、本件土地の価額は166,717,975円となる。

4　請求人は、本件建物及び土地の価額は、それらの取得価額に基づく帳簿価額とすべきである旨主張する。しかしながら、請求人が主張する本件建物及び本件土地の取得時期は平成12年であることから、本件建物及び本件土地の取得価額を基にした帳簿価額をもって直ちに客観的な交換価値を示す時価とみることは相当ではなく、本件建物及び本件土地の価額には、評価通達の定めにより難い特別な事情は認められないないので、請求人の主張には理由がない。

5　請求人は予備的主張として、本件建物及び本件土地の価額について、本件鑑定による評価額とすべき旨主張するが、本件鑑定には、それによ

る本件建物及び本件土地の評価額をそれらの時価と認め得るだけの十分な算定根拠が記述されているとは認められないことからすれば、請求人の主張は採用できない。

6　本件譲受日における本件株式の1株当たりの価額は、別表7（審判所認定額）のとおりであるから、本件株式20株の価額は■■■■■となるところ、請求人はこれを1,506,680円で取得しており、相続税法7条に規定する「著しく低い価額の対価で財産の譲渡を受けた場合」に該当し、その差額に相当する金額■■■■■は、請求人が本件譲渡人から贈与により取得したものとみなされる。

② 株主区分判定

　次に株主区分判定について税務ソフトに入力したものがあっているか、再度検証します。下記は株主区分に関するチェック項目となりますが、実務では次に掲載する第１表の１のチェック事項と併せて勘案します。

チェック項目	根拠	確認
同族関係者の範囲の判定における親族の範囲は適正か？	評基通188(1)、法令４	□
上記において、連れ子、養子等、複雑な関係がある場合を検討したか？	評基通188(1)、法令４	□
同族関係者に該当する法人の範囲について、自己株式を除いた発行済株株式数ベースでの持株割合で検討しているか？	評基通188(1)、法令４③	□
上記において議決権割合（法令４③ニイ）についても50％超判定を行っているか？	評基通188(1)、法令４③	□
個人又は法人との間で、「同一内容の議決権を行使することに」事実上、同意している者がある場合、当該者が有する議決権を当該個人又は法人が有するものとみなしたか？	評基通188(1)、法令４⑥	□
上記は事実関係をクライアントにヒアリングしないと判明しない項目だが、当該ヒアリングにつき言質をとったか？		□

【参考1】

　株主名簿は真生なものであることを確認する必要があります。

　M&A 実行プロセスの中において法務デューデリジェンスの中で株式異動の変遷を確認しますが、それをできる範囲で行います。

（参照）

　法務デューデリジェンスの該当部分雛形は下記です。そこで「○○を参照して作成しております。」という注意書きが必ず記載されています。それらについて納税者とのやりとりを全て記録します。可能な限り書証化します。

【株主概要（株式構成）】

〇全株普通株式と登記簿謄本より確認しております。

〇譲渡制限有（承認機関取締役会）株券発行会社であると登記簿謄本より確認しております。

【株主構成：○年○月末日現在】

氏名	続柄	住所	持株数	持株割合	議決権数	議決権割合
A	本人	○○	450株	71.66%	450個	71.66%
B	妻	○○	150株	28.33%	150個	28.33%
			600株	100%	600個	100%

（注1）登記簿謄本、法人税申告書別表2で確認しました。

（注2）平成17年10月1日取締役会議事録により確認済みです。

（注3）上記取締役会で○○氏より譲渡済みです。

（注4）○年○月○日現在の株主名簿で A450株、B150株を確認済みです。

（注5）株主名簿と○年○月期法人税申告書別表2の株数の違いは、株主名簿に記載のない株式異動を確認しました。

　上記内容を経理担当者へ確認したところ、A氏からB氏へ平成25年から3年間毎年10株の異動があると報告を受けました。

　上記報告を受け、証拠書類としてB氏の贈与税申告書（H25.26.27）より確認しました。

　つまり実態の持ち株割合は A氏420株、B氏180株（○年○月期段階）となっています。

【株主推移表】

	株主名								譲渡事由
	A	B	C	D	E	F	G	H	
S61.2.8	140	40	60	60	40	40	10	10	（注）設立時
S63.8.8	50			▲60			10		（注）60株を50株と10株へ譲渡
S63.8.8		20	20			▲40			（注）40株を20株と20株へ譲渡
S63.8.8	10							▲10	（注）10株へ譲渡
S63.12.31		20					▲20		（注）20株へ譲渡
H12.8.29	200								（注）新株発行1,000万円発行
H12.9.30			40		▲40				（注）相続により40株を譲受け
H16.10.1	20	20	▲40						（注）40株を20株、20株へ譲渡
H16.12.27	20		▲20						（注）20株へ譲渡
H17.7.28		20	▲20						（注）20株へ譲渡
H17.9.30	10	30	▲40						（注）40株を10株、30株へ譲渡
H25.9.1	▲10	10							（注）10株へ譲渡
H26.9.1	▲10	10							（注）10株へ譲渡
H27.9.1	▲10	10							（注）10株へ譲渡
計	420株	180株	0	0	0	0	0	0	

【財務DD時点（○年月○日時点株主名簿】

A		420	22,000,000
B		180	8,000,000
計		600	30,000,000

（注）・対象会社事務所にある株主名簿より設立からHI 7.9.30までの届歴を確認しました。
　　・B氏の贈与税申告書（平成25年、平成26年、平成27年）より左記3年間の株式異動を確認しました。なお、上記贈与に伴う契約書等は確認できていません。
　　・対象会社の平成25年9月期、平成26年9月期、平成27年9月期の法人税申告別表2を確認、結果、株主名簿の内容と不一致であることを確認しました。
　　・上記内容は株主名簿と経理担当者からのヒアリングにより確認しました。

【参考2】 親族・親等図表

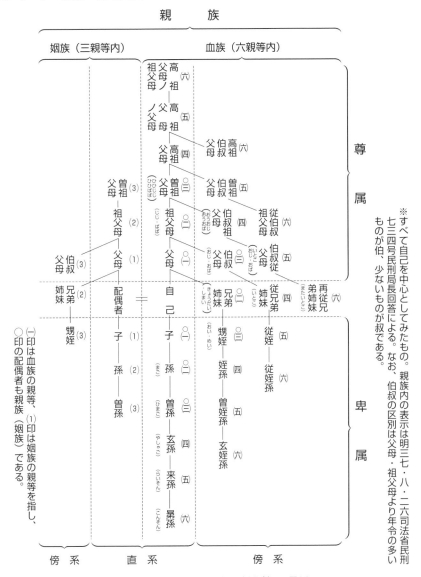

裁判所書記官研修所教材第117号『新訂 親族法相続法講義案』（法曹会）31頁より
（出典：国税庁ホームページ「民法の相続制度の概要～相続税法を理解するために～」）

【参考３】無議決権株式を発行している場合の同族株主の判定

　同族株主に該当するか否かの判定は、持株割合ではなく議決権割合により行うことから、同族株主グループに属する株主であっても、中心的な同族株主以外の株主で議決権割合が５％未満の役員でない株主等は、無議決権株式の所有の多寡にかかわらず同族株主に該当しないこととなるので、その株主等が所有する株式は評価通達188-2（同族株主以外の株主等が取得した株主の評価）により配当還元方式を適用して評価することに留意する。

③ 第１表の１　評価上の株主の判定及び会社規模の判定の明細書　具体的チェック項目

チェック項目	根拠	確認
「日本標準作業分類の分類項目と類似業種比準価額計算上の業種目との対比表」は最新のものを確認したか？		☐
「日本標準作業分類の分類項目と類似業種比準価額計算上の業種目との対比表」について適正なものと確認したか？		☐
「日本標準作業分類の分類項目と類似業種比準価額計算上の業種目との対比表」について「113　その他の産業」は実務では「医療法人」と「純粋持株会社」しか適用されない。それ以外については何かしらに分類したか？		☐
「㋑株式数」「㋺議決権数」は、相続等当該取引後の株式取得「後」の株式・議決権数を記載したか？	個通第１表の１ 3 (4)	☐
未分割において、納税義務者が有する株式（未分割の株式を除く。）の株式数上に、未分割株式数を表示の上、外書したか？	個通第１表の１ 3 (5)イ	☐
上記において、納税義務者の有する株式の株式数に未分割株式の株式数を加算した数で議決権数を記載したか？	個通第１表の１ 3 (5)イ	☐

無議決権株式、完全無議決権株式等について、議決権数に含めていないか？	評基通188-5	☐
「一部の事項について」議決権制限された種類株式等に係る議決権数については含めたか？	評基通188-5	☐
相互持合株式（会社法308条1項）は議決権停止株式だが、それに伴い議決権から除外しているか？	（注2）	☐
「納税義務者を中心とした同族関係者」を先に判定した後、次に仮として他の者を中心とした場合における納税義務者が同族関係者に含まれるケースがあるかどうか確認したか？	（注3）	☐
議決権割合は原則として1％未満は切り捨て。ただし、50％超51％未満の割合の場合、51％として記載したか？	個通第1表の1 3(5)ニ	☐
同族株式の判定上、評価会社所有株式に、投資育成会社がいる場合の同族株主等の判定は、評基通188-6を確認したか？	評基通188-6	☐
使用人兼務役員は「役員」の範囲に含まれない等、評基通188(2)の範囲を確認したか？	評基通188(2)	☐

日本標準産業分類の分類項目と類似業種比準価額計算上の業種目との対比表

https://www.nta.go.jp/law/joho-zeikaishaku/hyoka/170613/pdf/05.pdf

（別表）日本標準産業分類の分類項目と類似業種比準価額計算上の業種目との対比表（平成29年分）

日本標準産業分類の分類項目			類似業種比準価額計算上の業種目			規模区分を判定する場合の業種
大分類			大分類			
	中分類			中分類	番号	
		小分類			小分類	
A　農業，林業			その他の産業		113	卸売業、小売・サービス業以外
	01　農業					
		011　耕種農業				
		012　畜産農業				
		013　農業サービス業（園芸サービス業を除く）				
		014　園芸サービス業				
	02　林業					
		021　育林業				
		022　素材生産業				
		023　特用林産物生産業（きのこ類の栽培を除く）				
		024　林業サービス業				
		029　その他の林業				
B　漁業			その他の産業		113	卸売業、小売・サービス業以外
	03　漁業（水産養殖業を除く）					
		031　海面漁業				
		032　内水面漁業				
	04　水産養殖業					
		041　海面養殖業				
		042　内水面養殖業				
C　鉱業，採石業，砂利採取業			その他の産業		113	卸売業、小売・サービス業以外
	05　鉱業，採石業，砂利採取業					
		051　金属鉱業				
		052　石炭・亜炭鉱業				
		053　原油・天然ガス鉱業				
		054　採石業，砂・砂利・玉石採取業				
		055　窯業原料用鉱物鉱業（耐火物・陶磁器・ガラス・セメント原料用に限る）				
		059　その他の鉱業				
D　建設業			建設業		1	卸売業、小売・サービス業以外
	06　総合工事業			総合工事業	2	
		061　一般土木建築工事業				
		062　土木工事業（舗装工事業を除く）		その他の総合工事業	4	
		063　舗装工事業				
		064　建築工事業（木造建築工事業を除く）		建築工事業（木造建築工事業を除く）	3	
		065　木造建築工事業		その他の総合工事業	4	
		066　建築リフォーム工事業				
	07　職別工事業（設備工事業を除く）			職別工事業	5	
		071　大工工事業				
		072　とび・土工・コンクリート工事業				
		073　鉄骨・鉄筋工事業				
		074　石工・れんが・タイル・ブロック工事業				
		075　左官工事業				
		076　板金・金物工事業				
		077　塗装工事業				
		078　床・内装工事業				
		079　その他の職別工事業				

日本標準産業分類の分類項目	類似業種比準価額計算上の業種目		規模区分を判定する場合の業種
大　分　類 　中　分　類 　　小　分　類	大　分　類 　中　分　類 　　小　分　類	番　号	
（D　建設業）	（建設業）		
08　設備工事業	設備工事業	6	卸売業、小売・サービス業以外
081　電気工事業	電気工事業	7	
082　電気通信・信号装置工事業	電気通信・信号装置工事業	8	
083　管工事業（さく井工事業を除く）			
084　機械器具設置工事業	その他の設備工事業	9	
089　その他の設備工事業			
E　製造業	製造業	10	
09　食料品製造業	食料品製造業	11	
091　畜産食料品製造業	畜産食料品製造業	12	
092　水産食料品製造業			
093　野菜缶詰・果実缶詰・農産保存食料品製造業			
094　調味料製造業	その他の食料品製造業	14	
095　糖類製造業			
096　精穀・製粉業			
097　パン・菓子製造業	パン・菓子製造業	13	
098　動植物油脂製造業	その他の食料品製造業	14	
099　その他の食料品製造業			
10　飲料・たばこ・飼料製造業			
101　清涼飲料製造業			
102　酒類製造業			
103　茶・コーヒー製造業（清涼飲料を除く）	飲料・たばこ・飼料製造業	15	
104　製氷業			
105　たばこ製造業			
106　飼料・有機質肥料製造業			
11　繊維工業			卸売業、小売・サービス業以外
111　製糸業，紡績業，化学繊維・ねん糸等製造業			
112　織物業			
113　ニット生地製造業			
114　染色整理業			
115　綱・網・レース・繊維粗製品製造業	繊維工業	16	
116　外衣・シャツ製造業（和式を除く）			
117　下着類製造業			
118　和装製品・その他の衣服・繊維製身の回り品製造業			
119　その他の繊維製品製造業			
12　木材・木製品製造業（家具を除く）			
121　製材業，木製品製造業			
122　造作材・合板・建築用組立材料製造業	その他の製造業	51	
123　木製容器製造業（竹，とうを含む）			
129　その他の木製品製造業（竹，とうを含む）			
13　家具・装備品製造業			
131　家具製造業			
132　宗教用具製造業	その他の製造業	51	
133　建具製造業			
139　その他の家具・装備品製造業			

日本標準産業分類の分類項目		類似業種比準価額計算上の業種目			規模区分を判定する場合の業種
大 分 類		**大 分 類**			
中 分 類		**中 分 類**		**番 号**	
小 分 類		**小 分 類**			
（Ｅ　製造業）		（製造業）			
14　パルプ・紙・紙加工品製造業					
	141　パルプ製造業				
	142　紙製造業				
	143　加工紙製造業	パルプ・紙・紙加工品製造業		17	
	144　紙製品製造業				
	145　紙製容器製造業				
	149　その他のパルプ・紙・紙加工品製造業				
15　印刷・同関連業					
	151　印刷業				
	152　製版業	印刷・同関連業		18	
	153　製本業，印刷物加工業				
	159　印刷関連サービス業				
16　化学工業		化学工業		19	
	161　化学肥料製造業	その他の化学工業		23	
	162　無機化学工業製品製造業				
	163　有機化学工業製品製造業	有機化学工業製品製造業		20	
	164　油脂加工製品・石けん・合成洗剤・界面活性剤・塗料製造業	油脂加工製品・石けん・合成洗剤・界面活性剤・塗料製造業		21	
	165　医薬品製造業	医薬品製造業		22	
	166　化粧品・歯磨・その他の化粧用調整品製造業	その他の化学工業		23	卸売業、小売・サービス業以外
	169　その他の化学工業				
17　石油製品・石炭製品製造業					
	171　石油精製業				
	172　潤滑油・グリース製造業（石油精製業によらないもの）				
	173　コークス製造業	その他の製造業		51	
	174　舗装材料製造業				
	179　その他の石油製品・石炭製品製造業				
18　プラスチック製品製造業（別掲を除く）					
	181　プラスチック板・棒・管・継手・異形押出製品製造業				
	182　プラスチックフィルム・シート・床材・合成皮革製造業				
	183　工業用プラスチック製品製造業	プラスチック製品製造業		24	
	184　発泡・強化プラスチック製品製造業				
	185　プラスチック成形材料製造業（廃プラスチックを含む）				
	189　その他のプラスチック製品製造業				
19　ゴム製品製造業					
	191　タイヤ・チューブ製造業				
	192　ゴム製・プラスチック製履物・同附属品製造業	ゴム製品製造業		25	
	193　ゴムベルト・ゴムホース・工業用ゴム製品製造業				
	199　その他のゴム製品製造業				

日本標準産業分類の分類項目	類似業種比準価額計算上の業種目		規模区分を判定する場合の業種
大　分　類 　中　分　類 　　小　分　類	大　分　類 　中　分　類 　　小　分　類	番　号	
（E　製造業）	（製造業）		
20　なめし革・同製品・毛皮製造業			
201　なめし革製造業			
202　工業用革製品製造業（手袋を除く）			
203　革製履物用材料・同附属品製造業			
204　革製履物製造業	その他の製造業	51	
205　革製手袋製造業			
206　かばん製造業			
207　袋物製造業			
208　毛皮製造業			
209　その他のなめし革製品製造業			
21　窯業・土石製品製造業	窯業・土石製品製造業	26	
211　ガラス・同製品製造業	その他の窯業・土石製品製造業	28	
212　セメント・同製品製造業	セメント・同製品製造業	27	
213　建設用粘土製品製造業（陶磁器製を除く）			
214　陶磁器・同関連製品製造業			
215　耐火物製造業			卸売業、小売・サービス業以外
216　炭素・黒鉛製品製造業	その他の窯業・土石製品製造業	28	
217　研磨材・同製品製造業			
218　骨材・石工品等製造業			
219　その他の窯業・土石製品製造業			
22　鉄鋼業			
221　製鉄業			
222　製鋼・製鋼圧延業			
223　製鋼を行わない鋼材製造業（表面処理鋼材を除く）	鉄鋼業	29	
224　表面処理鋼材製造業			
225　鉄素形材製造業			
229　その他の鉄鋼業			
23　非鉄金属製造業			
231　非鉄金属第1次製錬・精製業			
232　非鉄金属第2次製錬・精製業（非鉄金属合金製造業を含む）			
233　非鉄金属・同合金圧延業（抽伸，押出しを含む）	非鉄金属製造業	30	
234　電線・ケーブル製造業			
235　非鉄金属素形材製造業			
239　その他の非鉄金属製造業			
24　金属製品製造業	金属製品製造業	31	
241　ブリキ缶・その他のめっき板等製品製造業			
242　洋食器・刃物・手道具・金物類製造業	その他の金属製品製造業	33	
243　暖房・調理等装置、配管工事用付属品製造業			
244　建設用・建築用金属製品製造業（製缶板金業を含む）	建設用・建築用金属製品製造業	32	
245　金属素形材製品製造業			
246　金属被覆・彫刻業，熱処理業（ほうろう鉄器を除く）			
247　金属線製品製造業（ねじ類を除く）	その他の金属製品製造業	33	
248　ボルト・ナット・リベット・小ねじ・木ねじ等製造業			
249　その他の金属製品製造業			

日本標準産業分類の分類項目			類似業種比準価額計算上の業種目			番号	規模区分を判定する場合の業種
大　分　類			大　分　類				
	中　分　類			中　分　類		番号	
		小　分　類			小　分　類		
（E　製造業）			（製造業）				
	25　はん用機械器具製造業						
		251　ボイラ・原動機製造業	はん用機械器具製造業			34	
		252　ポンプ・圧縮機器製造業					
		253　一般産業用機械・装置製造業					
		259　その他のはん用機械・同部分品製造業					
	26　生産用機械器具製造業		生産用機械器具製造業			35	
		261　農業用機械製造業（農業用器具を除く）					
		262　建設機械・鉱山機械製造業		その他の生産用機械器具製造業		37	
		263　繊維機械製造業					
		264　生活関連産業用機械製造業					
		265　基礎素材産業用機械製造業					
		266　金属加工機械製造業		金属加工機械製造業		36	
		267　半導体・フラットパネルディスプレイ製造装置製造業		その他の生産用機械器具製造業		37	
		269　その他の生産用機械・同部分品製造業					
	27　業務用機械器具製造業						
		271　事務用機械器具製造業					
		272　サービス用・娯楽用機械器具製造業					
		273　計量器・測定器・分析機器・試験機・測量機械器具・理化学機械器具製造業	業務用機械器具製造業			38	
		274　医療用機械器具・医療用品製造業					卸売業、小売・サービス業以外
		275　光学機械器具・レンズ製造業					
		276　武器製造業					
	28　電子部品・デバイス・電子回路製造業		電子部品・デバイス・電子回路製造業			39	
		281　電子デバイス製造業		その他の電子部品・デバイス・電子回路製造業		42	
		282　電子部品製造業		電子部品製造業		40	
		283　記録メディア製造業		その他の電子部品・デバイス・電子回路製造業		42	
		284　電子回路製造業		電子回路製造業		41	
		285　ユニット部品製造業		その他の電子部品・デバイス・電子回路製造業		42	
		289　その他の電子部品・デバイス・電子回路製造業					
	29　電気機械器具製造業		電気機械器具製造業			43	
		291　発電用・送電用・配電用電気機械器具製造業		発電用・送電用・配電用電気機械器具製造業		44	
		292　産業用電気機械器具製造業					
		293　民生用電気機械器具製造業					
		294　電球・電気照明器具製造業		その他の電気機械器具製造業		46	
		295　電池製造業					
		296　電子応用装置製造業					
		297　電気計測器製造業		電気計測器製造業		45	
		299　その他の電気機械器具製造業		その他の電気機械器具製造業		46	
	30　情報通信機械器具製造業						
		301　通信機械器具・同関連機械器具製造業	情報通信機械器具製造業			47	
		302　映像・音響機械器具製造業					
		303　電子計算機・同附属装置製造業					

日本標準産業分類の分類項目			類似業種比準価額計算上の業種目			規模区分を判定する場合の業種
大　分　類			大　分　類		番号	
	中　分　類			中　分　類		
		小　分　類			小　分　類	
（E　製造業）			（製造業）			
	31　輸送用機械器具製造業		輸送用機械器具製造業		48	
		311　自動車・同附属品製造業		自動車・同附属品製造業	49	
		312　鉄道車両・同部分品製造業				
		313　船舶製造・修理業，舶用機関製造業		その他の輸送用機械器具製造業	50	
		314　航空機・同附属品製造業				
		315　産業用運搬車両・同部分品・附属品製造業				
		319　その他の輸送用機械器具製造業				
	32　その他の製造業					卸売業、小売・サービス業以外
		321　貴金属・宝石製品製造業				
		322　装身具・装飾品・ボタン・同関連品製造業（貴金属・宝石製を除く）				
		323　時計・同部分品製造業				
		324　楽器製造業		その他の製造業	51	
		325　がん具・運動用具製造業				
		326　ペン・鉛筆・絵画用品・その他の事務用品製造業				
		327　漆器製造業				
		328　畳等生活雑貨製品製造業				
		329　他に分類されない製造業				
F　電気・ガス・熱供給・水道業						
	33　電気業					
		331　電気業				
	34　ガス業					
		341　ガス業				
	35　熱供給業		電気・ガス・熱供給・水道業		52	卸売業、小売・サービス業以外
		351　熱供給業				
	36　水道業					
		361　上水道業				
		362　工業用水道業				
		363　下水道業				
G　情報通信業			情報通信業		53	
	37　通信業					
		371　固定電気通信業		その他の情報通信業	59	
		372　移動電気通信業				
		373　電気通信に附帯するサービス業				
	38　放送業					
		381　公共放送業（有線放送業を除く）		その他の情報通信業	59	小売・サービス業
		382　民間放送業（有線放送業を除く）				
		383　有線放送業				
	39　情報サービス業		情報サービス業		54	
		391　ソフトウェア業		ソフトウェア業	55	
		392　情報処理・提供サービス業		情報処理・提供サービス業	56	
	40　インターネット附随サービス業		インターネット附随サービス業		57	
		401　インターネット附随サービス業				

日本標準産業分類の分類項目			類似業種比準価額計算上の業種目			規模区分を判定する場合の業種
大　分　類			大　分　類			
	中　分　類			中　分　類	番　号	
		小　分　類			小　分　類	
（G　情報通信業）			（情報通信業）			
	41　映像・音声・文字情報制作業					小売・サービス業
		411　映像情報制作・配給業				
		412　音声情報制作業				
		413　新聞業		映像・音声・文字情報制作業	58	
		414　出版業				
		415　広告制作業				
		416　映像・音声・文字情報制作に附帯するサービス業				
H　運輸業，郵便業			運輸業，郵便業		60	
	42　鉄道業			その他の運輸業，郵便業	64	
		421　鉄道業				
	43　道路旅客運送業					
		431　一般乗合旅客自動車運送業				
		432　一般乗用旅客自動車運送業		その他の運輸業，郵便業	64	
		433　一般貸切旅客自動車運送業				
		439　その他の道路旅客運送業				
	44　道路貨物運送業					
		441　一般貨物自動車運送業				
		442　特定貨物自動車運送業				
		443　貨物軽自動車運送業		道路貨物運送業	61	
		444　集配利用運送業				
		449　その他の道路貨物運送業				
	45　水運業					卸売業、小売・サービス業以外
		451　外航海運業				
		452　沿海海運業		水運業	62	
		453　内陸水運業				
		454　船舶貸渡業				
	46　航空運輸業					
		461　航空運送業		その他の運輸業，郵便業	64	
		462　航空機使用業（航空運送業を除く）				
	47　倉庫業					
		471　倉庫業（冷蔵倉庫業を除く）		その他の運輸業，郵便業	64	
		472　冷蔵倉庫業				
	48　運輸に附帯するサービス業					
		481　港湾運送業				
		482　貨物運送取扱業（集配利用運送業を除く）				
		483　運送代理店		運輸に附帯するサービス業	63	
		484　こん包業				
		485　運輸施設提供業				
		489　その他の運輸に附帯するサービス業				
	49　郵便業（信書便事業を含む）			その他の運輸業，郵便業	64	
		491　郵便業（信書便事業を含む）				
I　卸売業，小売業			卸売業		65	
	50　各種商品卸売業			各種商品卸売業	66	卸売業
		501　各種商品卸売業				

日本標準産業分類の分類項目	類似業種比準価額計算上の業種目		規模区分を判定する場合の業種
大　分　類 　中　分　類 　　小　分　類	大　分　類 　中　分　類 　　小　分　類	番　号	
（Ⅰ　卸売業，小売業）	（卸売業）		
51　繊維・衣服等卸売業			
511　繊維品卸売業（衣服，身の回り品を除く）	繊維・衣服等卸売業	67	
512　衣服卸売業			
513　身の回り品卸売業			
52　飲食料品卸売業	飲食料品卸売業	68	
521　農畜産物・水産物卸売業	農畜産物・水産物卸売業	69	
522　食料・飲料卸売業	食料・飲料卸売業	70	
53　建築材料，鉱物・金属材料等卸売業	建築材料，鉱物・金属材料等卸売業	71	
531　建築材料卸売業	その他の建築材料，鉱物・金属材料等卸売業	73	
532　化学製品卸売業	化学製品卸売業	72	卸売業
533　石油・鉱物卸売業	その他の建築材料，鉱物・金属材料等卸売業	73	
534　鉄鋼製品卸売業			
535　非鉄金属卸売業			
536　再生資源卸売業			
54　機械器具卸売業	機械器具卸売業	74	
541　産業機械器具卸売業	産業機械器具卸売業	75	
542　自動車卸売業	その他の機械器具卸売業	77	
543　電気機械器具卸売業	電気機械器具卸売業	76	
549　その他の機械器具卸売業	その他の機械器具卸売業	77	
55　その他の卸売業			
551　家具・建具・じゅう器等卸売業	その他の卸売業	78	
552　医薬品・化粧品等卸売業			
553　紙・紙製品卸売業			
559　他に分類されない卸売業			
	小売業	79	
56　各種商品小売業			
561　百貨店，総合スーパー	各種商品小売業	80	
569　その他の各種商品小売業（従業者が常時50人未満のもの）			
57　織物・衣服・身の回り品小売業			小売・サービス業
571　呉服・服地・寝具小売業	織物・衣服・身の回り品小売業	81	
572　男子服小売業			
573　婦人・子供服小売業			
574　靴・履物小売業			
579　その他の織物・衣服・身の回り品小売業			
58　飲食料品小売業			
581　各種食料品小売業			
582　野菜・果実小売業			
583　食肉小売業	飲食料品小売業	82	
584　鮮魚小売業			
585　酒小売業			
586　菓子・パン小売業			
589　その他の飲食料品小売業			

日本標準産業分類の分類項目		類似業種比準価額計算上の業種目			規模区分を判定する場合の業種
大　分　類		**大　分　類**			
中　分　類		**中　分　類**		**番　号**	
小　分　類		**小　分　類**			
（Ⅰ　卸売業，小売業）		（小売業）			
59　機械器具小売業			機械器具小売業	83	
591　自動車小売業					
592　自転車小売業					
593　機械器具小売業（自動車，自転車を除く）					
60　その他の小売業			その他の小売業	84	
601　家具・建具・畳小売業			その他の小売業	86	
602　じゅう器小売業					
603　医薬品・化粧品小売業			医薬品・化粧品小売業	85	小売・サービス業
604　農耕用品小売業					
605　燃料小売業					
606　書籍・文房具小売業			その他の小売業	86	
607　スポーツ用品・がん具・娯楽用品・楽器小売業					
608　写真機・時計・眼鏡小売業					
609　他に分類されない小売業					
61　無店舗小売業			無店舗小売業	87	
611　通信販売・訪問販売小売業					
612　自動販売機による小売業					
619　その他の無店舗小売業					
J　金融業，保険業		金融業，保険業		88	
62　銀行業		銀行業		89	
621　中央銀行					
622　銀行（中央銀行を除く）		銀行業		89	
63　協同組織金融業			その他の金融業，保険業	91	
631　中小企業等金融業					
632　農林水産金融業					
64　貸金業，クレジットカード業等非預金信用機関			その他の金融業，保険業	91	
641　貸金業					
642　質屋					
643　クレジットカード業，割賦金融業					卸売業、小売・サービス業以外
649　その他の非預金信用機関					
65　金融商品取引業，商品先物取引業			金融商品取引業，商品先物取引業	90	
651　金融商品取引業					
652　商品先物取引業，商品投資顧問業					
66　補助的金融業等			その他の金融業，保険業	91	
661　補助的金融業，金融附帯業					
662　信託業					
663　金融代理業					
67　保険業（保険媒介代理業，保険サービス業を含む）			その他の金融業，保険業	91	
671　生命保険業					
672　損害保険業					
673　共済事業・少額短期保険業					
674　保険媒介代理業					
675　保険サービス業					

日本標準産業分類の分類項目	類似業種比準価額計算上の業種目		規模区分を判定する場合の業種
大　分　類 　中　分　類 　　小　分　類	大　分　類 　中　分　類 　　小　分　類	番　号	
K　不動産業，物品賃貸業	不動産業，物品賃貸業	92	
68　不動産取引業			
681　建物売買業，土地売買業 　　682　不動産代理業・仲介業	不動産取引業	93	
69　不動産賃貸業・管理業			
691　不動産賃貸業（貸家業，貸間業を除く） 　　692　貸家業，貸間業 　　693　駐車場業 　　694　不動産管理業	不動産賃貸業・管理業	94	卸売業、小売・サービス業以外
70　物品賃貸業			
701　各種物品賃貸業 　　702　産業用機械器具賃貸業 　　703　事務用機械器具賃貸業 　　704　自動車賃貸業 　　705　スポーツ・娯楽用品賃貸業 　　709　その他の物品賃貸業	物品賃貸業	95	
L　学術研究，専門・技術サービス業			
71　学術・開発研究機関	専門・技術サービス業	96	
711　自然科学研究所 　　712　人文・社会科学研究所			
72　専門サービス業（他に分類されないもの）			
721　法律事務所，特許事務所 　　722　公証人役場，司法書士事務所，土地家屋調査士事務所 　　723　行政書士事務所 　　724　公認会計士事務所，税理士事務所 　　725　社会保険労務士事務所 　　726　デザイン業 　　727　著述・芸術家業 　　728　経営コンサルタント業，純粋持株会社 　　729　その他の専門サービス業	専門サービス業（純粋持株会社を除く）	97	小売・サービス業
73　広告業	広告業	98	
731　広告業			
74　技術サービス業（他に分類されないもの）			
741　獣医業 　　742　土木建築サービス業 　　743　機械設計業 　　744　商品・非破壊検査業 　　745　計量証明業 　　746　写真業 　　749　その他の技術サービス業	専門・技術サービス業	96	
M　宿泊業，飲食サービス業	宿泊業，飲食サービス業	99	小売・サービス業
75　宿泊業			
751　旅館，ホテル 　　752　簡易宿所 　　753　下宿業 　　759　その他の宿泊業	その他の宿泊業，飲食サービス業	104	

日本標準産業分類の分類項目		類似業種比準価額計算上の業種目		規模区分を判定する場合の業種
大 分 類		大 分 類	番 号	
中 分 類		中 分 類		
小 分 類		小 分 類		
（M　宿泊業，飲食サービス業）		（宿泊業，飲食サービス業）		
76　飲食店		飲食店	100	
761 食堂，レストラン（専門料理店を除く）		食堂，レストラン（専門料理店を除く）	101	
762 専門料理店		専門料理店	102	
763 そば・うどん店				
764 すし店				
765 酒場，ビヤホール		その他の飲食店	103	小売・サービス業
766 バー，キャバレー，ナイトクラブ				
767 喫茶店				
769 その他の飲食店				
77　持ち帰り・配達飲食サービス業		その他の宿泊業，飲食サービス業	104	
771 持ち帰り飲食サービス業				
772 配達飲食サービス業				
N　生活関連サービス業，娯楽業		生活関連サービス業，娯楽業	105	
78　洗濯・理容・美容・浴場業				
781 洗濯業				
782 理容業				
783 美容業		生活関連サービス業	106	
784 一般公衆浴場業				
785 その他の公衆浴場業				
789 その他の洗濯・理容・美容・浴場業				
79　その他の生活関連サービス業				
791 旅行業				
792 家事サービス業				
793 衣服裁縫修理業		生活関連サービス業	106	小売・サービス業
794 物品預り業				
795 火葬・墓地管理業				
796 冠婚葬祭業				
799 他に分類されない生活関連サービス業				
80　娯楽業				
801 映画館				
802 興行場（別掲を除く），興行団				
803 競輪・競馬等の競走場，競技団		娯楽業	107	
804 スポーツ施設提供業				
805 公園，遊園地				
806 遊戯場				
809 その他の娯楽業				
O　教育，学習支援業				
81　学校教育				
811 幼稚園				
812 小学校				
813 中学校				
814 高等学校，中等教育学校		教育，学習支援業	108	小売・サービス業
815 特別支援学校				
816 高等教育機関				
817 専修学校，各種学校				
818 学校教育支援機関				
819 幼保連携型認定こども園				

日本標準産業分類の分類項目	類似業種比準価額計算上の業種目		規模区分を判定する場合の業種
大　分　類 　中　分　類 　　小　分　類	大　分　類 　中　分　類 　　小　分　類	番　号	
（O　教育，学習支援業）	（教育，学習支援業）		
82　その他の教育，学習支援業 　821　社会教育 　822　職業・教育支援施設 　823　学習塾 　824　教養・技能教授業 　829　他に分類されない教育，学習支援業	教育，学習支援業	108	小売・サービス業
P　医療，福祉			
83　医療業 　831　病院 　832　一般診療所 　833　歯科診療所 　834　助産・看護業 　835　療術業 　836　医療に附帯するサービス業			
84　保健衛生 　841　保健所 　842　健康相談施設 　849　その他の保健衛生	医療，福祉（医療法人を除く）	109	小売・サービス業
85　社会保険・社会福祉・介護事業 　851　社会保険事業団体 　852　福祉事務所 　853　児童福祉事業 　854　老人福祉・介護事業 　855　障害者福祉事業 　859　その他の社会保険・社会福祉・介護事業			
Q　複合サービス事業			
86　郵便局 　861　郵便局 　862　郵便局受託業			
87　協同組合（他に分類されないもの） 　871　農林水産業協同組合（他に分類されないもの） 　872　事業協同組合（他に分類されないもの）			
R　サービス業（他に分類されないもの）	サービス業（他に分類されないもの）	110	
88　廃棄物処理業 　881　一般廃棄物処理業 　882　産業廃棄物処理業 　889　その他の廃棄物処理業	その他の事業サービス業	112	
89　自動車整備業 　891　自動車整備業	その他の事業サービス業	112	
90　機械等修理業（別掲を除く） 　901　機械修理業（電気機械器具を除く） 　902　電気機械器具修理業 　903　表具業 　909　その他の修理業	その他の事業サービス業	112	小売・サービス業
91　職業紹介・労働者派遣業 　911　職業紹介業 　912　労働者派遣業	職業紹介・労働者派遣業	111	

日本標準産業分類の分類項目	類似業種比準価額計算上の業種目		規模区分を判定する場合の業種
大　分　類	大　分　類	番　号	
中　分　類	中　分　類		
小　分　類	小　分　類		
（R　サービス業（他に分類されないもの））	（サービス業（他に分類されないもの））		
92　その他の事業サービス業			
921　速記・ワープロ入力・複写業			
922　建物サービス業	その他の事業サービス業	112	
923　警備業			
929　他に分類されない事業サービス業			
93　政治・経済・文化団体			小売・サービス業
94　宗教			
95　その他のサービス業			
951　集会場			
952　と畜場	その他の事業サービス業	112	
959　他に分類されないサービス業			
96　外国公務			
S　公務（他に分類されるものを除く）			
97　国家公務			
98　地方公務			
T　分類不能の産業			卸売業、小売・サービス業以外
99　分類不能の産業	その他の産業	113	
999　分類不能の産業			

（出典：平成29年６月13日付資産評価企画官情報第４号「類似業種比準価額計算上の業種目及び類似業種の株価等の計算方法等について（情報）」、５（別表）日本標準産業分類の分類項目と類似業種比準価額計算上の業種目との対比表（平成29年分））

参考１〜３

　類似業種比準価額計算上の業種目及び類似業種の株価等の計算方法等について

https://www.nta.go.jp/law/joho-zeikaishaku/hyoka/170613/01.htm

【参考１】

２　類似業種の株価等の計算の基となる標本会社

　　類似業種の株価等の計算の基となる標本会社は、金融商品取引所に株式を上場している全ての会社を対象としている。

　　なお、類似業種の株価等を適正に求められない会社は標本会社から除外している。

⑴　標本会社

　　金融商品取引所に株式を上場している全ての会社（内国法人。次の⑵を除く。）。

（参考）金融商品取引所名及び取引市場名

金融商品取引所名	取引市場名
東京証券取引所	東京第一部、東京第二部、マザーズ、JASDAQ、TOKYO PRO Market
名古屋証券取引所	名古屋第一部、名古屋第二部、セントレックス
福岡証券取引所	福岡、Q−Board
札幌証券取引所	札幌、アンビシャス

⑵　標本会社から除外する会社

　　次のイからヘの会社は、標本会社から除外している。

イ　本年（平成29年）中に上場廃止することが見込まれる会社

　　本年（平成29年）中のその会社の株式の毎日の最終価格の各月ごとの平均額を12月まで求められないことから、除外している。

ロ　前々年中途（平成27年３月以降）に上場した会社

　　課税時期の属する月以前２年間の平均株価を求められないことから、除外している。

ハ　設立後２年未満の会社

　　１株当たりの配当金額は、直前期末以前２年間における剰余金の年配当金額の平均としているが、設立後２年未満の会社については、２年分の配当金額の平均が計算できず、類似業種の１株当たりの配当金額を求められないことから、除外している。

ニ　１株当たりの配当金額、１株当たりの利益金額及び１株当たりの簿価純資産価額のいずれか２以上が０又はマイナスである会社

　　類似業種比準方式の計算において評価会社と比較する１株当たりの配当金額、１株当たりの利益金額及び１株当たりの簿価純資産価額の３要素のうち過半を欠く会社を含めて類似業種の株価等を計算することは不適当と考えられることから、除外している。

ホ　資本金の額等が０又はマイナスである会社

　　各標本会社の株価、１株当たりの配当金額、１株当たりの利益金額及び１株当たりの簿価純資産価額（以下これらを併せて「株価等」という。）は、１の⑵のとおり１株当たりの資本金の額等を50円とした場合の金額として算出することから、資本金の額等が０又は

はマイナスの場合はこれらの金額も0又はマイナスとなる。このような0又はマイナスの会社の株価等を含めて類似業種の株価等を計算することは不適当と考えられることから、除外している。

へ　**他の標本会社に比し、業種目の株価等に著しく影響を及ぼしていると認められる会社**

類似業種の株価等は、業種目ごとに各標本会社の株価等の平均額に基づき算出していることから、特定の標本会社の株価等が、他の標本会社の株価等と比較し、著しく高い株価等となっている場合、当該特定の標本会社の株価等が、業種目の株価等に著しい影響を及ぼすこととなる。このような場合、当該特定の標本会社の個性が業種目の株価等に強く反映されることとなることから、このような影響を排除するため、統計的な処理に基づき株価等が外れ値[注]となる会社を除外している。

（注）一般的な統計学の手法に基づき、株価等について対数変換した上で、平均値と標準偏差を求め、平均値から標準偏差の3倍を超える乖離のある株価等を外れ値としている。

【参考２】

> 3　類似業種株価等通達の業種目分類等
>
> 　類似業種株価等通達の業種目及び標本会社の業種目は、原則として、日本標準産業分類に基づいて区分している。

⑴　類似業種株価等通達の業種目及び標本会社の業種目の分類

　類似業種株価等通達の業種目及び標本会社の業種目は、原則として、日本標準産業分類（注）に基づいて区分している。

　（注）日本標準産業分類は、統計調査の結果を産業別に表示する場合の統計基準として、事業所において行われる財及びサービスの生産又は提供に係る全ての経済活動を分類するものであり、統計の正確性と客観性を保持し、統計の相互比較性と利用の向上を図ることを目的として、総務大臣が公示している。

　　なお、日本標準産業分類は、以下の総務省統計局のホームページで閲覧することができる。

　　【www.soumu.go.jp/toukei_toukatsu/index/seido/sangyo/H25index.htm（平成29年6月現在）】

⑵　評価通達の改正に伴う業種目の判定等

　標本会社の事業が該当する業種目は、これまで単体決算による取引金額に基づいて判定していた。

　平成29年4月27日付評価通達改正により、類似業種の比準要素については、財務諸表の数値を基に計算することとした上で、連結決算を行っている会社については、その数値を反映させることとしたことから、標本会社の事業が該当する業種目についても、連結決算を行っている会社については、連結決算による取引金額に基づいて判定することとした。

　また、業種目の判定を行った結果、標本会社が少数となる業種目については、特定の標本会社の個性が業種目の株価等に強く反映されることとなることから、このような影響を排除するため、業種目の統合を行った。

⑶　平成29年分以降の類似業種比準価額計算上の業種目分類

　上記⑵の結果、平成29年分の類似業種比準価額計算上の業種目は、別表「日本標準産業分類の分類項目と類似業種比準価額計算上の業種目との対比表（平成29年分）」のとおりとなり、評価会社の類似業種の業種目については、別表に基づき判定することとなる。

　（注）評価会社の類似業種の業種目については、「直前期末以前1年間における取引金額」により判定することとなるが、当該取引金額のうちに2以上の業種目に係る取引金額が含まれている場合には、取引金額全体のうちに占める業種目別の取引金額の割合が50％を超える業種目とし、その割合が50％を超える業種目がない場合には、次に掲げる場合に応じたそれぞれの業種目となる（評価通達181-2）。

　　①　評価会社の事業が一つの中分類の業種目中の2以上の類似する小分類の業種目に属し、それらの業種目別の割合の合計が50％を超える場合

　　　その中分類の中にある類似する小分類の「その他の○○業」

　　②　評価会社の事業が一つの中分類の業種目中の2以上の類似しない小分類の業種目に属し、それらの業種目別の割合の合計が50％を超える場合（①に該当する場合を除く。）

　　　その中分類の業種目

　　③　評価会社の事業が一つの大分類の業種目中の2以上の類似する中分類の業種目に属し、それらの業種目別の割合の合計が50％を超える場合

　　　その大分類の中にある類似する中分類の「その他の○○業」

　　④　評価会社の事業が一つの大分類の業種目中の2以上の類似しない中分類の業種目に属し、それらの

業種目別の割合の合計が 50％を超える場合（③に該当する場合を除く。）

　その大分類の業種目

⑤　①から④のいずれにも該当しない場合

　大分類の業種目の中の「その他の産業」

※　上記判定の際、小分類又は中分類の業種目中「その他の○○業」が存在する場合には、原則として、同一の上位業種目に属する業種目はそれぞれ類似する業種目となる。ただし、「無店舗小売業」（中分類）については、「小売業」（大分類）に属する他の中分類の業種目とは類似しない業種目であることから、他の中分類の業種目の割合と合計することにより 50％を超える場合は、④により「小売業」となる。

（参考）　評価会社の規模区分を判定する場合の業種の分類

　　取引相場のない株式は、会社の規模に応じて区分し、原則として、大会社の株式は類似業種比準方式により、小会社の株式は純資産価額方式により、中会社の株式はこれらの併用方式により、それぞれ評価することとしている。

　　この場合における会社の規模の判定要素（「従業員数」、「総資産価額（帳簿価額によって計算した金額）」及び「直前期末以前１年間における取引金額」）の数値基準については、「卸売業」、「小売・サービス業」及び「卸売業、小売・サービス業以外」の三つの業種ごとに定めている。

　　なお、評価会社がどの業種に該当するかについては、別表のとおりとなる。

【参考３】

4　類似業種の株価等の計算方法

> 類似業種の株価等は、各標本会社の株価等を業種目別に平均して計算している。

類似業種の株価等の計算方法は、次の⑴から⑷のとおりである。

⑴　類似業種の株価「Ａ」

　　各標本会社の株価の前年、各月以前２年間及び各月の平均額（１株当たりの資本金の額等を50円として計算した金額）を業種目別に平均して算出している。

⑵　類似業種の１株当たりの配当金額「Ｂ」

　　各標本会社の財務諸表（連結決算の場合は、連結決算に基づく財務諸表。以下同じ。）から、２年間の剰余金の配当金額の合計額の２分の１に相当する金額を、発行済株式数（自己株式を有する場合には、自己株式の数を控除した株式数をいう。なお、１株当たりの資本金の額等が50円以外の金額であるときは、資本金の額等を50円で除して計算した数とする。以下⑶及び⑷について同じ。）で除した金額について、業種目別に平均して算出している。

⑶　類似業種の１株当たりの利益金額「Ｃ」

　　各標本会社の財務諸表から、税引前当期純利益（連結決算の場合、税金等調整前当期純利益）の額を発行済株式数で除した金額について、業種目別に平均して算出している。

⑷　類似業種の１株当たりの簿価純資産価額「Ｄ」

　　各標本会社の財務諸表から、純資産の部の合計額を発行済株式数で除した金額について、業種目別に平均して算出している。

○　計算例

≪設例≫業種目番号□□業●●番（小分類）（標本会社は甲社、乙社、丙社の３社）

	甲　社	乙　社	丙　社
①資本金の額等	（百万円） 300,000	（百万円） 120,000	（百万円） 80,000
②発行済株式数	（千株） 3,000	（千株） 1,500,000	（千株） 10,000
③１株当たりの資本金の額等（①/②）	（円） 100,000	（円） 80	（円） 8,000
④１株当たりの資本金の額等を50円 とした場合の発行済株式数（①/50円）	（百万株） 6,000	（百万株） 2,400	（百万株） 1,600
⑤株価（平成29年１月分の平均額）	（円） 900,000	（円） 400	（円） 56,000
⑥配当金額	（百万円） 15,000	（百万円） 12,000	（百万円） 4,800
⑦利益金額	（百万円） 150,000	（百万円） 72,000	（百万円） 80,000
⑧簿価純資産価額	（百万円） 1,200,000	（百万円） 600,000	（百万円） 240,000
⑨１株当たりの配当金額（⑥/②）	（円） 5,000	（円） 8	（円） 480
⑩１株当たりの利益金額（⑦/②）	（円） 50,000	（円） 48	（円） 8,000
⑪１株当たりの簿価純資産価額（⑧/②）	（円） 400,000	（円） 400	（円） 24,000

　各標本会社の１株当たりの資本金の額等の多寡による株価等の相違を無くす必要があることから、各標本会社の株価等を１株当たりの資本金の額等を 50 円とした場合の金額に換算して平均する。

（類似業種の株価「Ａ」の計算）

甲社　900,000 円　×　$\dfrac{50\ 円}{100,000\ 円}$　＝　450　円

乙社　400 円　×　$\dfrac{50\ 円}{80\ 円}$　＝　250　円

丙社　56,000 円　×　$\dfrac{50\ 円}{8,000\ 円}$　＝　350　円

（３社平均）
350　円
（平成 29 年１月分）

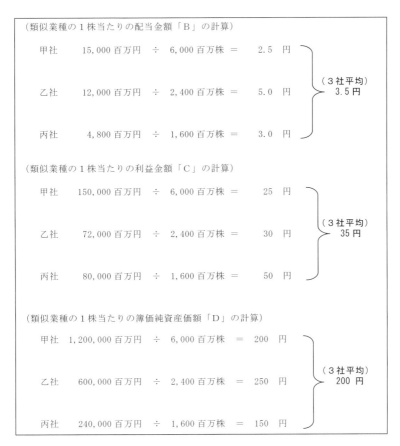

（類似業種の1株当たりの配当金額「B」の計算）

甲社　　15,000 百万円　÷　6,000 百万株　＝　　2.5　円

乙社　　12,000 百万円　÷　2,400 百万株　＝　　5.0　円

丙社　　　4,800 百万円　÷　1,600 百万株　＝　　3.0　円

（3社平均）3.5 円

（類似業種の1株当たりの利益金額「C」の計算）

甲社　150,000 百万円　÷　6,000 百万株　＝　　25　円

乙社　　72,000 百万円　÷　2,400 百万株　＝　　30　円

丙社　　80,000 百万円　÷　1,600 百万株　＝　　50　円

（3社平均）35 円

（類似業種の1株当たりの簿価純資産価額「D」の計算）

甲社　1,200,000 百万円　÷　6,000 百万株　＝　200　円

乙社　　600,000 百万円　÷　2,400 百万株　＝　250　円

丙社　　240,000 百万円　÷　1,600 百万株　＝　150　円

（3社平均）200 円

（例）

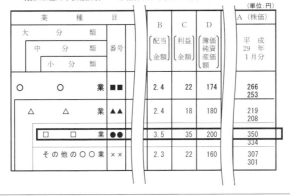

類似業種比準価額計算上の業種目及び業種目別株価等（平成29年分）

（単位：円）

業　種　目				B〔配当金額〕	C〔利益金額〕	D〔簿価純資産価額〕	A（株価）平成29年1月分
大分類	中分類	小分類	番号				
○　　　○　　　業			■■	2.4	22	174	266 / 253
	△　　　△　　　業		▲▲	2.4	18	180	219 / 208
		□　　□　　業	●●	3.5	35	200	350 / 334
		その他の○○業	××	2.3	22	160	307 / 301

（参照）上記に関連する誤りやすい事項

取引相場のない株式…株主区分の判定

誤った取扱い	正しい取扱い
（株式が未分割である場合の議決権割合の判定） 14-1　未分割の取引相場のない株式を評価する場合、各相続人に適用されるべき評価方式を判定するに当たって、基礎となる「株式取得後の議決権の数」について、当該未分割の株式を決定相続分により取得したものとして計算した議決権の数とした。	14-1　相続人ごとに、その所有する株式数にその未分割の株式数の全部を加算した数に応じた議決権数とする（評基通188、評価明細書通達第１表１【３⑸イ】、国税庁 HP 質疑応答事例「遺産が未分割である場合の議決権割合の判定」）。
【具体的な事例】 　未分割株式　10,000株 　法定相続人　被相続人の子４名 　法定相続分　４分の１ 　　各相続人は、未分割株式10,000株のうち2,500株（10,000株×１／４）を取得したものとして判定した。	【具体的な事例】 　未分割株式　10,000株 　法定相続人　被相続人の子４名 　法定相続分　４分の１ 　　各相続人は、未分割株式の全部（10,000株）を取得したものとして、それぞれ判定する。
（同族株主の判定） 14-2　甲は、相続により、非上場会社であるＡ社の発行済株式の10％を取得し、その結果、Ａ社の発行済株式の所有割合は、甲が15％、甲の従姉妹である乙が15％、乙の配偶者である丙が50％、となった。 　　そして、甲が取得したＡ社の株式の評価上の区分をする場合の同族株主に該当するかどうかの判定において、甲を中心としてみた場合、同族関係者である乙（丙は３親等内の姻族ではないことから除く。）の有する議決権の数との合計は30％となるものの、所有株式数が一番多い丙を中心としてみた場合、そのグループが有する議決権の合計数は65％であることから、乙及び丙のみが同族株主となり、甲は同族株主には該当しないとした。	14-2　「同族株主」に該当するかどうかの判定は、株主の１人及びその同族関係者の有する議決権の合計数の割合で行うこととされており、この「株主の１人」は、納税義務者に限るとされていない。 　　したがって、すべての株主について、同族株主に該当するか否かを判断する必要がある（国税庁 HP 質疑応答事例「同族株主の判定」）。 　　よって、乙を中心にすれば、甲及び丙は、乙の同族関係者となり、その有する議決権の合計数は80％となることから、甲も同族株主となる。 （注）この同族関係者とは、法人税法施行令第４条に規定する特殊の関係のある個人又は法人をいい、この個人には民法第725条に規定する、配偶者・６親等内の血族・３親等内の姻族が含まれる（評基通188⑴、法人税法施行令第４条、民法第725条）。

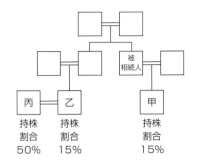

甲
持株
割合
15%

丙　　乙
持株　持株
割合　割合
50%　15%

（同族会社が株主である場合の判定）

14-3　甲は、相続により、非上場会社である
　　Ａ社の発行済株式の10％を取得し、その結
　　果、Ａ社の発行済株式の所有割合（議決権割合
　　も同じ。）は甲15％、Ｂ社85％となった。
　　　そして、甲が取得したＡ社の株式の評価上の
　　区分をする場合の同族株主に該当するかどうか
　　の判定において、Ｂ社が50％超の株式（議決
　　権）を有していることから、甲は同族株主には
　　該当しないとした。
　　　なお、Ｂ社の発行済株式の所有割合（議決権
　　割合も同じ。）は、甲45％、甲の妻乙25％、
　　その他少数株主30％である。

Ａ社

株主	株式保有割合
甲	15%
Ｂ社	85%

Ｂ社

株主	株式保有割合
甲	45%
甲の妻	25%
その他	30%

14-3　Ｂ社の発行済株式総数の50％超の株式
　　を甲及び甲の妻（同族関係者）が所有している
　　ので、Ａ社の株式の評価上、Ｂ社は甲の同族関
　　係者となり、その有する議決権の合計数は
　　50％を超えることから、甲は同族株主となる
　　（評基通188（1）、法人税法施行令第4条）。

（中心的な同族株主のいる会社の判定）

14-4　評価会社が中心的な同族株主のいる会社
　　かどうかの判定において、同族株主の1人の兄
　　弟の配偶者の有する議決権数を合計数に含める
　　ことにより、中心的な同族株主のいる会社とし
　　た。

14-4　「中心的な同族株主」とは、課税時期に
　　おいて同族株主の1人並びにその株主の配偶
　　者、直系血族、兄弟姉妹及び1親等の姻族（こ
　　れらの者の同族関係者である会社のうち、これ
　　らの者が有する議決権の合計数がその会社の議
　　決権総数の25％以上である会社を含む。）の有
　　する議決権の合計数が、その会社の議決権総数

の25％以上である場合におけるその株主をいう。

したがって、２親等の姻族である兄弟の配偶者は含まれない（評基通188(2)）。

なお、株式取得者が「中心的な同族株主」になるかどうかについては、「同族株主」に該当するかどうかを判定する場合と異なり、評価しようとする個々の株式取得者を基準として判定する。

（相互保有株式（持合株式）に係る議決権の数）

14-5　甲は、相続により、非上場会社であるＡ社の発行済株式の10％を取得し、その結果、Ａ社の発行済株式の所有割合（議決権割合も同じ）は甲15％、Ｂ社80％、その他少数株主５％となった。

そして、甲が取得したＡ社の株式の評価上の区分をする場合の同族株主に該当するかどうかの判定において、Ｂ社が50％超の議決権を有していることから、甲は同族株主に該当しないとした。

なお、Ｂ社の発行済株式の所有割合（議決権割合も同じ）は甲15％、Ａ社70％、その他少数株主15％である。

Ａ社

株主	株式数	議決権割合
甲	1,500	15％
Ｂ社	8,000	80％
その他	500	5％

Ｂ社

株主	株式数	議決権割合
甲	1,500	15％
Ａ社	7,000	70％
その他	1,500	15％

14-5　評価会社の株主のうちに会社法第308条第１項の規定（※）により評価会社の株式につき議決権を有しないこととされる会社があるときには、その株主である会社の有する議決権の数は０として計算した議決権の数をもって評価会社の議決権総数とすることとされている。

本事例では、Ａ社はＢ社株式を総株主の議決権の４分の１以上（7,000株（70％）有することから、Ｂ社はＡ社の議決権を有しないこととされる。したがって、Ｂ社が有するＡ社株式8,000株については議決権数を０として計算することになることから、Ａ社における甲の議決権割合は75％（1,500/（1,500＋500））となり、甲は同族株主に該当する（評基通188-4、会社法第308条第１項かっこ書き）。

１/４以上
（7,000株）の
議決権を保有

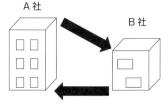

Ａ社　　　　　　　　Ｂ社

Ｂ社はＡ社の株式（8,000株）を保有していてもＡ社に対する議決権を行使できない（０となる）

> ※　会社法第308条第1項（議決権の数）
>   株主（株式会社がその総株主の議決権の4分の1以上を有することその他の事由を通じて株式会社がその経営を実質的に支配することが可能な関係にあるものとして法務省令で定める株主を除く。）は、株主総会において、その有する株式一株につき一個の議決権を有する。ただし、単元株式数を定款で定めている場合には、一単元の株式につき一個の議決権を有する。

（投資育成会社が株主である場合の同族株主等）

14-6　評価会社の株主に投資育成会社（中小企業投資育成株式会社法に基づいて設立された中小企業投資育成株式会社をいう。）が含まれる場合、同族株主の判定において、投資育成会社の議決権を何ら考慮することなく、同族株主の判定を行った。

14-6　投資育成会社は、保有する株主について議決権を有するものの、投資先企業を支配することを目的とした株式投資は行わない。

このため、評価会社の株主のうちに投資育成会社が含まれる場合には、当該投資育成会社が同族株主に該当し、かつ、当該投資育成会社以外に同族株主に該当する株式がいない場合には、当該投資育成会社は同族株主に該当しないものとして判定を行う。

また、この場合において、評価会社の議決権総数からその投資育成会社の有する評価会社の議決権の数を控除した数をその評価会社の議決権総数とした場合に同族株主に該当することとなる者があるときは、その同族株主に該当することとなる者以外の株主が取得した株式については、上記にかかわらず、評基通188の「同族株主以外の株主等が取得した株式」に該当するものとされる（評基通188-6）。

（同族株主が取得した無議決権株式の評価）

14-7　同族株主である子が、同族株主である父の所有する株式のうち無議決権株式（配当優先株）を相続により取得した。

この場合、議決権がないことから配当還元価

14-7　同族株主が相続又は遺贈により取得した無議決権株式については、原則として議決権の有無を考慮せずに評価する。

ただし、一定の要件を満たす場合は、調整計

格により評価して、贈与税の申告をした。	算を選択することができる（中小企業庁からの照会に対する回等）」２⑵、平成19年３月９日付資産評価企画官情報第１号「種類株式の評価について」）。 　なお、同族株主が否かを判定（議決権が全くない株式の議決権の数を除いて判定）した結果、同族株主等に該当する場合には、議決権の有無にかかわらず、原則的評価方式により評価する（評基準188-5）。

取引相場のない株式…医療法人の出資の評価

誤った取扱い	正しい取扱い
（医療法人の業種目） 16-1　医療法人の類似業種比準価格を計算する場合の業種目を業種目番号109「医療・福祉」とした。	16-1　医療法人は、医療法上剰余金の配当が禁止されているなど、会社法上の会社とは異なる特色を有している。 　このような医療法人の出資を類似業種比準方式により評価するとした場合、類似する業種目が見当たらないことから、業種目を「その他の産業」として評価することになる。 　なお、取引相場のない株式（出資）を評価する場合の会社規模区分（大、中、小会社の区分）については、医療法人そのものはあくまで「サービス業」の一種と考えられることから、「小売・サービス業」に該当することになる。 （国税庁HP質疑応答事例「医療法人の出資を類似業種比準方式により評価する場合の業種目の判定等」、評基通194-2）。

（上記出典：TAINZ収録「資産課税関係　誤りやすい事例（財産評価関係　令和２年分）」）

Q18=同族株主がいない会社の株主の議決権割合の判定 ：特殊ケース

同族株主がいない会社の株主の議決権割合の判定について特殊なケースについてご教示ください。

Answer

下記の質疑応答事例が参照になると思われます。

解説

質疑応答事例で、「同族株主がいない会社の株主の議決権割合の判定」として、「甲社は同族株主のいない会社ですが、その株主であるAおよびその親族が所有する甲社の株式数に応じた議決権割合は図の通りであり、他の株主にこれらの者の同族関係者はいません。Aが死亡し、甲社株式をAの配偶者Bが相続したときには、その株式はどのように評価することとなりますか」という事例があります。

回答要旨としては、「財産評価基本通達188(3)に定める株式に該当し、配当還元方式により評価する」とされています。

その理由として、「財産評価基本通達188(3)では、『その株主の取得した株式』とあることから、Bが取得したときには、CはBの親族（配偶者、6親等内の血族及び3親等内の姻族）に当たらず、『株主の1人及びその同族関係者の有する議決権の合計数』が15％未満となるため、財産評価基本通

達188(3)に定める株主に該当することとなり、財産評価基本通達188-2の定めにより、配当還元方式により評価することとなります」と記載されています。

そして、（注）として、「子のいずれかがAの株式を相続した場合には、Cが6親等内の血族に当たるので、子は議決権割合の合計が15％以上のグループに属しますが、Cが中心的な株主であり、かつ子の相続後の議決権割合が5％未満であることから、その子が役員又は法定申告期限までに役員となる者でない限り、配当還元方式が適用される」としています。

Q19=姻族関係終了届

姻族関係終了届についてご教示ください。

Answer

下記の留意事項に配慮する必要があります。

解説

夫婦の一方が死亡しても、残された配偶者と死亡者の親族との姻族関係は自動的に終了しません。残された配偶者が死別後「姻族関係終了届」を、届出人の本籍地又は所在地のいずれかの市区町村に提出することで、その届出の日から当該姻族関係を終了させることが可能となります。すると、同族株主のうち夫婦の一方が死亡している株主がいる場合には、姻族関係終了届の有無により、同族株主の判定に影響を与えるということになります。

設例で見てみましょう。

　被相続人が丙で、丙の相続人は長男です。丙はB社株式を600株持っていて、これを長男がすべて相続することになります。また、B社の現況として、甲が1,400株、丙が600株持っていたという状況で、議決権は1株につき1議決権となります。長男の同族株主判定をどう考えるべきでしょうか。

①　丙の生前中に姻族関係終了届が甲によって提出されていた場合

　　長男は既に姻族に該当しません。そのため、甲がB社の株式の過半1,400株を所有しているので、長男は「同族株主以外の株主」に該当して、配当還元方式が使えます。

②　丙の生前中に姻族関係終了届が提出されていない場合

　　長男は甲の3親等の姻族に該当し「同族株主」に該当します。取得後議決権が5％以上となるので、原則評価しなければなりません。

Q20=投資育成会社・財団法人が株主の場合

投資育成会社・財団法人が株主の場合についてご教示ください。

Answer

　下記の事項に留意が必要です。

解説

1　投資育成会社が株主である場合の評価方法

（前提）

同族株主Aグループ所有株式	議決権割合　8％
同族株主Bグループ所有株式	議決権割合　12％
同族株主Cグループ所有株式	議決権割合　10％
同族株主Dグループ所有株式	議決権割合　10％
同族株主Eグループ所有株式	議決権割合　10％
同族株主Fグループ所有株式	議決権割合　10％
中小企業投資育成株式会社所有株式	議決権割合　40％

　上記の株主構成においては、30％以上の議決権を有する中小企業投資育成株式会社のみが同族株主に該当することになります。

　他の株主グループはいずれも同族株主以外の株主に該当します。

　しかし、今回の場合、評価会社の株主構成を基に判定した場合、

・投資育成会社のみが同族株主に該当し

・他の株主はすべて同族株主以外の株主となるとき

という場合、

　・投資育成会社は同族株主に該当しないものとして、投資育成会社以外
　　の株主に係る評価方式を判定する

こととしています（評基通188-6⑴）。

　そしてこの場合、

・評価会社の議決権総数から

・投資育成会社の議決権数を控除した数を

・評価会社の議決権総数とみなして計算をし、

・同族株主に該当することとなる株主があるときは

・当該該当することとなる株主以外の株主等が取得した株式については

・配当還元方式による評価をすること

が認められています（評基通188-6⑶）。

　上記前提においては、

・乙は、評価会社の議決権の8％相当を有している

→仮に評価会社の議決権総数から投資育成会社の有する議決権を控除し
　た残りを評価会社の議決権総数とみなして計算した場合の議決権割合
　は13.3％

→同族株主に該当しない

といった計算方法を採用することになります。

・乙が被相続人甲から相続により取得した株式は

・同族株主以外の株主等が取得した株式に該当するため

・配当還元方式（評基通188）によって評価する

ことになります。

　なお、配当還元方式で計算した金額が原則的評価方式によって計算した金額を上回る場合は、原則的評価方式によって評価します。

　投資育成会社とは、
　・中小企業の自己資本の充実を促進し
　・その健全な成長発展を図るため
　・中小企業に対する投資等の事業を行うことを目的として
　・中小企業投資育成株式会社法（昭38法101）に基づき
　・東京、名古屋及び大阪に設立された
国策会社をいいます。
　投資育成会社は、
　・投資先の株式を所有し議決権を有することになる
　・そのことは、会社設立の目的を遂行する上で生じる一時的な現象であり
　・投資先企業の「支配を目的とはしません」。
　こういった背景から、投資育成会社について、投資育成会社をその他の株主と同様な判定を行うことは適当とはいえないわけです。

　○投資育成会社が、
　・「同族株主」（評基通188⑴参照）に該当し
　・かつ、投資育成会社以外に同族株主に該当する株主がいない場合
　・投資育成会社は同族株主に該当しない
ものとします。
　○投資育成会社が、
　・「中心的な同族株主」（評基通188⑵参照）
　・又は「中心的な株主」（評基通188⑷参照）に該当し
　・かつ、投資育成会社以外に
　・中心的な同族株主又は中心的な株主に該当する株主がいない場合
　・投資育成会社は中心的な同族株主又は中心的な株主に該当しない

ものとします。

　　○上記において

　　・評価会社の議決権総数から

　　・投資育成会社の有する評価会社の議決権の数を控除した数を

　　・その評価会社の議決権総数とした場合

　　・同族株主に該当することとなる者があるとき

　　・その同族株主に該当することとなる者以外の株主が取得した株式は

　　・同族株主以外の株主等が取得した株式（評基通188）に該当する

ものとします。なお、この場合、「議決権総数」及び「議決権の数」には、株主総会の一部の事項について議決権を行使できない株式（評基通188-5）に係る議決権の数が含まれます（相続税法22条、財産評価基本通達188-6、財産評価基本通達188、財産評価基本通達188-2）。

２　財団法人が株主である場合の評価方法

　　①　その財団法人が議決権を適正に行使していて、単独の株主として認定される場合は、株主区分判定でも株主と扱われます。

　　②　財団法人が同族株主に該当し、それ以外の株主が同族株主以外の株主となる場合には、①と同じ取扱いになります。

　具体的には、租税特別措置法第40条による定款をきちんと定めている場合は、財団法人が有する株式数は議決権総数から除外することになります。租税特別措置法第40条による定款をきちんと定めている場合とは、公益財団法人モデル定款等を確認すれば分かるでしょう。

　（参照）

質疑応答事例8056　株主の中に公益法人がいる場合の同族株主の判定　東京国税局課税第一部　資産課税課　資産評価官（平成17年7月作成）「資産税審理研修資料」（TAINZ コード　評価事例708056）

Ⅶ　財産評価審理上の留意点

1　株主の中に公益法人がいる場合の同族株主の判定

　取引相場のない株式（M 社）を甲から長男と乙（友人）にそれぞれ10株ずつ贈与する予定であるが、その場合の株式の評価方法は、配当還元方式により評価してよいか。

《株式会社 M 社》 発行済株式数1,000株 同社は単元株制度を採用していない。

《贈与後の M 社の所有状況》		割合
S 福祉財団	450株	45%
甲（本人）	160株	
甲の妻	20株	24%
甲の長男	40株	
おば	20株	
丙	200株	
丙の妻	30株	23%
乙（甲の友人）	80株	

【答】

　贈与税の算定に当たり、長男が取得した M 社の株式評価については、M 社の会社規模に応じて、原則的評価方法により評価する。

　また、友人乙が贈与により取得した M 社の株式評価については、配当還元方式により評価する。

【理由】

　議決権割合を形式的にみれば、筆頭株主である S 福祉財団が45%、甲株主グループが24%及び丙株主グループが23%所有していることから S 福祉財団のみが同族株主となる。

　しかしながら、財団法人は、公共公益的な目的で設立されるほか、原則として営利企業の株式の所有が禁止され、例え、所有する場合であっても当該営利企業の全株式の２分の１を超える株式を保有してはならない等の制限がある。

　また、財団に株式を寄付したことについて、国税庁長官から措置法第40条の承認を得ている場合には、当該財団の寄付行為には、通常、下記の条項を設けていることから、営利企業とは異なる議決権行使の制限が付されており、通常の株主と同視することはできない。

　したがって、同族株主の判定においては、財団の所有する株式について

は、議決権のない株式と同様に評価対象会社の議決権総数から控除した後の議決権の数により株主区分の判定を行うことが相当である。

　本事例については、発行済株式数1,000株から S 福祉財団が保有する450株を控除して、甲株主グループの議決権割合を判定すると43％となる。また、甲の長男の持株割合は、形式的に判定した場合には 4 ％になるが、S 福祉財団が保有する株式を除いた場合には、7.2％となり少数株主に該当しないことから、M 社の会社規模に応じて、純資産価額又は類似業種比準価額により評価する。

　また、友人乙が取得した M 社の株式評価については、いずれの場合においても、同族株主に該当しないことから特例的評価方法（配当還元方式）により評価する。

（標準的な寄付行為の例）

○○条　この法人が保有する株式について、その株式の発行会社に対して株主としての権利を行使する場合には、下記の事項を除き、あらかじめ理事会において理事現在数の 3 分の 2 以上の同意を得なければならない。

(1)　配当の受領

(2)　無償新株式の受領

(3)　株主割当増資への応募

(4)　株主宛配付書類の受領

（参照）

質疑応答事例8042　取引相場のない株式等の評価(4)　宗教法人が株主となっている会社に係る同族株主の判定　東京国税局課税第一部　資産課税課　資産評価官（平成16年12月作成）「資産税審理研修資料」（ＴＡＩＮＺコード　評価事例708042）

Ⅵ　財産評価審理上の留意点

7　取引相場のない株式等の評価(4)…宗教法人が株主となっている会社に

　　係る同族株主の判定

　　宗教法人が、次のように評価会社の株式の過半数を保有している場合には、たとえ、評価会社を実質的に所有している相続人が取得した株式であっても、相続人は同族株主に該当しないことから、財産評価基本通達188(1)等の定めにより、配当還元方式により評価することとなるが、宗教法人の運営実態等からみて、当該宗教法人と相続人グループとが事実上一体と認められる場合には、このように評価することは不合理ではないか。

（評価会社の株主構成）

　　宗教法人　68％　被相続人　23％　相続人等　8％　その他　1％

（答）

　　宗教法人と相続人グループとが事実上一体と認められる場合には、財産評価基本通達188(1)等の定めを形式的に適用し配当還元方式により評価することが著しく不適当と認められることから、財産評価基本通達第6項の定めを適用し、原則的評価方式により評価することとなる。

（理由等）

　　財産評価基本通達188(1)における同族株主の判定上、同族関係者として含める法人の範囲は、株主等の1人が有する他の会社の議決権総数等の合計額が当該他の会社の議決権の総数の50％超に相当する場合（株式・合名・合資・有限会社）に限定しており、宗教法人や財団法人等の公益法人は含まないものとしている。

　　その理由は、公益法人が企業支配や営利追求を本来の目的とするものでないことを前提とし、かつ、公益法人が相当数の株式を保有することを予定していないことによる。

　　しかし、宗教法人の場合であっても、①役員が特定の個人及びその親族等によって占められており、②その活動や資金の運用等が特定の個人及びその親族等の判断（指示）により行われうる状態にあり、かつ、③出資を行っている会社に対する宗教法人の支配権が、特定の個人及びその親族等の支配権とは別個のものとして認められない場合には、財産評価基本通達

188(1)を形式的に適用することにより、下記のような課税上弊害が生じる。

　イ　株式を取得した相続人は、相続開始時に支配権のある株主であるに
　　もかかわらず、あたかも配当を期待するにとどまる同族株主等以外と
　　して判定され

　ロ　配当還元方式により評価した株式の価額が著しく低額となる。

　　　したがって、問の場合、評価会社の株式の評価方法について、財産
　　評価基本通達188(1)を形式的に適用することは著しく不適当であり、
　　評価会社の株式は、評価通達第6項の定めによる「この通達の定めに
　　よって評価することが著しく不適当と認められる財産」に該当する。

　以上のことから、問の場合は、宗教法人を相続人グループと一体のもの
として位置づけることにより、相続人グループの株式数に宗教法人の保有
する株式数を加えると、保有総株式数は、評価会社の株式の50％を超える
ことから、相続人は同族株主に該当するので、相続人が取得した株式につ
いては、原則的評価方式により評価することとなる。

2 第1表の2

評価上の株主の判定及び会社規模の判定の明細書（続）

第１表の２　評価上の株主の判定及び会社規模の判定の明細書（続）　　　会社名

<table>
<tr><td rowspan="20" style="writing-mode:vertical-rl">（取引相場のない株式（出資）の評価明細書）</td><td colspan="8">３．会社の規模（Ｌの割合）の判定</td><td rowspan="30" style="writing-mode:vertical-rl">（平成三十年一月一日以降用）</td></tr>
</table>

３．会社の規模（Ｌの割合）の判定

項　　目	金　　額	項　　目	人　　数
直前期末の総資産価額 （帳簿価額）	千円	直前期末以前１年間 における従業員数	人 〔従業員数の内訳〕 〔継続勤務 　従業員数〕＋〔継続勤務従業員以外の従業 　員の労働時間の合計時間数〕
直前期末以前１年間 の取引金額	千円		（　　　　時間） （　　人）＋ ―――――――――― 　　　　　　　　1,800時間

㋑　直前期末以前１年間における従業員数に応ずる区分	70人以上の会社は、大会社（㋺及び㋩は不要）
	70人未満の会社は、㋺及び㋩により判定

㋺　直前期末の総資産価額(帳簿価額)及び直前期末以前１年間における従業員数に応ずる区分				㋩　直前期末以前１年間の取引金額に応ずる区分			会社規模とＬの割合（中会社）の区分
総資産価額（帳簿価額）			従業員数	取引金額			
卸売業	小売・サービス業	卸売業、小売・サービス業以外		卸売業	小売・サービス業	卸売業、小売・サービス業以外	
20億円以上	15億円以上	15億円以上	35人超	30億円以上	20億円以上	15億円以上	大会社
4億円以上 20億円未満	5億円以上 15億円未満	5億円以上 15億円未満	35人超	7億円以上 30億円未満	5億円以上 20億円未満	4億円以上 15億円未満	0.90 中会社
2億円以上 4億円未満	2億5,000万円以上 5億円未満	2億5,000万円以上 5億円未満	20人超 35人以下	3億5,000万円以上 7億円未満	2億5,000万円以上 5億円未満	2億円以上 4億円未満	0.75
7,000万円以上 2億円未満	4,000万円以上 2億5,000万円未満	5,000万円以上 2億5,000万円未満	5人超 20人以下	2億円以上 3億5,000万円未満	6,000万円以上 2億5,000万円未満	8,000万円以上 2億円未満	0.60
7,000万円未満	4,000万円未満	5,000万円未満	5人以下	2億円未満	6,000万円未満	8,000万円未満	小会社

・「会社規模とＬの割合（中会社）の区分」欄は、㋺欄の区分（「総資産価額（帳簿価額）」と「従業員数」とのいずれか下位の区分）と㋩欄（取引金額）の区分とのいずれか上位の区分により判定します。

判定	大　会　社	中　　会　　社			小　会　社	
		Ｌ　の　割　合				
		0.90	0.75	0.60		

４．増（減）資の状況その他評価上の参考事項

① Lの割合の判定

チェック項目	根拠	確認
判定要素の各項目については直前期末を基準としたか？	評基通178	☐
直線期末の確定決算を採用しているか？	個通第1表の2 (1)	☐
貸倒引当金について直接控除方式についてはもれなく足し戻しを行ったか？（間接控除方式の場合、考慮しなくてよい）	個通第1表の2 1(1)（注）2	☐
圧縮記帳積立金相当額（直接控除方式）についてはもれなく足し戻しを行ったか？（間接控除方式等の場合、考慮しなくてよい）	個通第1表の2 1(1)（注）4	☐
直前事業年度が1年未満についての確認と当該調整を行ったか？	個通第1表の2 (3)（注）	☐
会社目的事業に係る収入金額はもれなく記載したか？	評基通178(3)、個通第1表の2 1(3)	☐
上記において複数事業の場合にはそれらを合計したか？	評基通178(3)、個通第1表の2 1(3)	☐
従業員数カウントについて「出向」「派遣社員」は適正にカウントしたか？	（注2）	☐
従業員に社長、理事長、法人税法第71条第1項第1号、2号、4号に掲げる役員については除外したか？	評基通178（注）	☐
継続勤務従業員と、それ以外について区分したか？	評基通178(2)	☐

継続勤務従業員「直前期末以前1年間において継続勤務していた従業員（就業規則等で定められた1週間当たりの労働時間が30時間未満である従業員を除く。）」は先方から資料をもらわないと判定できないが適正な資料を授受し、不明点等はもれなくヒアリングしたか？	評基通178(2)	☐
継続勤務従業員以外の従業員数について、適正にカウントしたか（1,800時間の割り算）？	評基通178(2)	☐
従業員数が10.1人は「10人超」、9.9人は「9人以下」のように適正にカウントしたか？	個通第1表の2 1(2)(注1)	☐
複数業種に係る取引金額がある場合、取引金額のうち最も多い取引金額に係る業種によって判定したか？	評基通178(4)	☐

② 増（減）資の状況その他の評価上の参考事項

チェック項目	根拠	確認
下記事項についてもれなく記載したか？ ○課税時期の直前期末以後における増（減）資に関する事項 ○課税時期以前3年間における社名変更、増（減）資、事業年度の変更、合併及び転換 ○財産評価基本通達197(4)に規定する転換社債型新株予約権付社債（転換社債）の発行状況に関する事項 ○種類株式に関する事項 ○剰余金配当の支払いに係る基準日及び効力発生日 ○剰余金の配当のうち、資本金等の額の減少に伴うものの金額 ○その他評価上参考となる事項	個通第1表の2 2	☐

③ 第2表

特定の評価会社の判定の明細書

第２表　特定の評価会社の判定の明細書　　　　会社名

（取引相場のない株式（出資）の評価明細書）

（平成三十年一月一日以降用）

1. 比準要素数1の会社

判　定　要　素						判定基準	(1)欄のいずれか2の判定要素が0であり、かつ、(2)欄のいずれか2以上の判定要素が0
(1)直前期末を基とした判定要素			(2)直前々期末を基とした判定要素				である（該当）・でない（非該当）
第4表のⒷの金額	第4表のⒸの金額	第4表のⒹの金額	第4表のⒷの金額	第4表のⒸの金額	第4表のⒹの金額	判定	該当　　　非該当
円　銭 0	円	円	円　銭 0	円	円		

2. 株式等保有特定会社

判　定　要　素			判定基準	③の割合が50%以上である	③の割合が50%未満である
総資産価額（第5表の①の金額）	株式等の価額の合計額（第5表の⑦の金額）	株式等保有割合（②／①）			
① 千円	② 千円	③ %	判定	該当	非該当

3. 土地保有特定会社

判　定　要　素			会社の規模の判定（該当する文字を○で囲んで表示します。）
総資産価額（第5表の①の金額）	土地等の価額の合計額（第5表の㋑の金額）	土地保有割合（⑤／④）	
④ 千円	⑤ 千円	⑥ %	大会社・中会社・小会社

判定基準 会社の規模	大　会　社	中　会　社	小　会　社（総資産価額（帳簿価額）が次の基準に該当する会社）	
			・卸売業　20億円以上 ・小売・サービス業　15億円以上 ・上記以外の業種　15億円以上	・卸売業　7,000万円以上20億円未満 ・小売・サービス業　4,000万円以上15億円未満 ・上記以外の業種　5,000万円以上15億円未満
⑥の割合	70%以上　70%未満	90%以上　90%未満	70%以上　70%未満	90%以上　90%未満
判定	該当　非該当	該当　非該当	該当　非該当	該当　非該当

4. 開業後3年未満の会社等

(1) 開業後3年未満の会社

判定要素		判定基準	課税時期において開業後3年未満である	課税時期において開業後3年未満でない
開業年月日	年　月　日	判定	該当	非該当

(2) 比準要素数0の会社

判定要素	直前期末を基とした判定要素			判定基準	直前期末を基とした判定要素がいずれも0
	第4表のⒷの金額	第4表のⒸの金額	第4表のⒹの金額		である（該当）　・　でない（非該当）
	円　銭	円	円	判定	該当　　　非該当

5. 開業前又は休業中の会社

開業前の会社の判定		休業中の会社の判定	
該当	非該当	該当	非該当

6. 清算中の会社

判　定	
該当	非該当

7. 特定の評価会社の判定結果

1. 比準要素数1の会社　　2. 株式等保有特定会社
3. 土地保有特定会社　　4. 開業後3年未満の会社等
5. 開業前又は休業中の会社　　6. 清算中の会社

該当する番号を○で囲んでください。なお、上記の「1. 比準要素数1の会社」欄から「6. 清算中の会社」欄の判定において2以上に該当する場合には、後の番号の判定によります。

チェック項目	根拠	確認
特定の評価会社の判定は下記である。作業前に理解しているか？ 比準要素数1、株式保有特定会社、土地保有特定会社、開業後3年未満の会社、比準要素数ゼロの会社、開業前・休業中の会社、清算中の会社	評基通189	☐
特定評価会社について、2以上の分類に該当した場合、より後ろの番号を採用したか？	評基通189	☐
比準要素数1、0の会社判定においては、表示単位未満の切捨てをしたか？		☐
開業後3年未満等を改めて確認するため、全部履歴事項証明書を確認したか？	評基通189(5)	☐
新設合併、株式移転等があったケースでは、当該法人が課税時期前3年内に設立された場合等、適切な処理をしているか？	評基通189(5)	☐

*Q*21＝土地保有特定会社の判定

　法人税基本通達 9 - 1 -14（ 4 - 1 - 6 ）、所得税基本通達59- 6 の土地保有
特定会社の判定について教えてください。

Answer

　従来通り小会社方式で判定するのか、所得税基本通達59- 6 の改正の影
響で結論が明確になっていません。

解説

　法人税基本通達 9 - 1 -14（ 4 - 1 - 6 ）、所得税基本通達59- 6 により株式
を評価する場合、評価対象者が評価対象会社にとって中心的な同族株主に
該当するときは、評価対象会社を小会社方式により評価します。

　ここで、評価対象会社が大会社だったとします。大会社は類似業種比準
価額を用います。土地保有特定会社の判定は、大会社の場合は70％、中・
小会社では90％という基準で行います。これを前提に、土地保有特定会社
に該当するか否かも、評価対象会社を小会社とみなして、70％ではなく
90％判定でいいのでしょうか。結論としては、評価対象会社を小会社とみ
なし、90％で判定して問題ありません。

　その理由は、法人税基本通達 9 - 1 -14（ 4 - 1 - 6 ）、所得税基本通達
59- 6 は、中心的な同族株主に該当するときは、当該発行会社は常に財産
評価基本通達178に定める小会社に該当するものとして、財産評価基本通
達178～189- 7 までの規定の適用について小会社に該当するものとして評
価を行うと解釈しているためです。

　この論点は、かつて株式保有特定会社の判定基準が大会社で25％、中・
小会社で50％だった時代に有名だった論点です。吉野工業所事件によって
株式保有特定会社の判定は大・中・小会社すべてで50％になったため、現
在では土地保有特定会社に該当した場合のみ問題になる論点になったので
あまり実務上は出てこないかもしれません。

　ところが所得税基本通達59- 6 の大改正においては類似業種の斟酌率を

実際の会社規模区分に従って計算、と明示されました。この結果、本件の判定も、本来の会社規模区分にしたがって判定していくことになると考えられます。

*Q*22=財産評価基本通達189項前文

財産評価基本通達189項前文に係る留意点をご教示ください。

Answer

適宜、条項を確認します。

解説

> **財産評価基本通達189**
>
> （特定の評価会社の株式）
>
> 　178（取引相場のない株式の評価上の区分）の「特定の評価会社の株式」とは、評価会社の資産の保有状況、営業の状態等に応じて定めた次に掲げる評価会社の株式をいい、その株式の価額は、次に掲げる区分に従い、それぞれ次に掲げるところによる。
>
> 　なお、評価会社が、次の(2)（筆者注：株式等保有特定会社の株式）又は(3)（筆者注：土地保有特定会社の株式）に該当する評価会社かどうかを判定する場合において、課税時期前において合理的な理由もなく評価会社の資産構成に変動があり、その変動が次の(2)又は(3)に該当する評価会社と判定されることを免れるためのものと認められるときは、その変動はなかったものとして当該判定を行うものとする。

　翌期に株式異動を計画している場合を想定してみます。今期末で株式等保有特定会社又は土地保有特定会社に該当したため、それらを外す対策を実行したとします[1]。

　その後、株式異動までの間、常に外れていることを試算表により確認す

べきです。株式異動直前の急な総資産の増加は厳禁です。

取引相場のない株式…土地保有特定会社

誤った取扱い	正しい取扱い
（土地保有特定会社の判定とたな卸土地） 15-1　評価会社（不動産販売会社）が土地保有特定会社に該当するかどうかの判定について、評価会社の有する各資産の価格の合計額のうちに占める土地等の価額の合計額の割合を求める際、たな卸資産として所有する土地等を判定の基礎に含めていなかった。	15-1　判定の基礎となる土地等は所有目的や所要時間のいかんにかかわらず、評価会社が有する全てのものが含まれるため、たな卸資産に該当する土地等も含まれる。 　なお、この場合の土地等のかかくは、評基準4-2（不動産のうちたな卸資産に該当するものの評価）の定めにより同132（評価単位）及び同133（たな卸商品等の評価）により評価する（評基通4-2、132、133、189）(3)、国税庁 HP 質疑応答事例「不動産販売会社がたな卸資産として所有する土地等の取扱い」）。

（上記出典：TAINZ 収録「資産課税関係　誤りやすい事例（財産評価関係　令和 2 年分）」）

1　1）外部借入、2）親会社による一括借入後、子会社へ貸付、3）保険積立金増し、4）大型の固定資産導入等々が典型事例です。

4 第3表

一般の評価会社の株式及び株式に関する権利の価額の計算明細書

第3表　一般の評価会社の株式及び株式に関する権利の価額の計算明細書 会社名＿＿＿＿＿

1．原則的評価方式による価額	1株当たりの価額の計算の基となる金額	類似業種比準価額（第４表の㉖、㉗又は㉘の金額）① 円	1株当たりの純資産価額（第５表の⑪の金額）② 円	1株当たりの純資産価額の80％相当額（第５表の⑫の記載がある場合のその金額）③ 円

(取引相場のない株式（出資）の評価明細書)

(平成三十年一月一日以降用)

1株当たりの価額の計算

区　分	1株当たりの価額の算定方法	1株当たりの価額
大会社の株式の価額	①の金額と②の金額とのいずれか低い方の金額（②の記載がないときは①の金額）	④ 円
中会社の株式の価額	①と②とのいずれか低い方の金額　Lの割合　②の金額（③の金額があるときは③の金額）　Lの割合（　　　円×0.　　　）＋（　　　円×（1−0.　　　））	⑤ 円
小会社の株式の価額	②の金額（③の金額があるときは③の金額）と次の算式によって計算した金額とのいずれか低い方の金額　①の金額　　②の金額（③の金額があるときは③の金額）（　　円×0.50）＋（　　円×0.50）＝	⑥ 円

株式の価額の修正

	株式の価額	1株当たりの配当金額	修正後の株式の価額
課税時期において配当期待権の発生している場合	（④、⑤又は⑥）	円−　　円　　銭	⑦ 円
課税時期において株式の割当てを受ける権利、株主となる権利又は株式無償交付期待権の発生している場合	株式の価額（④、⑤又は⑥（⑦があるときは⑦）） 割当株式1株当たりの払込金額 1株当たりの割当株式数 1株当たりの割当株式数又は交付株式数 （　　円＋　　円×　　株）÷（1株＋　　株）		修正後の株式の価額 ⑧ 円

2．配当還元方式による価額

1株当たりの資本金等の額、発行済株式数等	直前期末の資本金等の額⑨ 千円	直前期末の発行済株式数⑩ 株	直前期末の自己株式数⑪ 株	1株当たりの資本金等の額を50円とした場合の発行済株式数（⑨÷50円）⑫ 株	1株当たりの資本金等の額（⑨÷（⑩−⑪））⑬ 円

直前期末以前2年間の年配当金額	事業年度	⑭ 年配当金額	⑮ 左のうち非経常的な配当金額	⑯ 差引経常的な年配当金額（⑭−⑮）	年平均配当金額
	直　前　期	千円	千円	千円	⑰（⑯＋⑯）÷2 千円
	直前々期	千円	千円	千円	

1株（50円）当たりの年配当金額	年平均配当金額（⑰）　　　⑫の株式数　　　⑱千円 ÷　　　株 ＝　　　円　　銭	この金額が2円50銭未満の場合は2円50銭とします。

配当還元価額	⑱の金額　　　⑬の金額　　　⑲　　　　円　　銭　　　　　円　　　　⑳　円10% × 50円 ＝ 円	⑳の金額が、原則的評価方式により計算した価額を超える場合には、原則的評価方式により計算した価額とします。

3．株式に関する権利の価額（1及び2に共通）

配当期待権	1株当たりの予想配当金額　源泉徴収されるべき所得税相当額（　円　銭）−（　円　銭）㉑ 円　銭	**4．株式及び株式に関する権利の価額（1．及び2．に共通）**
株式の割当てを受ける権利（割当株式1株当たりの価額）	⑧（配当還元方式の場合は⑳）の金額　割当株式1株当たりの払込金額　　円−　　円 ㉒ 円	株式の評価額 （円）
株主となる権利（割当株式1株当たりの価額）	⑧（配当還元方式の場合は⑳）の金額（課税時期後にその株主となる権利につき払い込むべき金額があるときは、その金額を控除した金額） ㉓ 円	株式に関する権利の評価額 （円　銭）
株式無償交付期待権（交付される株式1株当たりの価額）	⑧（配当還元方式の場合は⑳）の金額 ㉔ 円	

① 原則的評価方式

チェック項目	根拠法令等	確認
特定評価会社は第３表を使用しない。削除したか？	個通第３表１	□
大会社の場合、純資産価額方式において、同族株主等の議決権割合が50％以下であると誤認し、20％評価減を適用していないか？	評基通179(1)、185	□
中会社、小会社の場合、純資産価額方式において、同族株主等の議決権割合が50％以下である場合の20％の評価減を適用していないか？	評基通179(3)、185	□
中会社の場合、Ｌの割合は転記されているか？		□
課税時期が「配当金交付の基準日の翌日～配当金交付の効力が発生する日までの間」の場合、修正必要。なされているか？	評基通187(1)	□
課税時期が「株式割当ての基準日等株式の翌日～新株式の発行の効力が発生する日までの間」の場合、修正必要。なされているか？	評基通187(2)	□

② 配当還元方式

チェック項目	根拠	確認
第４表の数値は転記されているか？		□
２円50銭未満のもの及び無配当のものは２円50銭として計算されているか？	評基通188-2	□
配当還元方式価額が原則的評価価額を超えた場合、原則的評価価額を採用したか？	評基通188-2	□

取引相場のない株式…配当還元方式

誤った取扱い	正しい取扱い
（無配株式） 13-1　評価会社が無配であったため、配当還元価額を０とした。	13-1　年配当金額が２円50銭未満のもの及び無配のものについては、年配当金額を２円50銭として計算する（評基通188-2）。
（配当還元価額が原則的評価方式により計算した金額を上回る場合） 13-2　配当還元価額が原則的評価方式により計算した金額を超えていたが、配当還元価額により評価した。	13-2　配当還元価額が原則的評価方式により計算した金額を超える場合には、原則的評価方式により計算した金額によって評価する（評基通188-2）。

（上記出典：TAINZ収録「資産課税関係　誤りやすい事例（財産評価関係　令和２年分）」）

誤った取扱い	正しい取扱い
（資本金等の額が負の値となった場合） 12-3　評価明細書第３表⑨「直前期末の資本金等の額」が負の値になっている場合は、同表⑱「１株（50円）当たりの年配当金額」が負の値となる。同表には、この金額が２円50銭未満の場合は２円50銭とするとあることから、同表⑱を２円50銭としたところ、同表⑳「配当還元価額」が負の値となった。 　そこで、同表⑳の「配当還元価額」を０円とした。	12-3　事例10-5同様、「直前期末の資本金等の額」が負の値になったとしても、「１株（50円）当たりの年配当金額」に「１株当たりの資本金等の額」を乗ずることで適正な株価が算出される。 　したがって、１株（50円）当たりの年配当金額が負の値となったとしても、２円50銭とはせず負の値のまま計算する。

（上記出典：TAINZ収録「資産課税関係　誤りやすい事例（財産評価関係　平成30年分）」）

③ 株式に関する権利の価額

チェック項目	根拠	確認
課税時期が「配当金交付の基準日の翌日〜配当金交付の効力が発生する日までの間」において、配当期待権を評価したか？	評基通193	☐

課税時期が「株式の割当てのあった日の翌日～新株式の発行の効力が発生する日までの間」において、株式の割当てを受ける権利は評価したか？	評基通190	☐
課税時期が「株式割当ての基準日の翌日～割当日までの間」において、株主となる権利は評価したか？	評基通191	☐
課税時期が「株式無償交付の基準日の翌日～株式無償交付の効力が発生する日までの間」において、株式の無償交付を受けることができる権利は評価したか？	評基通192	☐

5 第4表

類似業種比準価額等の計算明細書

第４表　類似業種比準価額等の計算明細書

会社名

1. 1株当たりの資本金等の額等の計算	直前期末の資本金等の額① 千円	直前期末の発行済株式数② 株	直前期末の自己株式数③ 株	1株当たりの資本金等の額（①÷（②-③））④ 円	1株当たりの資本金等の額を50円とした場合の発行済株式数（①÷50円）⑤ 株

2 1株50円当たりの年配当金額

直前期末以前2（3）年間の年平均配当金額					比準要素数1の会社・比準要素数0の会社の判定要素の金額	
事業年度	⑥年配当金額	⑦左のうち非経常的な配当金額	⑧差引経常的な年配当金額（⑥-⑦）	年平均配当金額	⑨/⑤ 円 銭	⑧ 円 銭 0
直前期	千円	千円	⑦ 千円	⑨（⑦+⑦）÷2 千円	⑩/⑤ 円 銭	⑥ 円 銭 0
直前々期	千円	千円	⑦ 千円		1株(50円)当たりの年配当金額	
直前々期の前期	千円	千円	⑦ 千円	⑩（⑦+⑦）÷2 千円	⑧ ⑥の金額 円 銭	

1株50円当たりの年利益金額

直前期末以前2（3）年間の利益金額						比準要素数1の会社・比準要素数0の会社の判定要素の金額	
事業年度	⑪法人税の課税所得金額	⑫非経常的な利益金額	⑬受取配当等の益金不算入額	⑭左の所得税額	⑮損金算入した繰越欠損金の控除額	⑯差引利益金額（⑪-⑫+⑬-⑭+⑮）	⑰又は⑯+⑱÷2 ⓒ 円
直前期	千円	千円	千円	千円	千円	⑦ 千円	ⓒ又は⑯+⑰÷2 ⓒ 円
直前々期	千円	千円	千円	千円	千円	⑦ 千円	1株(50円)当たりの年利益金額
直前々期の前期	千円	千円	千円	千円	千円	⑦ 千円	ⓒ又は⑯+⑰÷2 の金額 円

1株50円当たりの純資産価額

直前期末（直前々期末）の純資産価額				比準要素数1の会社・比準要素数0の会社の判定要素の金額	
事業年度	⑰資本金等の額	⑱利益積立金額	⑲純資産価額（⑰+⑱）	ⓓ 円	
直前期	千円	千円	ⓓ 千円	ⓓ 円	
直前々期	千円	千円	ⓓ 千円	1株(50円)当たりの純資産価額 ⓓ の金額 円	

3 1株50円当たりの比準価額の計算

類似業種と業種目番号		（No.）	比準割合の計算	区分	1株(50円)当たりの年配当金額	1株(50円)当たりの年利益金額	1株(50円)当たりの純資産価額	1株(50円)当たりの比準価額
類似業種の株価	課税時期の属する月	⑦月 ⑦ 円		評価会社	⑧ 円 銭 0	ⓒ 円	ⓓ 円	⑳×㉑×0.7 ※中会社は0.6 小会社は0.5 とします。
	課税時期の属する月の前月	⑧月 ⑧ 円		類似業種	B 円 銭	C 円	D 円	
	課税時期の属する月の前々月	⑦月 ⑦ 円		要素別比準割合	⑧/B	ⓒ/C	ⓓ/D	
	前年平均株価	⑦ 円		比準割合	\frac{⑧/B + ⓒ/C + ⓓ/D}{3} = ㉑			㉒ 円 銭 0
	課税時期の属する月以前2年間の平均株価	⑳ 円						
	A ⑦、⑧、⑦及び⑳のうち最も低いもの ⑳ 円							

類似業種と業種目番号		（No.）	比準割合の計算	区分	1株(50円)当たりの年配当金額	1株(50円)当たりの年利益金額	1株(50円)当たりの純資産価額	1株(50円)当たりの比準価額
類似業種の株価	課税時期の属する月	⑦月 ⑦ 円		評価会社	⑧ 円 銭 0	ⓒ 円	ⓓ 円	㉓×㉔×0.7 ※中会社は0.6 小会社は0.5 とします。
	課税時期の属する月の前月	⑧月 ⑧ 円		類似業種	B 円 銭	C 円	D 円	
	課税時期の属する月の前々月	⑦月 ⑦ 円		要素別比準割合	⑧/B	ⓒ/C	ⓓ/D	
	前年平均株価	⑦ 円		比準割合	\frac{⑧/B + ⓒ/C + ⓓ/D}{3} = ㉔			㉕ 円 銭 0
	課税時期の属する月以前2年間の平均株価	⑳ 円						
	A ⑦、⑧、⑦及び⑳のうち最も低いもの ㉓ 円							

比準価額の計算

1株当たりの比準価額	比準価額（㉒と㉕とのいずれか低い方）円 0銭 × ④の金額 円 / 50円		㉖ 円

比準価額の修正

直前期末の翌日から課税時期までの間に配当金交付の効力が発生した場合	比準価額（㉖） 円	1株当たりの配当金額 - 円 銭	修正比準価額 ㉗ 円
直前期末の翌日から課税時期までの間に株式の割当て等の効力が発生した場合	比準価額（㉖）（㉗があるときは㉗）（ 円＋	割当株式1株当たりの払込金額 円 銭×	1株当たりの割当株式数 株）÷（1株＋ 1株当たりの割当株式数又は交付株式数 株）	修正比準価額 ㉘ 円

① 全体項目

チェック項目	根拠	確認
類似業種比準方式をそもそも適用できないとされる直前期等の合併等の有無について確認したか？		☐
課税時期がいつであろうが、「絶対に」課税時期直前期末の価額を採用したか？		☐

Q23=業種目番号判定

業種目番号判定についてご教示ください。

Answer

下記になります。

解説

1　複数業種目番号

財産評価基本通達181-2

（評価会社の事業が該当する業種目）

　　前項の評価会社の事業が該当する業種目は、178《取引相場のない株式の評価上の区分》の(4)の取引金額に基づいて判定した業種目とする。

　　なお、当該取引金額のうちに２以上の業種目に係る取引金額が含まれている場合の当該評価会社の事業が該当する業種目は、取引金額全体のうちに占める業種目別の取引金額の割合（以下この項において「業種目別の割合」という。）が50％を超える業種目とし、その割合が50％を超える業種目がない場合は、次に掲げる場合に応じたそれぞれの業種目とする。

(1)　評価会社の事業が１つの中分類の業種目中の２以上の類似する小分類の業種目に属し、それらの業種目別の割合の合計が50％を超える場合

　　　その中分類の中にある類似する小分類の「その他の○○業」

　　　なお、これを図により例示すれば、次の通り。

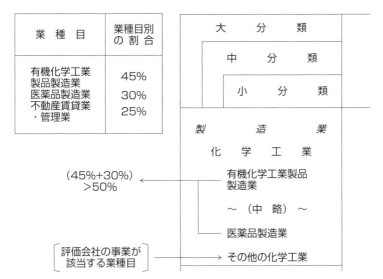

○ 評価会社の業種目と
　業種目別の割合

業　種　目	業種目別の割合
有機化学工業製品製造業	45%
医薬品製造業	30%
不動産賃貸業・管理業	25%

○ 類似業種比準価額計算上の業種目

(45%+30%)
　>50%

評価会社の事業が該当する業種目

(2)　評価会社の事業が１つの中分類の業種目中の２以上の類似しない小分類の業種目に属し、それらの業種目別の割合の合計が50％を超える場合（(1)に該当する場合を除く。）

　その中分類の業種目

　なお、これを図により例示すれば、次の通り。

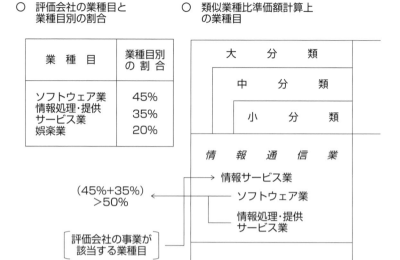

○ 評価会社の業種目と業種目別の割合

業　種　目	業種目別の割合
ソフトウェア業	45%
情報処理・提供サービス業	35%
娯楽業	20%

○ 類似業種比準価額計算上の業種目

(45%＋35%) ＞50%

評価会社の事業が該当する業種目

(3) 評価会社の事業が1つの大分類の業種目中の2以上の類似する中分類の業種目に属し、それらの業種目別の割合の合計が50％を超える場合

その大分類の中にある類似する中分類の「その他の○○業」

なお、これを図により例示すれば、次の通り。

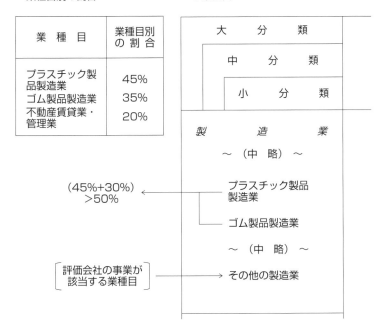

(4)　評価会社の事業が1つの大分類の業種目中の2以上の類似しない中
　　分類の業種目に属し、それらの業種目別の割合の合計が50% を超える
　　場合（(3)に該当する場合を除く。）
　　　その大分類の業種目
　　　なお、これを図により例示すれば、次の通り。

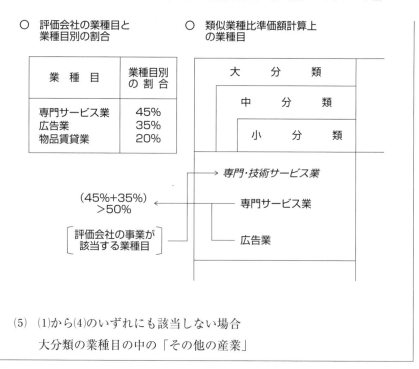

　○　評価会社の業種目と
　　　業種目別の割合

　○　類似業種比準価額計算上
　　　の業種目

(5)　(1)から(4)のいずれにも該当しない場合

　　大分類の業種目の中の「その他の産業」

2　課税実務上、分類不能の産業

　分類不能の産業に該当するものは医療法人と純粋持株会社だけです。

　ただし、一般的な事業承継プランニングにおいて純粋持株会社型式になることは非常にまれです（何かしらの収益付けすることが通常）。

（参照）

質疑応答事例

医療法人の出資を類似業種比準方式により評価する場合の業種目の判定等

【照会要旨】

　医療法人の出資を類似業種比準方式により評価する場合には、どの業種目に該当するのでしょうか。

【回答要旨】

　医療法人は、医療法上剰余金の配当が禁止されているなど、会社法上の会社とは異なる特色を有しています。

　このような医療法人の出資を類似業種比準方式により評価するとした場合、類似する業種目が見当たらないことから、業種目を「その他の産業」として評価することになります。

　なお、取引相場のない株式（出資）を評価する場合の会社規模区分（大、中、小会社の区分）については、医療法人そのものはあくまで「サービス業」の一種と考えられることから、「小売・サービス業」に該当することになります。

【関係法令通達】

　財産評価基本通達194-2

*Q*24=類似業種比準価額方式と純資産価額方式の数値

　類似業種比準価額方式と純資産価額方式の数値について考えてください。

Answer

　下記の通りとなります。

解説

1　適正な採用

　類似業種比準価額方式については、翌期のいかなる時点においての譲渡、贈与等々異動についても絶対に直前期末の数値を用います。

　一方、純資産価額方式の場合は、直前期末の数値＋重要な後発事象をとることで代用できます。仮決算方式を無理に採用しなくても構いません[2]。

2　平成25年版『株式公社債の実務』266頁　大蔵財務協会　「直前期末課税時期までの間に増資があった場合」を参照しています。

（参照）

質疑応答事例　直後期末の方が課税時期に近い場合

【照会要旨】

　類似業種比準方式によるときには、課税時期が直前期末よりも直後期末に近い場合であっても、直前期末の比準数値によって評価するのでしょうか。

【回答要旨】

　直前期末の比準数値によります。

（理由）

　類似業種比準価額を算定する場合の比準数値について、財産評価基本通達183（評価会社の1株当たりの配当金額等の計算）のとおり定めているのは、財産の価額は課税時期における時価による（相法22）と規定されていることを前提として、標本会社と評価会社の比準要素をできる限り同一の基準で算定することが、より適正な比準価額の算定を可能にすると考えられることのほか、課税時期後における影響要因を排除することをも考慮したものといえますから、仮に直後期末の方が課税時期に近い場合であっても、直前期末の比準数値によることになります。

【関係法令通達】

　財産評価基本通達183

2　直前期末＋重要な後発事業について

　この手法では直前期末の各資産及び各負債の内容を基に、課税年分の財産評価基準を適用して各資産負債の額を算定し、これを基に純資産価額を算定します。

　原則として評価会社の各資産及び各負債については、直前期末から課税時期までの間に得喪・増減といった変化は一切なかったものとして純資産価額の計算をすべきもので、直前期末にあった資産がその後課税時期までの間に譲渡されてなくなっていた場合、当該金額の大小にもよりますが、

典型的後発事業にあたります。したがって、その資産を直前期末の資産か
ら除外して計算すべきではありません（相法22、評基通185、「相続税及び贈与
税における取引相場のない株式等の評価明細書の様式及び記載方法等について」通達
（平２直資２-239、直評23）第５表関係の「２」）。

（参照）

前掲個別通達「第５表　１株当たりの純資産価額（相続税評価額）の計算
明細書」の２(4)

(1)　前提条件

　　イ　評価会社が課税時期において仮決算を行っていないため、課税時期
　　　における資産及び負債の金額が明確でないこと

　　ロ　直前期末から課税時期までの間に資産及び債務について著しく増減
　　　がないため評価額の計算に影響が少ないと認められること

(2)　資産及び負債の金額の計算方法

　　イ　相続税評価額によるもの　直前期末の資産及び負債の課税時期の相
　　　続税評価額

　　ロ　帳簿価額によるもの　直前期末の資産及び負債の帳簿価額

　　(注)　帳簿価額による資産・負債の金額は、評価差額に対する法人税額等相
　　　　当額（注）を計算する際必要になります。

(3)　類似業種比準価額は社会通念上＝常識で明らかに使えない場合

　　　大幅に業種を変更した会社の適当な株式の評価が典型例です。前期は
　　小売業と不動産賃貸業を同時に営み、前期中にそのうち小売業は廃業し
　　たとします。

　　　翌期になり課税時期が到来した時点では、事業は不動産賃貸業のみと
　　します。

　　　このように課税時期がその業種目の転換があった後３年未満の期間内
　　である場合には、類似業種比準価額により株式の価額を評価することは
　　適当ではありません。過去の複数業種の合算数値になっているためで

す。これは合併後３年間に係る論点と近似しています。

　結果、評価会社の業種目の転換があった後３年未満の期間内は、その評価会社は純資産価額方式で評価します。

⑷　類似業種比準価額における業種目番号の公表遅れと株価の洗い替え

> 　自己株式の取得を行うことを予定しております。自己株式取得の株価は、株価算定時に使用する業種目別株価等は算定時に公表されている最新のものを使用すればいいという理解でよろしいでしょうか。
>
> 　毎年６月時点では今年の２月分までしか公表されていないので、どのようにすべきか迷っております。

　６月末の時点の臨時決算報告書や概算月次試算表で試算したとします。業種目株価は例年、６月時点ではその年の２月分までしか公表されません。仕方がないのでこれで一度精算（価額算定し、売却）します。そして後日６月までの類似が公表された後、その差額分を計算し、決済します。

　仮に、

　　１）６月分＞２月分の場合、その差額はみなし贈与認定される可能性もないとは限りませんので、精算したほうがよいでしょう（もっとも指摘された事例は聞いたことがありません）。

　　２）６月分＜２月分の場合、２月時点の評価で既に高額取引を行っているので課税実務上は原則として問題ないでしょう。

　上記における差額決済の考え方は当該実行日の類似発表前における譲渡・あるいは贈与においても共通の考え方です。

Q25=類似業種比準方式活用の留意点

類似業種比準方式活用の留意点についてご教示ください。

Answer

下記が単純かつオーソドックスなものとなります。

解説

業界株価の動向については、ある程度読めるので、どこの段階で贈与、譲渡を実行すればよいのか方向性を連動させることができます。

国税庁が出している業種目別株価は日経平均に連動しているので（その業種に連動した株価が載ってくるので）、ある程度どの時点で株価が下がってどの時点で上がったかが分かりやすくなっています。その動向を読めるようにしておけば、贈与、譲渡の時期が判定できます。

なお、予測株価を算定する場合にも、業種目株価と日経平均を連動させておく必要があります。

業種判定に誤りがないかについては、消費税の簡易課税業種の考え方と異なるということを第一にチェックします。正しくは日本標準産業分類を基準に行います。

非経常的利益は、役員退職金、慰労金があっても保険金収入があれば差し引きます。

一方、レバレッジドリースの終了時の物件処分益は想定利益なので、非経常的な利益には該当しません。

平成25年２月14日　国税不服審判所裁決（非公開）大裁（諸）平24-51
（取引相場のない株式／類似業種比準方式／非経常的な利益）

取引相場のない株式の評価額を類似業種比準方式によって算定する際、評価会社が出資した匿名組合契約に係る損益のうちオペレーティング・リース取引終了時における固定資産売却に係る利益は、「１株当たりの年利益金額」の計算上、非経常的な利益に該当しないとされた事例（平25-

02-14裁決）

〔裁決の要旨〕

　本件は、審査請求人が、被相続人の死亡に係る相続税の申告書を原処分庁に提出した後、相続により取得した株式の評価額の計算を財産評価基本通達に定める類似業種比準方式によって行うに当たり、匿名組合契約に係る事業利益のうち固定資産売却に係る利益金額は非経常的な利益に該当し、法人税の課税所得金額から控除すべきであったとして更正の請求をしたところ、原処分庁が、匿名組合契約に係る損益については、その全てが経常的な損益に当たるとして、更正をすべき理由がない旨の通知処分を行ったことに対し、審査請求人が、その全部の取消しを求めた事案である。

　評価通達183は、評価会社の利益金額の計算上、固定資産の売却益や火災の際の保険差益等を非経常的な利益として利益金額から除くこととしているが、これは、類似業種比準方式における比準要素としての利益金額は、基本的には、評価会社の経常的な収益力を表すものを採用し、これと類似業種の利益金額とを比較対照して、評価会社の経常的な収益力を株式の価額に反映させるためであって、合理性がある。したがって、ある利益が経常的な利益に該当するか非経常的な利益に該当するかを判断するに当たっては、その利益が、評価会社の損益計算書上、「経常利益」又は「特別利益」のいずれに計上されているかのみで判断するのではなく、評価会社の事業の内容、その利益の発生原因、その発生原因たる行為の反復継続性又は臨時偶発性等を考慮して判断するのが相当である。

　匿名組合契約において、匿名組合員の出資は、全て営業者に帰属し、その出資により営業者が取得した財産について匿名組合員が共有持分を有することはなく、匿名組合員が匿名組合の目的である事業の範囲に属する営業者の個々の取引を自己の取引と認識することはあり得ず、匿名組合員は、営業者の営業から生じた各計算期間における最終的な利益又は損失の額の分配を受ける地位を有するにすぎない。

　したがって、匿名組合員は、匿名組合契約に基づいて分配された利益又は損失が営業者の行った営業のうち、いかなる取引に起因する損益として

生じたものであるかを認識することは匿名組合契約の法的性格上あり得ないし、営業者が匿名組合の目的である事業の範囲に属する限りどのような取引を行うとしても、匿名組合員にとって出資に対する利益又は損失の額の分配であるという性格が異なることとなるわけではない。

本件各匿名組合契約は、固定資産の所有、賃貸及び売却が一体となった契約であり、固定資産の売却は、匿名組合の目的である事業の内容として契約締結時に予定されていたものである。そうであるとすれば、本件各匿名組合契約における固定資産の売却は、匿名組合の目的である事業の遂行そのものであって、臨時偶発的なものとはいい難く、当該固定資産の売却に起因して生じた匿名組合の事業の利益又は損失も、臨時偶発的なものとはいい難い。

また、匿名組合員が匿名組合契約に基づき営業者から分配を受ける利益又は損失は、匿名組合契約の性質上、営業者における当該利益又は損失の発生の源泉によってその性格を異にするものではない。以上によれば、匿名組合員であるA社が本件各匿名組合契約に基づき各営業者から分配を受ける利益は、本件各匿名組合契約に係る固定資産の賃貸（リース）から生じたものであると当該固定資産の売却により生じたものであるとを問わず、いずれも、本件各匿名組合契約の締結（取引）というA社自身の経常的な事業活動から生じたA社の経常的な利益とみるべきである。

したがって、評価通達183に基づき取引相場のない株式であるA社の株式（本件株式）の評価額の計算を類似業種比準方式によって行うに当たり、「1株当たりの年利益金額」を計算する上で、本件各匿名組合契約に係る固定資産の売却利益を非経常的な利益として除外すべきではない。

非経常的な利益の論点は裁決・裁判例が蓄積されています。

評価会社はパチンコ業です。パチンコ台の入替えに係る譲渡損益について、損益計算書上、固定資産売却損益勘定を使用しています。

類似業種比準価額の算定上、1株当たりの利益金額から除外する非経常的な利益の金額について、財産評価基本通達183(2)に「（固定資産売却益、保険差益等の非経常的な利益の金額を除く。）」とあります。当該譲渡益は

除外の対象として問題ならないかが争点となります。

　勘定科目等の形式的な基準では、非経常的な利益に係る除外対象の判断はできません。

　評価会社の利益金額の計算上、非経常的な利益の金額を除外する趣旨は、類似業種比準方式における比準要素として、臨時偶発的に生じた収益力を排除し、その営む事業に基づく経常的な収益力を株式の価額に反映させるためです。

　したがって、その利益が経常的であるか否かを判断するには、評価会社の損益計算書上、「経常利益」「特別利益」等のいずれに計上されているかの形式的な基準で判断するのではなく、評価会社の事業の内容、その利益の発生原因、その発生原因たる行為の反復継続性又は臨時偶発性等を考慮して判断すべきと考えます。

　なお、非経常的な利益の金額とは、臨時偶発的に生じた個々の利益の総体を指しますので、固定資産の譲渡が期中に数回あり個々の譲渡に売却益と売却損があるときは、個々の譲渡の損益を通算し、種類の異なる損益がある場合であっても、これらを通算し、その結果として利益の金額があれば除外することとなります。

　実務上は決算報告書と勘定科目内訳書を用意し最低過去3年分の特別損益の推移をチェックすることになります。

平成20年6月26日　国税不服審判所裁決（公開）東裁（諸）（取引相場のない株式の評価（類似業種比準方式））

　類似業種比準方式における1株当たりの利益金額の計算上、匿名組合契約に係る分配金は非経常的な利益ではないから法人税の課税所得金額から控除すべきではないとした事例

〔裁決の要旨〕

　類似業種比準方式における、匿名組合員である評価会社の「1株当たりの年利益金額」については、①評価通達が、「1株当たりの年利益金額」

の計算を法人税の課税所得金額を基礎としていることについては合理性があること、②法人税の取扱いでは、匿名組合員が分配を受ける匿名組合営業について生じた利益の額又は損失の額は、匿名組合の営業者の計算期間の末日の属する匿名組合員の各事業年度の益金の額又は損金の額に算入されること、③匿名組合から分配を受ける損益は、匿名組合契約が継続する限り毎期発生することが予定されており、臨時偶発的に発生するものではないことからすると、「1株当たりの年利益金額」を計算する上で、匿名組合契約に係る損益の額を非経常的な損益として除外すべき理由は認められない。そして、本件事業は航空機リース事業であって、本件A匿名組合契約に係る損益が、最終計算期間以外の計算期間については航空機の賃貸による損益であり、最終計算期間における分配金については、賃貸物件である航空機の売却による収益を含むというように、計算期間によって損益の発生の源泉が異なるという性質を持っているとしても、このようなリース事業は、リース物件の売却によってはじめて契約期間を通した収支が確定するものであり、そもそもリース物件の所有、賃貸及び売却が一体となった事業である。つまり航空機の売却は、K社をその優先的売却先として本件A匿名組合契約の締結時に予定されていたものであるから、一般的な固定資産の売却とは異なり、当該航空機の売却が臨時偶発的なものとは言い難い。また、本件A匿名組合契約に係る最終分配金額は、航空機の賃貸による収益と航空機の売却による収益という収益の発生の源泉が異なる部分により構成されているとしても、本件会社にとって匿名組合契約に係る出資に対する利益の分配という性格が異なるわけではないから、その利益の一部を取り出して非経常的な利益と判断すべき理由は認められない。

　安易に固定資産売却損益を非経常的なものとすることは一切できません。下記の事案は東京地裁令和元年5月14日判決で納税者敗訴として確定しています。審判所趣旨と同旨です。

　請求人は移動式クレーン車を貸し出し、オペレーターが揚重作業を行う事業などを含む法人の代表取締役の子供です。代表取締役からの株式の贈

与について、対象法人の株式評価が誤っていると更正処分を受けたのに対し、審判所に取り消しを求めた事案（平成29年９月12日裁決）です。

　争点は、評価会社が行ったクレーン車の売却益を評価会社の１株当たりの利益金額の計算上、法人税の課税所得金額から除くべき「非経常的な利益の金額」である固定資産売却益に該当するか否かです。確かに、財産評価基本通達183⑵は、法人税の課税所得金額から「固定資産売却益、保険差益等の非経常的な利益の金額を除く」と定めています。

　しかし、審判所は、「ある利益が同金額に該当するか否かの判断は、評価会社の事業の内容、その利益の発生原因、その発生原因たる行為の反復継続性または臨時偶発性等を考慮して判断すべきものである」と指摘しました。

　その上で、「同法人は事業を継続・維持するため、クレーン車の売却を事業の一環として行っており、毎期相当数のクレーン車を繰り返し売却し、売却台数も年々増加させていたことを考慮すれば、同法人のクレーン車の売却は反復継続的に行われていたと評価できる」とし、本件売却益は同金額に該当しないとしました。

（株式評価／類似業種比準方式／クレーン車売却益の「非経常的な利益の金額」該当性）

　取引相場のない株式の評価について、クレーン事業を営む評価会社のクレーン車売却益は、類似業種比準価額により評価するときの「評価会社の１株当たりの利益金額」の計算上、法人税の課税所得金額から除くべき「非経常的な利益の金額」に当たらないとされた事例（平29-09-12裁決）

〔裁決の要旨〕

　本件は、請求人が贈与により取得した取引相場のない株式の評価について、原処分庁が、当該株式の発行会社（本件法人）が行ったクレーン車の売却に係る売却益（本件売却益）が当該株式を財産評価基本通達（評価通達）に定める類似業種比準価額により評価するときの「評価会社の１株当

たりの利益金額」の計算上、法人税の課税所得金額から除くべき非経常的な利益の金額に当たらないとして贈与税の更正処分等をしたのに対し、請求人が、当該売却益は非経常的な利益の金額に当たるとして、当該更正処分等の一部の取消しを求めた事案である。

取引相場のない株式の評価について、評価通達179は、大会社の株式の価額を、原則として、類似業種比準価額によって評価する旨定め、これを受け、評価通達180は、類似業種比準価額は評価会社の１株当たりの配当金額、利益金額及び純資産価額の各要素を評価会社と事業内容が類似する上場会社の当該各要素の平均値と比較し、当該上場会社の株価の平均値に比準して評価会社の１株当たりの価額を算出する旨定めている。

そして、評価会社の１株当たりの配当金額、利益金額及び純資産価額の具体的な算出方法については、評価通達183においてその計算方法を定めているところ、評価通達183の(2)は、１株当たりの利益金額を算出する際の評価会社の利益金額の計算上、直前期末以前１年間における法人税の課税所得金額から固定資産売却益、保険差益等の非経常的な利益の金額を除くこととしている。これは、類似業種比準価額を算出するときの比準要素である利益金額として、基本的には、評価会社の経常的な収益力を表すものを採用し、これと類似業種の利益金額とを比較対照することにより、評価会社の経常的な収益力を株式の価額に反映させることにある。

そうすると、ある利益が固定資産売却益に計上されていたとしても、業種やその利益の発生原因等によってはその利益が必ずしも非経常的な利益の金額となるものではなく、また、株式の価額に反映すべき経常的な収益力は評価会社によって様々であることから、ある利益が経常的な利益の金額に該当するか非経常的な利益の金額に該当するかは個別に判断すべきであり、その判断に当たっては、その利益が評価会社の損益計算書の経常利益又は特別利益のいずれに計上されているかのみをもって判断するのではなく、評価会社の事業の内容、その利益の発生原因、その発生原因たる行為の反復継続性又は臨時偶発性等を考慮するのが相当である。

したがって、本件法人が本件売却益を固定資産売却益として、損益計算書の特別利益に計上していることのみをもって、非経常的な利益の金額に

該当すると判断することは相当ではない。

　本件法人は、本件法人の経常的な事業である本件クレーン事業を営利事業として継続・維持するに当たり、クレーン車の売却による収益力を見越した上で、クレーン車の取得及び売却を本件クレーン事業と一体をなすものとして捉えて、本件クレーン事業の一環としてクレーン車の売却を行っていたものと認められ、このことは、下取りによる売却か下取り以外による売却かによって異なるものではない。本件法人は、クレーン車の売却を本件クレーン事業の一環として行っており、直前各３事業年度において、毎期、相当数のクレーン車を繰り返し売却し、その売却台数も年々増加させていたことを考慮すれば、本件法人によるクレーン車の売却は反復継続的に行われていたと評価するのが相当である。

　役員退職金の支給も自社株対策には必須ですが、本書では本題でないため詳細は割愛します。下記は極めて基本的な解説にとどめています。

　当局は功労加算金を一切認めていません。

　例えば、月額最終報酬が100万円×在任年数30年×功績倍率３倍×1.3のように、功労加算金を加算していたりしますが、功績倍率は3.9になるため、原則として0.9の部分は不相当に高額認定になります。

　平成23年５月25日の仙台裁決例が参照できます。

（役員退職給与／平均功績倍率法が最も妥当であるとされた事例）

　「平均功績倍率法」が一般的な役員退職給与相当額の算出方法として最も妥当なものであるとされた事例（平成23年５月25日裁決）

〔裁決の要旨〕

　本件は、原処分庁が、審査請求人が死亡退職した取締役に支給した役員退職給与のうち、不相当に高額な部分の金額については損金の額に算入されないとして法人税の更正処分等を行ったのに対して、請求人は、更正の理由付記に違法があること及び当該役員退職給与は相当な金額であるとし

て、同処分等の全部の取消しを求めた事案である。

役員退職給与計上額について、不相当に高額な部分として損金の額に算入できない金額があるか否か。

最終報酬月額は、一般的にその役員の法人に対する貢献度をよく反映した指標であると解されているところ、■■■■の最終報酬月額がその貢献に比して低く抑えられていたことを示す事実は認められず、当該最終報酬月額は、■■■■の請求人に対する貢献度を適正に反映したものと認められる。そうすると、TKC 経営指標に掲載されている574,000円を請求人における適正な最終報酬月額とすることに合理性はない。

また、平均功績倍率は、同業類似法人における役員退職給与の額を当該役員の最終報酬月額に勤続年数を乗じたもので除した倍数の平均値であるところ、当該役員退職給与の額には、その支出の名目のいかんにかかわらず、退職により支給される一切の給与が含まれるのであるから、請求人の主張する特別功労加算金相当額は、本件同業類似法人の功績倍率に反映されているものと解され、これを基礎として算定した役員退職給与相当額（審判所認定額）は、特別功労加算金を反映したものというべきである。

役員退職慰労金の損金算入時期は、法人税法では支給期の損金経理が認められています。しかし、役員退職慰労金支給規定があれば取締役会決議のみで認められることはありません。

正しくは株主総会決議によって支給を決定します。

未払いとすると仮装と思われてしまいます。この場合、いったん現金支給して、法人に現金が不足するということになるなら、支給した金額を法人に貸し付ける等で対処します。

なお、現物給付については、代物弁済の対象が課税資産であれば消費税課税取引となります。

分掌変更退職金については、東京地裁平成27年 2 月26日判決が重要です。分掌変更による退職金に係る分割支給は現在も認められません。

下記の裁判例を受けての通達改正はありません。このことからも当局はこの裁判例について個別案件である（先例として取り扱わない）という認識

を持っていることがわかります。

（参照）

> **【公正処理基準／分掌変更に伴う役員退職給与の分割支給と損金算入時期】**
> （平成27年２月26日判決）
>
> 〔判示事項〕
> 　本件は、原告の創業者である役員乙が原告の代表取締役を辞任して非常勤取締役となったことに伴い、乙に対する退職慰労金として２億5,000万円を支給することを決定し、平成19年８月期に7,500万円を支払い、さらに平成20年８月期にその一部である１億2,500万円（第二金員）を支払い、本件第二金員が退職給与に該当することを前提として、損金の額に算入し、また、本件第二金員が退職所得に該当することを前提として計算した源泉所得税額を納付したところ、処分行政庁から本件第二金員は退職給与に該当せず損金の額に算入することはできないとして更正処分等を受け、また、本件第二金員は退職所得に該当しないとして、賞与であることを前提に計算される源泉所得税額と原告の納付額との差額について納税の告知処分等を受けたことから、その取消しを求めるとともに、本件納付金等の返還を求める事案である。
> 　本件第二金員は、本件退職慰労金の一部として支払われたものであり、退職基因要件、労務対価要件及び一時金要件のいずれも満たしているものと解すべきであるから、所得税法上の退職所得に該当するというべきである。
> 　原告は、本件第二金員が退職所得に当たることを前提として、本件第二金員に対する源泉所得税2,203万2,000円を納付したのであり、本件第二金員が退職所得に当たらず、給与所得に該当することを前提としてされた本件告知処分等はいずれも違法であり、取消しを免れない。
> 　源泉徴収による国税の納税義務は、源泉徴収の対象となる所得の支払の時に成立し同時に納付すべき税額が確定するものであるところ、原告が本

件告知処分等を受けて納付した金員は、その徴収義務がないにもかかわらず納付されたもの（誤納金）であるから、被告は、原告に対し、遅滞なく、これを金銭で還付しなければならない。

　本件第二金員は、退職慰労金の一部として支払われたものであり、法人税法上の退職給与に該当し、かつ、本件第二金員を現実に支払った平成20年8月期の損金の額に算入することができるというべきである。

　したがって、本件更正処分等は、本件第二金員が退職給与に該当しないことを前提としてされた点において違法であるというべきである。法人税基本通達は、課税庁における法人税法の解釈基準や運用方針を明らかにするものであり、行政組織の内部において拘束力を持つものにすぎず、法令としての効力を有するものではない。

　しかしながら、租税行政が法人税基本通達に依拠して行われているという実情を勘案すれば、企業が、法人税基本通達をもしんしゃくして、企業における会計処理の方法を検討することは、それ自体至極自然なことであり、中小企業においては、企業会計原則を初めとする会計基準よりも、法人税法上の計算処理に依拠して企業会計を行っているような中小企業との関係においては、本件通達ただし書に依拠した支給年度損金経理は、一般に公正妥当な会計慣行の1つであるというべきである。

　以上検討したところによれば、本件第二金員を平成20年8月期の損金の額に算入するという本件会計処理は、公正処理基準に従ったものということができる。

　役員退職給与に係る費用をどの事業年度に計上すべきかについては、公正処理基準に従うべきところ、本件通達ただし書に依拠した本件会計処理が公正処理基準に従ったものといえることは、これまで検討してきたとおりであり、これと異なる被告の主張は採用することができない。

　そして、本件第二金員が退職給与に該当するものとして平成20年8月期の損金の額に算入した上で、平成20年8月期の法人税に係る所得金額及び納付すべき法人税額を算定した結果、本件更正処分のうち、当初申告所得金額、納付すべき法人税額を超える部分及び本件過少申告加算税賦課処分は、いずれも違法であり、取消しを免れない。

②　1株当たりの資本金等の額等の計算

チェック項目	根拠	確認
「直前期末の資本金等の額」について、下記の転記は適正になされているか？ ○法人税申告書別表五（一）「Ⅱ　資本金等の額の計算に関する明細書」の差引翌期首現在資本金等の額の差引合計額との一致。 ○法人税申告書別表五（一）「Ⅱ　資本金等の額の計算に関する明細書」からの転記。 　（特に、過去において、自己株式の取得・消却が行われた場合、合併等の組織再編成が行われた場合に、記載ミスが散見される。少なくとも資本金等の額の明細としての「利益積立金額」と、利益積立金額の明細としての「資本金等の額」が一致していることは確認するべき。）	評基通180	☐
資本金等の額がマイナスの場合、「そのまま」マイナスの金額が記載されているか？※勝手に正数とか0にしない。		☐
直前期末に自己株式を保有している場合、記載もれはないか？	評基通180	☐

【参考1】

地方税法のチェックシートですが、国税の比較もできます。

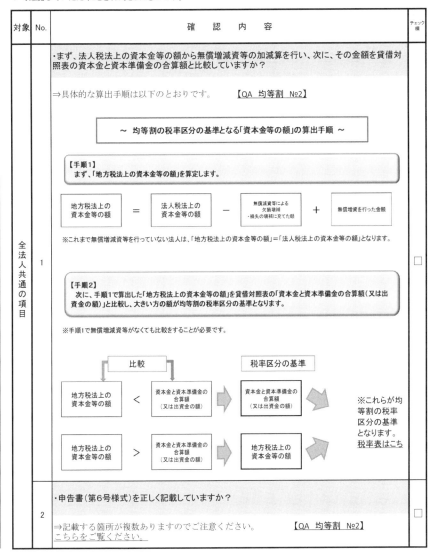

均等割の税率区分の基準となる「資本金等の額」チェックポイント
◇平成27年4月1日以後に開始する事業年度用◇

　このチェックポイントは、平成27年4月1日以後に開始する計算期間の均等割を申告する際に、資本金等の額について確認していただくことを目的としたものです。

対象	No.	確　認　内　容	チェック欄
全法人共通の項目	1	・まず、法人税法上の資本金等の額から無償増減資等の加減算を行い、次に、その金額を貸借対照表の資本金と資本準備金の合算額と比較していますか？ ⇒具体的な算出手順は以下のとおりです。　　【QA 均等割 №2】 〜　均等割の税率区分の基準となる「資本金等の額」の算出手順　〜 【手順1】 まず、「地方税法上の資本金等の額」を算定します。 地方税法上の資本金等の額　＝　法人税法上の資本金等の額　−　無償減資等による欠損塡補・損失の塡補に充てた額　＋　無償増資を行った金額 ※これまで無償増減資等を行っていない法人は、「地方税法上の資本金等の額」＝「法人税法上の資本金等の額」となります。 【手順2】 次に、手順1で算出した「地方税法上の資本金等の額」を貸借対照表の「資本金と資本準備金の合算額（又は出資金の額）」と比較し、大きい方の額が均等割の税率区分の基準となります。 ※手順1で無償増減資等がなくても比較をすることが必要です。 比較　　　　税率区分の基準 地方税法上の資本金等の額　＜　資本金と資本準備金の合算額（又は出資金の額）　⇒　資本金と資本準備金の合算額（又は出資金の額） 地方税法上の資本金等の額　＞　資本金と資本準備金の合算額（又は出資金の額）　⇒　地方税法上の資本金等の額 ※これらが均等割の税率区分の基準となります。税率表はこちら	☐
	2	・申告書（第6号様式）を正しく記載していますか？ ⇒記載する箇所が複数ありますのでご注意ください。　　【QA 均等割 №2】 こちらをご覧ください。	☐

これまで無償増減資等を行った法人は、以下の項目もチェックしてください。

対象	No.	確　認　内　容	チェック欄
無償減資等を行った法人の項目	3	・平成13年4月1日から平成18年4月30日までの間に行った減資等による資本の欠損填補の金額を法人税法上の資本金等の額から減算する場合、欠損填補の金額を超えて減算していませんか？ ⇒当該欠損填補に充てた金額が上限となります。　　　【QA　均等割　№4】	☐
	4	・平成18年5月1日以後に損失の填補に充てた金額を、法人税法上の資本金等の額から減算する場合、損失の填補に充てた金額を超えて減算していませんか？ ⇒当該損失の填補に充てた金額が上限となります。　　　【QA　均等割　№4】	☐
	5	・No.4による減算を行う場合、その損失の金額は、その他利益剰余金のマイナスの金額ですか？ ⇒損失とは、損失の填補に充てた日における確定した決算書の、その他利益剰余金のマイナスの金額であり、繰越利益剰余金の金額とは異なる場合があります。　　　【QA　均等割	☐
	6	・その他資本剰余金による損失の填補の金額を法人税法上の資本金等の額から減算する場合、損失の填補に充てたその他資本剰余金は、1年以内に減資や準備金の減少により計上したものですか？ ⇒減算できる金額は、損失の填補に充てた日以前1年間において資本金又は準備金を減少し、その他資本剰余金として計上したものに限られます。　　　【QA　均等割　№4】	☐
	7	・No.3又はNo.4による減算を行う場合は、その事実及び金額を証する書類を添付しましたか？ ⇒株主総会議事録、取締役会議事録、登記事項証明書、貸借対照表、株主資本等変動計算書、損失処理案（承認済みのもの）、損益計算書、債権者に対する異議申立の公告、官報の抜粋等の添付が必要です。　　　【QA　均等割　№5】	☐
	8	・被合併法人が合併前に資本の欠損填補等に充てた金額を、法人税法上の資本金等の額から減算していませんか？ ⇒合併前に無償減資による資本の欠損填補等を行った法人が被合併法人となる適格合併が行われた場合に、合併法人はその額を減算することはできません。　　　【QA　均等割	☐
無償増資を行った法人の項目	9	・無償増資（利益の資本組入れ）を行った場合、無償増資の金額を資本金等の額に加算していますか？ ⇒平成22年4月1日以後に利益準備金又はその他利益剰余金による無償増資を行った場合、当該増資相当額を法人税法上の資本金等の額に加算します。　　　【QA　均等割　№9】	☐

（出所：東京都主税局ホームページ）

③　1株当たりの年配当金額

チェック項目	根拠	確認
各事業年度中において、株主資本等変動計算書「剰余金の配当」欄に記載された金額を転記したか？	個通第4表2イ	□
特別配当、記念配当等と会社決算報告書に記載はあるものの、将来において毎期継続することが予想不可な金額は除外したか？	評基通183⑴	□
剰余金の配当があった場合、「資本金等の額の減少によるもの」は除外したか？※みなし配当の論点。	評基通183（注1）	□
みなし配当の金額（法人税法24条1項3号～6号までに規定する金額）は、剰余金の配当額から除外したか？		□
現物分配があった場合（利益剰余金が原資の場合）、毎期継続することが予想不可なものを除外したか？		□
株主優待利用券等については、年配当金額から除外したか？		□
直前期が1年未満の場合、直前期末以前1年間において配当金交付の効力が生じた配当金額の「総額」をもれなく集計したか？	個通第4表2⑻	□
直前々期が1年未満の場合、直前期末以前1年間において配当金交付の効力が生じた配当金額の「総額」をもれなく集計したか？	個通第4表2⑻	□
直前々期の前期が1年未満の場合、直前期末以前1年間において配当金交付の効力が生じた配当金額の「総額」をもれなく集計したか？	個通第4表2⑻	□
種類株式を複数発行においては、種類株式に「対する」配当金額を記載したか？		□

上記において、当該種類株式に係る1株当たり資本金等の額について50円とした場合の発行済株式数を計算するが適正になされているか？	☐

Q26＝類似業種比準方式における株価引下げ策

　類似業種比準方式における株価引下げ策についてご教示ください。

Answer

　下記が単純かつオーソドックスなものとなります。

解説

　現状で考え得る手法を、チェックリストとして下記にまとめました。

大分類		実行内容		抵抗感
組織変更	1	取引形態の変更	現状に近い業種で業種別株価をより低いものが採用できるようにする。	☐
	2	合併・会社分割・事業譲渡等による業種の変更		☐
決算・配当対策	1	配当率の引下げ	配当率を引き下げる（記念配当は計算対象外）。	☐
	2	たな卸資産	税務上認められる評価損失計上	☐
	3	金銭債権	貸倒損失（法基通9-6-1、9-6-2、9-6-3）	☐
	4	有形固定資産	不要資産の売却、除却、有姿除却	☐
	5	投資有価証券	回復の見込みのない有価証券の評価損	☐
	6	ゴルフ会員権	売却	☐

	7	貸付金	貸倒損失(法基通9-6-1、9-6-2、9-6-3)	☐
	8	短期前払費用	金額的重要性の少ないもの	☐
	9	特別償却	新規取得固定資産につき特別償却を適用	☐
	10	デリバティブ評価損	未決済デリバティブ取引をみなし決済	☐
	11	役員退職金	生前に役員退職金支給（分掌変更通達の安易な適用は絶対に不可！）	☐
	12	退職金移行		☐
	13	決算賞与	賞与要件を上手に利用	☐
決算・配当対策	14	会社分割	高収益部門の分社による利益圧縮	☐
株式数増加	1	株式数の増加	第三者割当増資・自己株式の処分による発行済株式数の増加	☐

　「配当率の引下げ」という項目に「（記念配当は計算対象外）」とあります。この点、配当金額は株主に配慮して変えたくないものの配当率を下げたいというよくある要望があります。この場合、記念配当の部分を多く出せばそれが可能になります。

　例えば「御社は何周年か」とヒアリングをし、「55期」と判明した場合は、「配当金額を落とせないのなら55周年記念配当を出す」といった具合です。同じ配当金額でも記念配当の比重が大きくすることが可能です。

　類似業種比準価額計算上の「1株当たりの配当金額」は、直前期末以前2年間におけるその評価会社の剰余金の配当金額（特別配当、記念配当等の名称による配当金額うち、将来毎期継続することが予想できない金額を除く。）の合

計額の２分の１に相当する金額を、直前期末における１株当たりの資本金等の額を50円とした場合の発行済株式数で除して計算した金額とすることとされています（評基通183⑴）。

　この直前期末以前２年間の配当金額の合計金額の計算に当たり、特別配当、記念配当等の名称による配当金額うち、将来毎期継続することが予想できない金額を除くこととしているのは、通常的な配当金額を求めるために異常要素を排除するためと説明されています（国税庁評価担当者編「財産評価基本通達逐条解説」評基通183の解説）。

　例えば、「新工場開設記念」「新会社設立記念」などによっても、配当率を引き下げることができます。他にも「経営目標達成記念として特別かつ長期的な経営目標を達成された記念」という性格を有しているものも当然記念配当です。ただし、経営目標を到達するのが毎年であって毎年配当する結果となった場合、それはもはや記念配当にはなりえません。

　平成16年３月23日裁決では、原処分庁は、直後期（ご質問の場合の２期）の普通配当の金額が、直前期（ご質問の場合の最初の年度）の特別配当と普通配当を合計した金額と同額であること等から、１株当たりの配当金額については、その特別配当を含めて計算すべきであると主張しています。

　一方、審判所は、その特別配当は、会社の合併を理由とするものであり、特別配当を行ったとしても不合理であるとはいえないとして国の主張を排斥しています。

　なお、「役員退職金」については、安易な分掌変更は絶対にしてはなりません。本稿の主題ではないため詳細は割愛します。

④　1株当たりの年利益金額

チェック項目	根拠	確認
過年度の修正申告、更正決定をもれなく資料収集し、正しい課税所得を採用したか？	評基通183⑴	☐
直前期の前期の事業年度が1年ではない場合の調整計算。	個通第4表　1⑶ロ	☐
直前々期の前期の事業年度が1年ではない場合の調整計算。	個通第4表　1⑶ロ	☐
直前々期の前期の事業年度が1年ではない場合の調整計算。	個通第4表　1⑶ロ	☐
グループ法人税制における譲渡損益調整対象資産は調整不要。		☐
日経常的な利益（損失）金額の抽出は適正か？※特別損益項目に限定せず、営業損益項目（場合によっては売上高等も）も、内訳書から過去3年分の一覧表を作成し、臨時偶発的なものとクライアントに言質をとったか？	評基通183⑵	☐
上記論点で、固定資産圧縮損のような圧縮記帳に代表される別表調整項目は加味したか？	評基通183⑵	☐
種類の異なる非経常的な損益についても相殺を行うことはできる、結果、負数の場合はゼロになる。これらを適正に計算したか？	個通第4表1⑶イ、（注9）	☐
譲渡損益調整勘定の取り崩し損益は、非経常的な利益に原則として該当する。計算上、含めたか？		☐
有価証券売却損益のような特別損益項目に計上されていても、当該取引が反復継続的に行われている場合（臨時偶発的でない）は、非経常的な利益において除外したか？		☐

法人税申告書別表四の減算金額、「受取配当等の益金不算入額（14欄）」、「外国子会社からの剰余金の配当等の益金不算入額（15欄）」について転記を確認しているか？	評基通183⑵	☐
みなし配当等の非経常的な受取配当等に係る益金不算入額について、外国子会社からの配当等益金不算入額のうち特定外国子会社の特定課税対象金額に係る部分がある場合を除かれているか？	評基通183⑵	☐
外国子会社の剰余金配当等に係る益金不算入額から、特定外国子会社の特定課税対象金額に係る部分の金額を控除したか？		☐
受取配当の益金不算入金額はそのまま計上せず、みなし配当（非経常的な利益）に係る金額を控除したか？		☐
適格現物分配に係る益金不算入額は、受取配当の益金不算入額に含めない。		☐
受取配当の益金不算入額に係る配当に対する所得税額・復興特別所得税額のうち、課税所得の計算上、損金不算入となっているものの金額だけが記載されているか？		☐
益金不算入額の対象となっていない配当に係る所得税等の額、損金算入所得税額については含めない。適正に処理したか？		☐
別表記載の受取配当の益金不算入額＜所得税額の場合、受取配当益金不算入額を上限としたか？		☐
外国子会社からの剰余金の配当等の益金不算入額がある場合、課税所得の計算上、損金不算入となっているものが含まれているか？		☐
繰越欠損金控除額は適正か？　法人税別表四と一致したか？	評基通183⑵	☐
利益金額がマイナスの場合、ゼロか？	評基通183⑵個通第 4 表 2 ⑸	☐

利益金額はプラスであるが、資本金等の額がマイナスの場合、マイナスのまま表示しているか？※０、若しくは正数にしない。	評基通183⑵個通第４表２⑸	☐
法人税申告書別表五（一）の「Ⅱ　資本金等の額の計算に関する明細書」の差引翌期首現在資本金等の額の差引合計額と一致したか？	評基通183⑶	☐
過年度、自己株式の取得・消却、合併等の組織再編成が行われた場合、適正に処理しているか？ ※資本金等の額の明細は「利益積立金額」と、利益積立金額の明細は「資本金等の額」が一致していることを確認）。	評基通183⑶	☐
資本金等の額がマイナスの場合、そのままマイナスの金額を記載。	個通第４表２⑸（注）	☐
法人税申告書別表五（一）「Ⅰ　利益積立金額の計算に関する明細書」の差引翌期首現在利益積立金額について一致したか確認。	評基通183⑶	☐
寄附修正、帳簿価額修正への調整は不要。		☐
利益積立金額がマイナスの場合、そのままマイナスの金額を記載。	評基通183⑶	☐
純資産価額がマイナスの時はゼロとする。	評基通183⑶（注）２、個通第４表２⑺（注）、（注３）	☐
純資産価額はプラスであるが、資本金等の額がマイナスの場合、マイナスのまま表示する。	評基通183⑶（注）２、個通第４表２⑺（注）、（注３）	☐

⑤　1株（50円）当たりの比準価額の計算

チェック項目	根拠	確認
日本標準産業分類の分類項目と類似業種比準価額計算上の業種目との対比表を再度確認したか？		☐
直前期末以前1年間の取引金額の内訳を詳細に確認し、ヒアリングしたか？	評基通181-2、個通第4表3	☐
複数業種目の場合、評基通181-2を確認したか？	評基通181-2、個通第4表3⑴	☐
下記の適正区分はされているか？ ○小分類 ‥‥‥‥ 類似業種は小分類と中分類 ○中分類 ‥‥‥‥ 類似業種は中分類と大分類 ○大分類 ‥‥‥‥ 類似業種は大分類	評基通181	☐
類似業種の株価等は当該相続開始年分の比準表を確認。前年平均株価は「類似業種比準価額計算上の業種目及び業種目別株価等」の「前年平均」の欄から転記。	評基通180、182	☐
「課税時期の属する月以前2年間の平均株価」は「類似業種比準価額計算上の業種目及び業種目株価等」の（仮）当該月の「前2年平均株価」を転記。		☐
類似業種の比準要素は当該相続開始年分の比準表を基として再度確認したか？。	評基通183-2、（注1）	☐
評価会社が医療法人の場合、後掲、「誤りやすい事例」参照のこと、確認したか？	評基通194-2⑴、（注2）	☐
会社規模区分、大会社「0.7」、中会社「0.6」、小会社「0.5」の再確認。	評基通184（注）⑵	☐

⑥ 比準価額の修正

チェック項目	根拠	確認
「直前期末の翌日～課税時期までの間」、配当金交付の効力が生じている場合、比準価額の修正必要・確認。	評基通184(1)	☐
「直前期末の翌日～課税時期までの間」、株式の割合当等の効力が生じている場合、比準価額の修正必要・確認。	評基通184(2)	☐
「1株当たりの割当株式数」は、1株未満の株式数を切り捨てず実際の株式数を記載する。	個通第4表　3(5)	☐
「1株当たりの割当株式数又は交付株式数」は、1株未満の株式数を切り捨てず実際の株式数を記載する。	個通第4表　3(5)	☐

（参照）

取引相場のない株式…類似業種比準方式

誤った取扱い	正しい取扱い
（会社の規模の判定） 11-1　会社規模の判定における「直前期末の総資産価額（帳簿価額によって計算した金額）」について、評価会社の各資産の帳簿価額の合計額から売掛金、受取手形、貸付金等に対する貸倒引当金を控除した金額とした。	11-1　売掛金、受取手形、貸付金等に対する貸倒引当金は控除しない（評基通178(1)、評価明細書通達第1表の2【1(1)注2】）。
（直後期末の方が課税時期に近い場合） 11-2　類似業種比準方式による場合、評価会社の直後期末の方が直前期末よりも課税時期に近かったため、直後期末における比準数値によって評価した。	11-2　類似業種比準価額を算定する場合の比準数値について、評基通183のとおり定めているのは、財産の価額は課税時期における時価によると規定されていることを前提として、標本会社と評価会社の比準要素をできる限り同一の基準で算定することが、より適正な比準価額の算定を可能にす

ると考えられることのほか、課税時期後における影響要因を排除することをも考慮したものといえるから、仮に直後期末の方が課税時期に近い場合であっても、直前期末の比準数値によることになる（評基通180、183、国税庁HP質疑応答事例「直後期末の方が課税時期に近い場合」）。

（比準要素数の判定の際の端数処理）

11-3　「比準要素数1の会社」の判定を行う場合、「1株当たりの配当金額」、「1株当たりの利益金額」及び「1株当たりの純資産価額（帳簿価額によって計算した金額）」が少額のため、評価明細書の記載上0円となる場合であっても、金額等は算出されていることから、配当金額、利益金額及び純資産価額の要素は0と判定しないで評価した。

11-3　「1株当たりの配当金額」等が少額のため、端数処理を行って0円となる場合には、その要素は0とする。

なお、端数処理は、「取引相場のない様式（出資）の評価明細書」の「第4表　類似業種比準価額等の計算明細書」の各欄の表示単位未満の端数を切り捨てる（評基通189⑴、評価明細書通達第4表【1】、国税庁HP質疑応答事例「『比準要素数1の会社』の判定の際の端数処理」）。

（比準要素数の判定における1株当たりの年利益金額）

11-4　「比準要素数1の会社・比準要素数0の会社」を判定する場合の「利益金額ⓒ」について、直前期の利益金額は0円、直前期及び直前々期の2年間の平均利益金額は30円となったため、0円としなければならないとした。

11-4　評価明細書の第4表の「利益金額ⓒ」の算定上、直前期の利益金額と直前期及び直前々期の2年間の平均利益金額のいずれによるかについては選択が認められている（どちらか有利な金額によることができる）。

したがって、「比準要素数1の会社・比準要素数0の会社」の判定における「利益金額ⓒ」と類似業種比準価額の計算上の1株（50円）当たりの「年利益金額ⓒ」が一致しない場合もあり得る（評基通183⑵、評価明細書通達第4表【2⑷イ】）。

（第4表の「①直前期末の資本金等の額」が負の値の場合）

11-5 評価明細書通達の第4表「類似業種比準価額等の計算明細書」2⑻によると「1株当たりの純資産価額⑩」の金額が負の値のときは0とするとあることから、下表の場合⑩を0円と記載した。

第4表 類似業種比準価額等の計算明細書

1 1株当たりの資本金等の額等の計算

①直前期末の資本金等の額	△10,000千円
④ 1株当たりの資本金等の額	△50,000円
⑤ 1株当たりの資本金等の額を50円とした場合の発行済株式数	△200,000株

2 比準要素等の金額の計算

⑮直前期の1株（50円）当たりの純資産価額	5,000千円	⑮／⑤	⑩₁	△25円
㋬直前々期の1株（50円）当たりの純資産価額	5,000千円	㋬／⑤	⑩₂	△25円
1株（50円）当たりの純資産価額			⑩	△25円

11-5 「①直前期末の資本金等の額」が負の値となったとしても、その結果算出された株価（1株当たりの資本均等の額を50円とした場合の株価）に、同じ資本金等の額を基とした負の値（1株当たりの資本金等の額の50円に対する倍数）を乗ずることにより正の数となるため、結果として適正な評価額が算出されることになる。

したがって、この場合、第4表の作成に当たっては、「④1株当たりの資本金等の額」、「2．比準要素等の金額の計算」及び「比準割合の計算」の欄は、負数のまま計算する（評基通180）。

なお、配当還元方式による株式及び株式保有特定会社の株式並びに医療法人の出資の評価の場合においても同様に計算する。

取引相場のない株式…医療法人の出資の評価

誤った取扱い	正しい取扱い
（医療法人の類似業種比準価額の計算） 16-2 類似業種比準価額の計算において、評価明細書第4表のとおり下記の計算式により計算した。 【算式】 $$A \times \dfrac{\dfrac{Ⓑ}{B} + \dfrac{Ⓒ}{C} + \dfrac{Ⓓ}{D}}{3} \times 0.7$$ （中会社0.6） （小会社0.5）	16-2 医療法人は剰余金の配当が禁止されていることから、類似業種比準価額の計算は、下記の計算式により計算する（評基通194-2）。 【算式】 $$A \times \dfrac{\dfrac{Ⓒ}{C} + \dfrac{Ⓓ}{D}}{2} \times 0.7$$ （中会社に相当する医療法人　0.6） （小会社に相当する医療法人　0.5）

（上記出典：TAINZ収録「資産課税関係　誤りやすい事例（財産評価関係　令和2年分）」）

Q27=債務免除における類似業種比準方式の計算方法

　債務免除があった場合の類似業種比準方式の計算方法についてご教示ください。

Answer

　以下の通りとなります。

解説

　債務免除があった場合、国税庁方式では、Ⓑ（配当）とⒸ（利益）とⒹ（純資産）の金額のうち、Ⓓ（純資産）に債務免除益を加算して、加算した場合と何もしなかった場合の差額で、類似業種比準方式で評価する場合の贈与税額を算定します。

　なお、DES（債務超過DES）の場合、Ⓓに債務免除益を加算する必要はありませんが、みなし贈与の発動可能性について上記シミュレーションをしておく必要があります。通常は生じませんが厳密には念のため計算する必要があります。

　DESにより取得した株式は財産評価基本通達により評価（時価純資産価額方式により評価）します。それと出資金額（貸付金）とを比較し株式の評価額が出資金額（貸付金）より超過した場合、その超過した部分の金額については増資前の出資者＝既存株主への株式含み益の移転となります。すなわち、この差額がみなし贈与の課税の対象になり得ます。

　また、株式の評価額が出資金額（貸付金）に満たない場合のその満たない部分の金額については、新株の発行により利益移転しているため、みなし贈与課税となります（相法⑨、相基通9-4、評基通185）。

第5表　1株当たりの純資産価額（相続税評価額）の計算明細書　会社名＿＿＿＿＿＿＿＿＿＿＿＿＿＿＿

（取引相場のない株式（出資）の評価明細書）

（平成三十年一月一日以降用）

1. 資産及び負債の金額（課税時期現在）								
資　産　の　部				負　債　の　部				
科　　　目	相続税評価額	帳簿価額	備考	科　　　目	相続税評価額	帳簿価額	備考	
	千円	千円			千円	千円		
合　　計	①	②		合　　計	③	④		
株式等の価額の合計額	㋑	㋺						
土地等の価額の合計額	㋩							
現物出資等受入れ資産の価額の合計額	㋥	㋭						

2. 評価差額に対する法人税額等相当額の計算				3. 1株当たりの純資産価額の計算			
相続税評価額による純資産価額 （①－③）	⑤	千円		課税時期現在の純資産価額 （相続税評価額）　　　（⑤－⑧）	⑨	千円	
帳簿価額による純資産価額 （（②＋㋭－㋥）－④）、マイナスの場合は0）	⑥	千円		課税時期現在の発行済株式数 （（第1表の1の①）－自己株式数）	⑩	株	
評価差額に相当する金額 （⑤－⑥、マイナスの場合は0）	⑦	千円		課税時期現在の1株当たりの純資産価額 （相続税評価額）　　　（⑨÷⑩）	⑪	円	
評価差額に対する法人税額等相当額 （⑦×37%）	⑧	千円		同族株主等の議決権割合（第1表の1の⑤の割合）が50% 以下の場合 　　　　　　　　　（⑪×80%）	⑫	円	

① 基本

チェック項目	根拠	確認
仮決算が原則。例外的に直前期末で計算した場合、「直前期末から課税時期までの間」に資産及び負債について著しい増減はないか？（例：増資等重要な後発事象）	評基通185、個通第5表⑵4	☐
帳簿価額欄は「税務上の」帳簿価額（会社決算報告書の簿価ではない、実務では会社決算報告書＋別表五（一）で計算）、仮決算の場合、直前期末の帳簿価額を記載したか？	評基通186-2、個通第5表2⑷☐	☐

② 資産の部

チェック項目	根拠	確認
帳簿価額はないが、相続税評価額が算出されるものの計上失念はないか？ ・自然発生借地権 ・自己創設のれん（営業権） ・即時償却対象減価償却資産 ・全損保険に係る解約返戻金等々	評基通185	☐
貸借対照表ではオンバランスだが、評価の対象とならないもの失念はないか？ ・創立費・新株発行費等の租税法上の繰延資産（本当に財産性のないもの） ・譲渡損益調整勘定 ・繰延税金資産、負債 ・前払費用ではあるが、解約返戻金がないもの等々 ※実務では帳簿価額・相続税価額ともに記載なし。	評基通185	☐
国外財産は評基通5-2を確認。	評基通5-2	☐

外貨建資産はTTBにより換算。※先物外国為替予約により確定している場合は除外。	評基通4-3	☐
課税時期前3年以内に取得又は新築した土地等（借地権含む）及び家屋等（棚卸資産含む）は、課税時期における「通常の取引価額」で計上、実務では取得価額。（「取得」には、合併等による受入れや、買替えによる取得、建物の増築も含まれる点留意）	評基通185、個通第5表(1)イ	☐
特に同族法人において、建物がある場合、借地権計上漏れはないか？	個通第5表2(1)ト	☐
被相続人が同族関係者である同族法人。「無償返還届出書」を提出（又は相当地代支払）被相続人所有の土地を借り受けている場合、借地権は自用地としての価額の20％相当額で評価。		☐
土地・借地権のうち、貸家は評価減必要。	評基通26、28	☐
建物は、貸家・自用の区分を適正に行い、貸家部分相当についてのみ貸家評価減。	評基通93	☐
家屋（固定資産税評価額）と、それ以外のもの（適正償却後帳簿価額等）の区分。	評基通92、129、130	☐
建物、建物附属設備一体型特殊設備（典型例：ガソリンスタンド）は不動産鑑定士等に原則依頼。	評基通92、129、130	☐
特別償却準備金・圧縮積立金等がある場合、直接控除。	個通第5表2(2)	☐
特別償却等対象器具備品等は、相続税評価額について評基通130を確認。	評基通130	☐
「他の」非上場株式等を所有している場合、適切な処理をしているか？	評基通178-194	☐
「他の」非上場株式等を所有している場合、取引相場のない株式等について純資産価額方式においては、法人税額等相当額の控除はしない。	評基通186-3(注)	☐

「他の」非上場株式等を所有しており、株式相互に持ち合っている場合、持合計算はしたか？※純資産価額の過大上昇。		☐
株式等の帳簿価額は寄附修正・帳簿価額修正を含める。※税務上の帳簿価額計上のため。		☐
外国子会社株式についての評価方法、換算方法の適正性（原則、純資産価額評価）。		☐
営業権について、評基通165に基づき適正に計上されているか？※極めて失念多い。営業権の評価明細書は「必ず」セットに作成すべき。	評基通166	☐
特許権、漁業権等は、営業権に含める。	評基通166	☐
債権の一部（全部）回収不能について、評基通205を適用。	評基通205	☐
組合出資は、民法組合（NK）、匿名組合（TK）等、区分して適正に評価。	評基通196	☐
保険積立金、レバレッジドリースは解約返戻金相当額を相続税評価額として計上。	評基通215	☐
ゴルフ会員権は、評基通211に従って評価（したがって、正、副会員区別資料は必要）。	評基通211	☐
被相続人の死亡により評価会社が生命保険金を取得し、「生命保険金請求権」計上されている場合、また、当該請求権に係る保険料が帳簿上資産に計上されている場合には、当該金額は除外。		☐

③ 株式及び出資の価額の合計額

チェック項目	根拠	確認
有価証券等の株式等について国外株式を含み、相続税評価額を記載。	個通第５表２(1)ヘ(イ)	☐
株式等が信託財産に内包されているものは相続税評価額に含める。	個通第５表２(1)ヘ(ロ)	☐
株式制のゴルフ会員権を含める。		☐
匿名組合（TK）出資金額は除外。	個通第５表２(1)	☐
受益証券（証券投資信託）は除外。		☐

④ 土地等の価額の合計額

チェック項目	根拠	確認
地上権、借地権等はもれなく拾う。	評基通189、185	☐
「棚卸資産」としての土地等についても含める。		☐

⑤ 現物出資等受入れ資産の価額の合計額

チェック項目	根拠	確認
当初ヒアリングにおいて、過去、「現物出資、合併、株式交換、株式移転」があったか確認。そして著しく低い価額で受け入れた資産の有無を検討。	評基通186-2	☐

現物出資等受入資産について、現物出資等の時点における相続税評価額＞課税時期における相続税評価額である場合、現物出資時を採用。	評基通186- 個通第5表2(1)チ	☐
現物出資受入資産の相続税評価額／相続税評価額の合計≦20%においては、「現物出資等受け入れ資産の価額の合計額」は記載しない。	評基通186- 2注3、個通第5表2(1)4注	☐

⑥ 負債の部

チェック項目	根拠	確認
・貸倒引当金 ・退職給与引当金 ・納税引当金、その他の引当金 ・準備金 ・繰延税金負債 ・繰延譲渡損益勘定 ・未確定債務等々 は記載不要。	評基通186	☐
未納公租公課、未払利息等、オフバランスの金額をもれなく集計。	個通第5表2(3)イ	☐
課税時期以前に賦課期日（1月1日）到来の場合、固定資産税、都市計画税を計上。	個通第5表2(3)ロ	☐
被相続人の死亡により相続人等に支給することが確定した退職手当金、功労金等を計上。なお、法人税法上損金の額に算入されない過大部分も含まれる（所法30①、法人税法と異なり、所得税法に過大性という概念はない）。	個通第5表2(3)ハ	☐

未払法人税等について実績を計上。 ※実務では納税予定額一覧表をクライアントから入手する。	個通第５表２(3) ニ	☐
仮決算における未払法人税等は、課税時期の属する事業年度に係る法人税額、消費税額、事業税額、都道府県民税等々のうち、当該事業年度開始の日～課税時期までの期間に対応する金額を控除する。	個通第５表２(3) ニ	☐
被相続人の死亡により相続人等に支払った弔慰金、花輪代等は、経済的実質が相法３①ニに規定する退職手当金等に該当しないと判断できるものは計上不可。	評基通186	☐
被相続人の死亡に係る死亡生命保険金受領の場合、「保険差益に係る法人税額相当額」を計上。欠損法人の場合は保険差益の額から欠損金の額を控除計算必要。	評基通186	☐

（参照）

上場株式の評価

誤った取扱い	正しい取扱い
（金融商品取引所の選択…その１） 10-1　２以上の金融商品取引所に上場されている株式の評価について、発行会社の本店の最寄りの金融商品取引所の課税時期の最終価格をもって評価した。	10-1　本店の最寄りの金融商品取引所ではなく、納税者の選択した金融商品取引所の公表する最終価格によって評価する（評価通169(1)）。
（金融商品取引所の選択…その２） 10-2　上場されている金融商品取引所の最終価格が下表のとおりであり、Ｂ金融商品取引所を選択して評基通171（上場株式についての最終価格の特例ー課税時期に最終価格がない場合）の定めにより、145円で評価した。	10-2　課税時期の最終価格のある金融商品取引所があるにもかかわらず、それ以外の金融商品取引所を選択して評基通171により評価することはできない（評基通169(1)、171）。

	A 金融商品取引所の終値	B 金融商品取引所の終値
課税時期の前々日	149円	149円
課税時期の前日	150円	145円
課税時期	150円	終値なし
課税時期の翌日	150円	終値なし

（個人間の対価を伴う取引で取得した上場株式の評価）

誤った取扱い	正しい取扱い
10-3　個人間の対価を伴う取引（低額譲受）により取得した上場株式の価額を、課税時期の金融商品取引所の最終価格と課税時期の属する月以前３か月間の「最終価格の月平均額」のうち最も低い価額である課税時期の属する月の「最終価格の月平均額」で評価した。	10-3　負担付贈与又は個人間の対価を伴う取引により取得した上場株式の価額は、その株式が上場されている金融商品取引所の公表する課税時期の最終価格によって評価する。 　したがって、最終価格の月平均額で評価することはできない（評基通169⑵）。

取引相場のない株式…純資産価額方式

誤った取扱い	正しい取扱い
（評価会社が有する株式等の純資産価額の計算） 12-1　評価会社である甲社が有する取引相場のない株式（乙社株式）につき評基通179（取引相場のない株式の評価の原則）の「１株当たりの純資産価額（相続税評価額によって計算した金額）」を計算する場合、評基通185（純資産価額）により評価差額に対する法人税額等に相当する金額を控除して計算した。	12-1　乙社の株式の純資産価額を計算する際には、評価差額に対する法人税額等に相当する金額は控除しない。 　評価会社が有する取引相場のない株式の評基通179の「１株あたりの純資産価額（相続税評価額によって計算した金額）」を計算する場合には、評基通186-3（評価会社が有する株式等の純資産価額の計算）の定めが適用されるため、評価差額に対する法人税額等に相当する金額を控除しないで計算する（評基通185、186-3（注））。

（評価会社が課税時期前3年以内に取得した不動産）

12-2　取引相場のない株式の評価に係る純資産価額の計算において、評価会社が課税時期前3年以内に取得した土地及び家屋について、土地については路線価に基づき、家屋については固定資産税評価額に基づき評価した。

12-2　課税時期前3年以内に取得した土地及び家屋については、課税時期における通常の取引価額に相当する金額によって評価する。

　　ただし、当該土地又は当該家屋に係る帳簿価額が課税時期における通常の取引価額に相当すると認められる場合には、当該帳簿価額に相当する金額によって評価することができる。

　　なお、この場合、その土地等又家屋等は、他の土地等又は家屋等と「科目」欄を別にして、「課税時期前3年以内に取得した土地等」などと記載する（評基通185、評価明細書通達第5表【2⑴イ】）。

（評価会社が無償返還届出書を提出している場合）

12-3　被相続人が、同額関係者となっている同族会社に対して、土地を賃貸している場合（無償返還届出書の提出有り）における当該同族会社の株式の純資産価額の計算上、資産の部に借地権を算入せずに評価した。

12-3　その同族関係者となっている同族会社に対して土地を賃貸しており、無償返還届出書の提出がある場合、その同族会社の株式の純資産価額の計算上、当該土地の自用地としての価額の20％に相当する金額を借地権の価額として参入する（昭43直資3-22「相当の地代を収受している貸宅地の評価について」、相当地代通達8）。

（相当の地代を支払っている場合の借地権の価額）

12-4　被相続人は、所有するA土地を甲社（被相続人が同族関係者となっている同族会社）に相当の地代を収受して貸し付けていた。甲社株式の評価において、A土地に係る借地権について、資産の部への計上

12-4　株式の評価をする場合において、被相続人が同族関係者となっている同族会社に相当の地代を収受して土地を貸し付けている場合、自用地としての価額の20％に相当する額を借地権の価額として資産の

は不要とした。

部に計上する（昭43直資３-22「相当の地代を収受している貸宅地の評価について」、相当地代通達６（注））。

（帳簿価額のない営業権）

12-5　取引相場のない株式の評価に係る純資産価額の計算において、評基通165の定めにより営業権を評価したところ、評価額が算出されたが、営業権は有償取得したものではなく、帳簿価額がなかったことから記載しなかった。

12-5　評価の対象となる資産について、帳簿価額がないもの（例えば、借地権、営業権等）であっても、相続税評価額が算出される場合には、その評価額を「相続税評価額」欄に記載し、「帳簿価額」欄には「０」と記載する。

　したがって、評基通165により営業権の評価額が算出される場合には、評価額を記載する必要がある（評基通165、評価明細書通達第５表【２(1)ハ】）。

（前払費用の取扱い）

12-6　純資産価額の計算において、評価会社が帳簿上資産に計上している前払保険料、前払賃借料等の前払費用を資産の部に記載した。

12-6　財産的価値があるかどうかによって判断する。

　保険料、賃借料等の前払費用を資産に計上すべきか否かは、課税時期においてこれらの費用に財産的価値があるかどうかによって判断することとなる。この場合、例えば、その前払費用を支出する基因となった契約を課税時期において解約したとした場合に返還される金額があるときには、その前払費用に財産的価値があると考えられることとなる。

　なお、評価明細書第５表の記載に当たって、評価の対象とならない（財産性のない）前払費用については、「帳簿価額」欄にも記載しないことに留意する（評基通185）。

（新株発行費及び繰延税金資産）

12-7　取引相場のない株式の評価に係る純資産価額の資産の部に新株発行費等の繰延資産及び繰延税金資産を記載した。	12-7　１株当たりの純資産価額（相続税評価額）の計算に当たって、資産の部には、評価の対象とならないもの（例えば、財産性のない創立費、新株発行費等の繰延資産、繰延税金資産）については記載しない（評基通185、評価明細書通達第５表【２⑴ホ】）。 　なお、評価明細書第５表の記載に当たって、評価の対象とならない（財産性のない）前払費用については、「帳簿価額」欄にも記載しないことに留意する（評基通185）。

（評価会社が受け取った生命保険金の取扱い）

12-8　純資産価額の計算に当たって、直前期末の資産及び負債に基づき記載したため、被相続人の死亡を保険事故として評価会社が受け取った生命保険金を資産の部に記載しなかった。	12-8　純資産価額の計算上、被相続人の死亡により評価会社が生命保険金を取得する場合には、その生命保険金請求権（未収保険金）を評価明細書第５表の「資産の部」の「相続税評価額」欄及び「帳簿価額」欄のいずれにも記載する。 　また、生命保険金請求権に係る保険料が資産に計上されているときは、その金額を資産から除外する。 　この場合、その生命保険金を原資として被相続人に係る死亡退職金を支払った場合には、その支払退職金の額を負債に計上するとともに、支払退職金を控除した後の保険差益について課されることとなる法人税額等についても負債に計上する（評基通185、186、186-2、評価明細書通達第５表【２⑷（注）２】、国税庁HP質疑応答事例「評価会社が受け取った生命保険金の取扱い」）。

（欠損法人に係る保険差益に課される法人税
相当額）

12-9　純資産価額の計算上、欠損法人で
　　ある評価会社が受け取った生命保険金に係
　　る保険差益に課される法人税額等を負債に
　　計上する際、欠損金の額を考慮せず法人税
　　額を計算した。

12-9　欠損法人の場合は、当該保険差益
　　の額から欠損金の額を控除して法人税額等
　　を計算し、負債に計上する（評基通
　　186、国税庁 HP 質疑応答事例「欠損法
　　人の負債に計上する保険差益に対応する法
　　人税額等」）。

（評価会社が支払った弔慰金の取扱い）

12-10　純資産価額の計算において、被相
　　続人の死亡に伴い評価会社が相続人に対し
　　て支払った弔慰金の全額を負債の部に計上
　　した。

12-10　被相続人の死亡に伴い評価会社が
　　相続人に対して支払った弔慰金について
　　は、相法第３条第１項第２号により退職
　　手当金等に該当するものとして相続税の課
　　税価格に算入されることとなる場合に限
　　り、株式の評価上、負債に該当するものと
　　して純資産価額の計算上控除する。
　　　したがって、同号の規定により退職手当
　　金等とみなされない弔慰金部分について
　　は、純資産価額の計算上、負債に該当しな
　　い（相法３①二、評基通186⑶、相基通
　　３-18〜20、国税庁 HP 質疑応答事例
　　「評価会社が支払った弔慰金の取扱い」）。

（現物出資により著しく低い価額で資産を受
け入れた場合）

12-11　純資産価額の計算において、評価
　　会社の帳簿に現物出資により著しく低い価
　　額で受け入れた資産があったが、評価差額
　　の金額に対する法人税額等に相当する金額
　　を控除して計算をした。

12-11　評価会社が有する資産の中に、現
　　物出資、合併、株式交換又は株式移転によ
　　り著しく低い価額で受け入れた資産がある
　　ときには、その「現物出資等受入れ資産」
　　の現物出資等の時の価額（相続税評価額）
　　とその現物出資等による受入れ価額との差
　　額（現物出資等受入れ差額）に対する法人
　　税額等に相当する金額は、純資産価額の計
　　算上控除しない。
　　　具体的には、課税時期における評価会社

の有する各資産の帳簿価額に、「現物出資等受入れ差額」を加算することにより、「現物出資等受入れ差額」が計算上生じないものとし、当該「現物出資等受入れ差額」に対する法人税額等に相当する金額もなかったものとする。

　なお、この「現物出資等受入れ差額」の加算は、課税時期における相続税評価額による総資産価額に占める「現物出資等受入れ資産」の価額（相続税評価額）の合計額の割合が20％以下である場合には適用しないので、この場合は、通常どおり法人税額等に相当する金額を控除することができる（評基通186-2⑵、評価明細書通達第５表【2⑴チ】）。

（上記出典：TAINZ収録「資産課税関係　誤りやすい事例（財産評価関係　令和２年分）」）

Q28=株価引下げ策（純資産価額編）

株価引下げ策の純資産価額編についてご教示ください。

Answer

通常、下記の事項が考えらえます。

解説

【株価引下げ策】〜純資産価額編〜

	実行内容		抵抗感
1	生命保険（定期逓増、長期平準）	解約返戻金ピークのシミュレーションが絶対必要。	☐
2	オペレーティング・リースの利用		☐

	実行内容		抵抗感
3	含み損のある土地等の資産を売却	グループ法人税制との兼ね合い留意。	☐
4	借入金で賃貸不動産を購入[3]	購入後 3 年間は通常取引価格評価。	☐
5	含み益のある土地を子会社に移動	グループ法人税制との兼ね合い留意。	☐
6	類似業種比準価額編の通常の決算対策実行	累積利益は当然下がる。	☐

（相互持合いにより異常に純資産価額が高くなっている場合）

	実行内容	抵抗感
7	合併	合併（合併後 3 年間の論点確認は必須）、金庫株・清算（合併を使いたくないとき緊急避難的に）	☐

*Q*29=相互持合い株価の計算方法

相互持合い株価の具体的な計算方法についてご教示ください。

Answer

下記のようにエクセルを使って算定するのが通常です。

3　令和 4 年12月16日自由民主党公明党「令和 5 年度税制改正大綱」
　第一　令和 5 年度税制改正の基本的考え方等
　　p.21「⑸　マンションの相続税評価についてマンションについては、市場での売買価格と通達に基づく相続税評価額とが大きく乖離しているケースが見られる。現状を放置すれば、マンションの相続税評価額が個別に判断されることもあり、納税者の予見可能性を確保する必要もある。このため、相続税におけるマンションの評価方法については、相続税法の時価主義の下、市場価格との乖離の実態を踏まえ、適正化を検討する。」により通達改正が近く入ります。そのため、当該 4 については陳腐化する可能性があります。詳細は巻末の資料も合わせてご参照下さい。

解説

（STEP 1）　第5表若しくはエクセルを使って相続税評価額と簿価純資産
　　　　　　価額を埋めてください。

（STEP 2）　下記の表のようなエクセルシートを作成し、そこに（STEP
　　　　　　1）での算定結果を埋めていってください。エクセルの場
　　　　　　合、同一エクセルでのシートを複数枚にするのではなく別エ
　　　　　　クセルで作成し、その別エクセルを同一フォルダ内に入れて
　　　　　　おきます。

（STEP 3）　エクセルの循環参照状態になりますので、それを使って循環
　　　　　　参照計算を行います。デフォルトでは100回転します。それ
　　　　　　で算定した金額が相互持合株価の計算結果です。なお、3社
　　　　　　以上の相互持合いになってもエクセルを当該会社分だけ増や
　　　　　　すだけです。

A社の別エクセル

◢	A	B	C	D	E	F	G
1							
2			A社				
3			相続税評価額	帳簿価額		相続税評価額	帳簿価額
4	⊞						
5		A社資産			A社負債		
6		B社株式	=[B社.lsx]Sheet1!$G$16				
7							
8							
9							
10							
11							
12							
13							
14			=SUM(C5:C13)			⊞=SUM(F5:F13)	
15							
16						差引→	=C14-F14

B社の別エクセル

	A	B	C	D	E	F	G
1							
2				B社			
3			相続税評価額	帳簿価額		相続税評価額	帳簿価額
4							
5		B社資産			B社負債		
6		A社株式	=[A社.xlsx]Sheet1!$G$16				
7							
8							
9							
10							
11							
12							
13							
14			=SUM(C5:C13)			=SUM(F5:F13)	
15							
16					差引→		=C14-F14

　同フォルダ内でエクセルシート計2種を作成する（囲みは1つのフォルダ内の意味）。

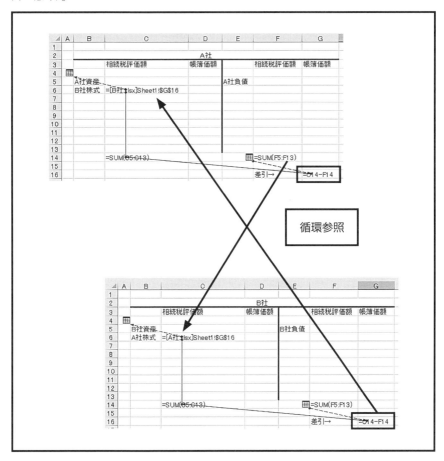

Q30=相互持合いにより純資産価額が高額

相互持合いによって純資産価額が高額になっている場合についてご教示ください。

Answer

下記のようになります。

解説

相互持合いによって、通常よりも純資産価額が非常に高額なります。

ある会社と別の会社が、それぞれにお互いの株式を持っていると、それを取り込んだ形でそれぞれの会社の株式を評価することとなり、エクセルの循環参照のようになって、異常に純資産価格が高くなります。

解消方法は複数考えられます。

通常の中小企業の場合は株主が同族関係者であるため、税制適格合併することが可能です。この場合、合併後3年間の論点確認が必須となります。

次に考えられる方法は、金庫株です。相互持合いをしているので片方の会社が他方の会社の保有する自社株を取得することになります。このようにすると、一方の会社が他方の会社を一方的に持っているという状態になります。つまり、全体として見れば、株式を取得した会社が持株会社となり、株式を売却した会社が本体会社となります。

次に考えられる手法は清算です。これは、合併を使いたくないとき、緊急避難的に行う手法です。下記のような事例の場合に使います。

　合併後3年間の株価の論点を説明します。合併法人と被合併法人とがあり、被合併法人が×1年10月1日に合併したという事例です。課税時期がA、B、Cとあります。これらの課税期間のうち、どこからが問題なく類似業種比準価額での評価が使える時期なのかという点については、Cから、というのが結論となります。

　なぜなら、合併法人と被合併法人の実績が1年間反映された×3.3.31期の数値が利用できるのは、Cの期間だからです。つまり、Cの期間は類似業種比準価額と純資産価額が使えて、AとBの期間は純資産価額しか使えないということになります。

　ここで、合併を使いたくないときに緊急避難的に清算を使う、と述べたことの意味が分かってきます。仮に、株主の1人が亡くなりそうで、A〜Bの時期に亡くなりそうだという場合、合併して相互持合いを解消したため株価は若干減少したものの類似業種比準価額が使えず純資産価額を使わざるを得なくなりそうという場合が生じ得ます。

　この場合、清算も考慮対象にします。ただし、みなし配当に係る税額シミュレーションは別途必須です。

　清算においては、これまでの論点は一切関係なくなります。一方の会社を精算してしまえば、純資産価額しか使えないという問題はなくなります。

　課税実務上は、合併法人と被合併法人の各比準要素の合算による評価でも、課税上問題がないと認められる場合、単純合算により類似業種比準価額を利用できます。

　合併法人と被合併法人とが合併前にまったく同業種を営んでいた場合等が典型例ですが、合併法人の大項目区分と中項目区分、被合併法人の大項目区分と中項目区分がまったく同じ、業種目番号がまったく同じという場合には、単純合算しても問題ないです。

　ただし、極めて限定的な場面でしか用いられません。原則としては純資産価額しか利用できません[4]。

　この点、下記の国税資料は極めて重要です。

（参照）

相続税相談事例　評価事例708298

質疑応答事例8298　ⅩⅠ　財産評価の審理上の留意点

第1　質疑応答　〈1〉　直前期末の翌日から課税時期までの間に合併等が

ある場合の類似業種比準方式の適用関係　東京国税局課税第一部　資産課

税課　資産評価官

（平成28年7月作成）「資産税審理研修資料」

概　要

ⅩⅠ　財産評価の審理上の留意点

第1　質疑応答

> | 1 | 直前期末の翌日から課税時期までの間に合併等がある場合の類似業種比準方式の適用関係 |
> |---|---|

> 　取引相場のない株式を評価するに当たり、直前期末の翌日から課税時期までの間に吸収合併がある場合について、類似業種比準方式の適用はどのようになるか。

4　渡邉定義・森若代志雄「「財産評価実務上の重点事項」(6)―類似業種比準方式―」（国税速報5528）合併の前後で比準要素に変化がないかどうかについては、もっぱら事実認定に属する問題ではありますが、例えば、次の(1)～(4)のすべてを満たす会社（例えば、イメージ的には、東京に本社のある運送会社（大会社）と大阪に本社のある運送会社（大会社）とが対等合併をした場合）については、これに当たるものと考えられます。

(1)　合併比率を対等（1：1）とし、合併会社が被合併会社の資産、負債及び資本を一切そのままの帳簿価額で引き継ぐ。この場合には合併差益は生じません。

(2)　合併の前後で会社規模や主たる業種に変化がない。

　　例えば、合併により主たる業種が変わってしまう場合には、類似業種株価通達における適用すべき業種目が変わってしまい問題があります。

(3)　合併当事会社双方の利益、配当が黒字であり、純資産が欠損でない。

(4)　合併前後の1株当たりの配当、利益、純資産価額に大きな変動がない。

　　例えば、合併により利益が倍増したような場合には、合併前の当事会社の利益を合算しても、合併後の会社の実態を的確にあらわしているとはいえないと思われます。

答

　類似業種比準方式を直ちに適用することはできない。

　合併後に課税時期がある場合において、類似業種比準方式を適用できるかどうかは、個々の事例ごとに、直前期末における比準３要素について合理的な数値が得られるかを判断する必要があることに留意する。

　なお、合併の前後で会社の実態に変化がないと認められ、合併後の会社と吸収合併された会社の配当等を合算して比準要素を算定することにより、１株当たりの①配当金額、②年利益金額及び③純資産価額（帳簿価額によって計算した金額）（以下「比準３要素」という。）それぞれについて合理的な数値を得ることができる場合には、類似業種比準方式を適用することもできる。

【理由】

　直前期末の翌日から課税時期までの間に合併がある場合、合併後の会社は、通常、合併の前後で事業構成や財務内容が大きく変化することから、類似業種比準方式の適用の前提である、「各比準要素の適切な把握」ができない。

　そのため、合併後に課税時期がある場合は、類似業種比準方式を適用できるかどうかについて、個々の事例ごとに判断する必要がある。

　そこで、合併後の会社の取引相場のない株式を評価するに当たり、どのような算定方法であれば適切な比準要素が得られるかを検討すると、以下のケースが考えられる。

前　提

　直前期末の翌日から課税時期までの間に合併がある場合において、仮に、合併後の会社（以下「Ａ法人」という。）、合併存続会社（以下「Ｂ法人」という。）及び吸収合併された会社（以下「Ｃ法人」という、）とする。

１　Ａ法人株式の評価に当たり、Ｂ法人の合併前の決算期の配当等の実績に基づいて比準要素を算定する場合

比準要素	Ｂ法人の課税時期の直前期
Ｂ（配当）	×
Ｃ（利益）	×
Ｄ（純資産）	×
判　　定	適用不可

2　　Ａ法人株式の評価に当たり、Ｂ法人とＣ法人の合併前の決算期の配当等の実績を合算して比準要素を算定する場合

比準要素	Ｂ法人及びＣ法人の課税時期の直前期
Ｂ（配当）	× （ただし会社実態に変化がない場合は○）
Ｃ（利益）	× （ただし会社実態に変化がない場合は○）
Ｄ（純資産）	× （ただし会社実態に変化がない場合は○）
判　　定	原則適用不可

3　　上記１及び２の結果、合併後に課税時期がある場合において、上記１により比準要素を算定すると、合理的な数値を得ることができず、また、上記２により比準要素を算定しても、合併の前後で会社の実態に変化がないと認められる場合を除き、合理的な数値を得ることはできないこととなる。

　　したがって、合併直後に課税時期がある場合において、合併前後の会社実態に変化がない場合を除いて、適切な比準要素を求めることが困難であることから、類似業種比準方式を適用することはできない。

　　この場合において、評基通189-4に準じて開業後３年未満の会社等として純資産価額方式により評価することも１つの方法であると考えられる。

評価方法 ＼ 課税時期			合併直後
類似業種比準方式		単体方式	×
	合算方式	合併の前後で会社実態に変化がある場合	
		合併の前後で会社実態に変化がない場合	○ （比準3要素を基に算定）
純資産価額方式			○ （評基通189-4に準じて開業後3年未満の会社等として評価）

【関係法令通達】

評基通179、180

Q31＝組織再編後の株価評価：営業権

組織再編後の株価評価の留意点：営業権について教えてください。

Answer

営業権の取扱いは異なります。

解説

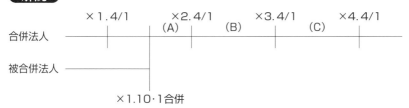

　営業権については、組織再編直後であっても算定可能です。類似業種比準価額の算定のように類似業種の配当、利益、純資産の3要素を過年度数年分用いる方法ではなく、自社の利益と総資産により算定するためです。

*Q*32=課税時期３年以内取得の不動産

　　課税時期３年以内取得の不動産に係る諸論点について教えてください。

Answer

　下記です。

解説

　課税時期３年以内に取得した土地、土地の上に存する権利、家屋及びその附属設備、構築物の「取得」の概念については、購入した場合や合併した場合はもちろん、会社分割、現物出資、現物分配も含まれ、すべての場合で通常の取引価額で評価します。特に明文規定はありませんが、課税実務上はこのような処理が行われるのが通常なのです。

　また貸付の用に供した場合、３年以内取得不動産でも通常の取引価額に貸家、貸家建付地評価減をすることは当然可能です。

　しかし、国税内規では「当初は自用目的で購入、購入から３年以内に賃貸の用に供し〜」とあるため、初めから賃貸目的である不動産では評価減が重ねてできません。購入時に賃貸不動産としての評価減がなされている可能性があるためです。このため当初取得時に不動産鑑定士にあくまで自用として評価しており、自用としての購入価額で取得したものと疎明資料を残しておくこともあります。

　増改築があった場合の評価ですが、従前建物が３年以内取得でない場合は、従前部分に関しては相続税評価額とする一方で、増改築部分に関しては、通常の取引価額評価になります。

　実務上は簿価を足すということになります。

　借地権を買い戻した場合、従前土地が３年以内取得でないケースでは、従前部分は相続税評価額で問題ありませんが、借地権部分に関しては通常の取引価額になるので、買戻し額ということになります。

　従前土地が３年以内取得の場合は、従前部分に関しては、通常の取引価額の底地部分のみとなり、借地権部分に関しては買戻し額になるというこ

とです。

Q33=「相続税評価額」「帳簿価額」欄に記載する金額の根拠

　「相続税評価額」「帳簿価額」欄に記載する金額の根拠についてご教示ください。

Answer

　下記の設例でご案内します。当該「帳簿価額」は税務上の帳簿価額ですから、会社決算報告書に法人税申告書別表五（一）を加味した金額を原則として計上します。

解説

① 　繰延税金資産・繰延税金負債

　「相続税評価額」「帳簿価額」ともに0です。

② 　有償取得により生じたのれん（資産調整勘定）

　「相続税評価額」は0、「帳簿価額」は税務上の帳簿価額です。なお、自己創設のれんは「相続税評価額」に金額計上、「帳簿価額」は0です。

③ 　その他有価証券評価差額金

　「相続税評価額」「帳簿価額」ともに評価しません。

④ 　特別償却準備金　認容額（剰余金処分方式）

　「相続税評価額」「帳簿価額」ともに評価しません。

⑤ 　売掛金計上漏れ

　「相続税評価額」「帳簿価額」ともに加算します。

⑥ 　棚卸資産計上漏れ

　「相続税評価額」「帳簿価額」ともに加算します。

⑦ 　繰延控除対象外消費税額等

　「相続税評価額」「帳簿価額」ともに加減算します。

⑧ 　固定資産超過額

　「帳簿価額」に加算します。固定資産の種類によっては（機械装置、一

括償却資産など）については加算します。

⑨　事業所税

　　「相続税評価額」「帳簿価額」ともに計上します。

　　なお財産評価基本通達185、「相続税及び贈与税における取引相場のない株式等の評価明細書の様式及び記載方法等について」（平成2年12月27日直評23ほか1（個別通達））より

(1)　未納公租公課、未払利息等の簿外負債

(2)　課税時期以前に賦課期日のあった固定資産税及び都市計画税

(3)　課税時期の直前に終了した事業年度の利益処分として確定した配当金額

(4)　被相続人の死亡により、相続人その他の者に支給することが確定した退職手当金、功労金その他これらに準ずる給与の金額

(5)　課税時期の属する事業年度に係る法人税額、消費税額、事業税額、道府県民税額、市町村民税額のうち、その事業年度開始の日から課税時期までの期間に対応する税額は

　　計上して問題ありません。

⑩　譲渡損益調整資産

　　「相続税評価額」「帳簿価額」ともに評価しません。

⑪　土地再評価差額金

　　「相続税評価額」は当該土地の時価、「帳簿価額」は評価差額金を足し戻して計算します。

7 第5表に関する補足

資産・負債の相続税評価額と帳簿価額の計算方法と留意点

① 資産の部

※第５表記載上論点になるものだけ抽出、数値は全て仮値

科目	相続税評価額	租税法上の帳簿価額	決算書の貸借対照表価額	実務上の留意点	根拠（通達）
預金	10,010	10,000	10,000	「課税時期における源泉徴収税額控除後の既経過利息の額を元本価額に加算」と類書にはあるが実務では加味しないことが多い（←は加味した場合を記載）。	203
受取手形	4,500	5,000	5,000	「課税時期における回収不能額を控除すること」と類書にはあるが、実務では考慮しないことが多い（←は加味した場合を記載）。※売掛金、未収入金、短期貸付金も同様。	206⑵ 205
仮払金	0	0	1,000	内容ヒアリング必須。要するに資産性・実体性の有無を検討。費用性格については０評価（記載なし）、経済的資産性あるものは計上。※前払費用も同じ。両者とも実務において失念頻出項目。機械的に勘定科目で判断しない（租税法は勘定科目に介入しない）。	第５表2⑴ホ

商品製品	20,000	20,000	20,000	「棚卸資産として、原則として次により評価。 ・販売価額－適正利潤－予定経費－消費税額」と類書にあるが、実務では評価替えしないことが多い。筆者の経験則では小売等多数棚卸がある事業者は評価測定が現実として無理。一方、不動産業者の有する販売用不動産等は金額も非常に大きいので不動産鑑定士をいれた。	4-2 132 133
建物	13,000	10,000	10,000	固定資産税評価額	89
３年以内取得建物	8,000	8,000	8,000	課税時期の通常の取引価格（要するに取得価額）。貸付の用に供されている場合は、評価減可能。	185 89-2
建物附属設備	0	2,000	2,000	建物の固定資産税評価額の計算対象に含まれているか要確認。実務では、帳簿価額で記載することも多い。特殊事案として本文チェックシートのガソリンスタンドなど。	92

機械装置	3,000	3,000	3,000	「一般動産として、原則は調達価額。例外として「新品小売価額一定率法減価の額」」と類書にあるが実務では帳簿価額でよい。なお、帳簿価額は圧縮記帳や特別償却は直接減額方式採用。	128〜131
什器備品	1,000	1,000	1,000	「原則は調達価額」とあるが、実務では帳簿価額でよい。車両運搬具も同じ。	同上
土地	15,000	20,000	20,000	財産評価基本通達どおり。	185[5]
3年以内取得土地	8,000	8,000	8,000	課税時期の通常の取引価格（要するに取得価額）。貸付の用に供されている場合は、評価減可能。	185[6]
借地権（権利支払有）	3,000	1,000	1,000	相続税評価は財産評価基本通達どおり。帳簿価額は会社決算報告書どおり。	昭60直資2-58

5・6　令和4年12月16日自由民主党公明党「令和5年度税制改正大綱」
　第一　令和5年度税制改正の基本的考え方等
　　p.21「(5)　マンションの相続税評価についてマンションについては、市場での売買価格と通達に基づく相続税評価額とが大きく乖離しているケースが見られる。現状を放置すれば、マンションの相続税評価額が個別に判断されることもあり、納税者の予見可能性を確保する必要もある。このため、相続税におけるマンションの評価方法については、相続税法の時価主義の下、市場価格との乖離の実態を踏まえ、適正化を検討する。」により通達改正が近く入ります。そのため、当該4については陳腐化する可能性があります。詳細は巻末の資料も合わせてご参照下さい。

自然発生借地権	8,000	0	0	自然発生借地権の計算方法は通常どおり。計上可能性について検討必要。	昭60直資2-58
投資有価証券	5,000	2,000	2,000	財産評価基本通達どおり。	185〜
関連会社等非上場株式	2,000	1,000	1,000	法人税等相当額控除不可。	186-3(注)
電話加入権	2	100	100	加入権1本当たりの標準価額×加入本数	161⑵
未収保険金	10,000	10,000	0	未収保険金	第5表2⑷ロ
全損保険	1,000	0	0	全損保険＋解約返戻金相当額あり、レバレッジドリースも同じ。	
営業権	100,000	0	0	営業権評価明細書をセットで作成することは必須。	
租税法繰延資産	0	0	1,000	記載なし。	第5表2⑴ホ

② 負債の部

科目	相続税評価額	租税法上の帳簿価額	決算書の貸借対照評価額	実務上の留意点	根拠（通達）
貸倒引当金賞与引当金未払法人税等	0	0	1,000	記載なし。	相法14186

退職給与引当金	500	500	500	旧法人税法第54条の規定による退職給与引当金に相当する金額をそのまま計上。	
未払法人税 未払府民税 未払市民税 未払事業税 未払消費税	1,000	1,000	0	課税時期実際未納額※実務ではクライアントから納税予定額一覧表をもらうとよい。	186(1)
未払固定資産税	500	500	0	本文チェックシートどおり。	186(2)
未払配当金 未払賞与金	500	500	0	本文チェックシートどおり。	186(3)
未払退職金	10,000	10,000	0	本文チェックシートどおり。	第5表2(4)注(4)
未払社葬費用	1,000	1,000	0	法人税法の適正な社葬費用のみ。	
保険差益の未払法人税	3,000	3,000	0	本文チェックシートどおり。	

*Q*34=財産評価基本通達186-2の留意事項

　財産評価基本通達186-2《評価差額に対する法人税額等に相当する金額》での留意事項を教えてください。

Answer

　下記になります。

解説

> 財産評価基本通達186-2
>
> (評価差額に対する法人税額等に相当する金額)
>
> 　(評基通)185《純資産価額》の「評価差額に対する法人税額等に相当する金額」は、次の(1)の金額から(2)の金額を控除した残額がある場合におけるその残額に37%（法人税（地方法人税を含む。）、事業税（特別法人事業税を含む。）、道府県民税及び市町村民税の税率の合計に相当する割合）を乗じて計算した金額とする。(略)
>
> (1)　課税時期における各資産をこの通達に定めるところにより評価した価額の合計額（以下この項において「課税時期における相続税評価額による総資産価額」という。）から課税時期における各負債の金額の合計額を控除した金額
>
> (2)　課税時期における相続税評価額による総資産価額の計算の基とした各資産の帳簿価額の合計額（当該各資産の中に、現物出資若しくは合併により著しく低い価額で受け入れた資産又は会社法第2条第31号の規定による株式交換（以下この項において「株式交換」という。）、会社法第2条第32号の規定による株式移転（以下この項において「株式移転」という。）若しくは会社法第2条第32号の2の規定による株式交付（以下この項において「株式交付」という。）により著しく低い価額で受け入れた株式（以下この項において、これらの資産又は株式を「現物出資等受入れ資産」という。）がある場合には、当該各資産の帳簿価額の合計額に、現物出資、合併、株式交

　　　換、株式移転又は株式交付の時において当該現物出資等受入れ資産をこの通
　　　達に定めるところにより評価した価額から当該現物出資等受入れ資産の帳簿
　　　価額を控除した金額（以下この項において「現物出資等受入れ差額」とい
　　　う。）を加算した価額）から課税時期における各負債の金額の合計額を
　　　控除した金額
　　（注）
　　　1　現物出資等受入れ資産が合併により著しく低い価額で受け入れた資産
　　　　（以下（注）1において「合併受入れ資産」という。）である場合におい
　　　　て、上記(2)の「この通達に定めるところにより評価した価額」は、当該
　　　　価額が合併受入れ資産に係る被合併会社の帳簿価額を超えるときには、
　　　　当該帳簿価額とする。
　　　2　上記(2)の「現物出資等受入れ差額」は、現物出資、合併、株式交換、株
　　　　式移転又は株式交付の時において現物出資等受入れ資産をこの通達に定
　　　　めるところにより評価した価額が課税時期において当該現物出資等受入
　　　　れ資産をこの通達に定めるところにより評価した価額を上回る場合に
　　　　は、課税時期において当該現物出資等受入れ資産をこの通達に定めると
　　　　ころにより評価した価額から当該現物出資等受入れ資産の帳簿価額を控
　　　　除した金額とする。
　　　3　上記(2)のかっこ書における「現物出資等受入れ差額」の加算は、課税時
　　　　期における相続税評価額による総資産価額に占める現物出資等受入れ資
　　　　産の価額（課税時期においてこの通達に定めるところにより評価した価
　　　　額）の合計額の割合が20％以下である場合には、適用しない。

　当該規定は「株式交付により」著しく低い価額で受け入れた株式を有す
る同族会社においても適用されます（相法22、評基通185、186-2、平成２年12
月27日付直評23「相続税及び贈与税における取引相場のない株式等の評価明細書の様
式及び記載方法等について」）。
　また、「現物出資、合併、株式交換、株式移転又は株式交付の時におい
て」における評価額は、当該組織再編成の時でしか計算できません。当然
ながらこの規定は当該法人が存続する限り適用されます。
　実務上問題になるのは、過去の組織再編成当時のデータが不明等々の理
由で、当該評価額が分からない、といったケースです。この場合、しかた

ないという理由で、実務上、旧券面額で算定する場合があります。

*Q*35=デリバティブ、金利スワップの純資産価額計算上の取扱い

デリバティブ、金利スワップの純資産価額計算上の取扱いについてご教示ください。

Answer

質疑応答事例をもとに、他に考えられる項目も類推適用されないか考慮すべきです。

●解説●

質疑応答事例

〔照会要旨〕

金利スワップ取引（デリバティブ取引）を開始した法人について、決算期末に法人税法第61条の5（デリバティブ取引に係る利益相当額又は損失相当額の益金又は損金算入等）の規定によりみなし決済を行ったところ、デリバティブ評価損が計上されました。この損金の額は、法人税申告書別表四の処理上「減算・留保」となることから、税務上の貸借対照表に相当する別表五（一）の処理上「デリバティブ負債」が計上されることとなりました。この場合のデリバティブ負債は、純資産価額計算上の負債として取り扱うことはできますか。

〔回答要旨〕

デリバティブ負債は、純資産価額計算上の負債として取り扱うことはできません。

（理由）

取引相場のない株式を純資産価額方式により評価する場合、評価会社が

課税時期において保有する各資産の相続税評価額から、各負債の金額の合計額及び評価差額に対する法人税額等に相当する金額を控除した金額を、課税時期における発行済株式数で除して計算することとしています（評基通185）。この場合における各負債の金額については、本来被相続人が直接負担する「債務」についての規定である相続税法第14条第１項の解釈を純資産価額方式による株式評価の場合の「負債」に準用して、原則として、「課税時期現在における評価会社の負債で確実と認められるもの」に限ることとしています。この場合、「デリバティブ負債」が確実と認められる債務といえるかどうかが問題となりますが、デリバティブ負債は法人税法上の取扱いに基づくみなし決済から生じたものであり、現実の決済は何ら行われておらず、いわば計算上の負債に過ぎないものと認められることから、純資産価額計算上の「負債」とするのは相当ではありません。

　なお、逆に、別表五（一）において「デリバティブ資産」が計上されている場合には、現実の決済は何ら行われておらず、いわば計算上の資産に過ぎないと認められることから、純資産価額計算上の「資産」として計上しません。

　　（注）　類似業種比準価額計算上の純資産価額は、法人税法上の利益積立金額を基に計算することとしていることから（評基通183(3)）、その法人税法上の処理が適正なものである限り、純資産価額計算上の資産又は負債として取り扱うこととなります。

【関係法令通達】

　財産評価基本通達185、186、相続税法第14条第１項

デリバティブが株価へ与える影響としては、

・類似業種比準価額方式では、「１株当たりの利益」に影響を与え、評価損を控除することができます。

・類似業種比準価額方式の「１株当たりの純資産」に関しても、控除することは可能です。

しかし、

・純資産価額方式では、控除不可となります。未決済デリバティブを計

上するとは、（借方）デリバティブ評価損（貸方）デリバティブ債務との仕訳になりますが、

・純資産価額方式においては（貸方）デリバティブ債務を計上することはできないとしています。

ここで論点が発生します。

過去に一度もデリバティブ未決済評価損を計上したことのない会社が類似業種比準価額引下げのため一度に多額の未決済デリバティブ評価損を計上したケースがあります。

一方で同様に、過去に一度もデリバティブ未決済評価損を計上したことのない会社が類似業種比準価額引下げのため一度に多額の未決済デリバティブ評価損を計上したケースが、当局調査で、未決済デリバティブの評価損を計上することは問題ないが、期間按分せよ、との指摘を受けることもあります。

デリバティブの評価損が、前々々期、前々期、前期とあったとしたら、前々々期が200、前々期が300、前期が400と評価損を認識するはずです（法人税法上は単に期末評価替え、翌期首に洗替処理）。

前段のケースでは、これらを、まとめて900まで評価損を計上しても何も指摘されなかったという事例になります。

後段のケースでは、900を一気に評価損を計上したら、前々々期200、前々期300、前期400で評価損を計上すべきとされたということです。

法人税法では、単なる期ズレです。900のものを200、300、400に各事業年度で認識するだけです。しかし、この会社で問題になったのは以下のような点です。

期間按分し、それぞれの期で200、300、400と評価損を出した結果、比準要素0又は1の会社に該当してしまったのです。そのため、過年度の株価の計算に基づく株式贈与・譲渡についても修正申告の必要が生じてしまいました。

このような事例も生じ得ますので、クライアントへの説明責任は必須です。

また、デリバティブは関係ないという会社でも、過年度損益修正を計上している場合、問題になり得ます。

*Q*36=即時償却制度と純資産価額方式

即時償却制度と純資産価額方式についてご教示ください。

Answer

下記の通りの取扱いとなります。

解説

即時償却制度の株式評価に対する影響ですが、類似業種比準価額方式に関しては、引下げ効果があります。

（参照）

取引相場のない株式の評価
（措置法に定める特別減価償却額がある場合）[7]

Q.　質問
　　評価会社の類似業種比準価額を計算する場合、1株当たりの利益金額の計算は非経常的利益等を加減算して計算しますが、措置法に定める各種特別減価償却額は非経常的費用として加算すべきでしょうか。
A.　回答
　　評価会社の類似業種比準価額を計算する場合における1株当たりの利益金額の計算は、法人税の課税所得金額（固定資産売却益等の非経常的利益の金額を除く。）を基に、財産評価通達183（評価会社の1株当たりの配当金額等の計算）に定めるところにより計算することとされています。その具体的計算は、評価会社の法人税課税所得金額に益金不算入とされた

7　https://www.jtri.or.jp/counsel/detail.php?id=546

配当等の金額や損金算入された繰越欠損金の控除額等を加減算して算定する旨が示されています。

　したがって、減価償却資産に係る減価償却費の取扱いについては、特別な調整を行うことを求められていないので、特別減価償却額は非経常的費用として加算する必要はありません。

参考条文等

　財産評価基本通達183

　純資産価額方式に関しては、当該資産を所有していたものとして計上することになります。具体的には理論簿価で計上します。

　即時償却すると簿価はゼロになってしまいますが、購入時の価額から減価償却額を引いた金額を計上します。

　オフバランスになるので、翌年度以降が留意する必要があります。また、第5表の帳簿価額は、売買実例価格又は定率法による未償却残高です。

　なお設備種類によっては、結論は同じでも結論に至るまでのプロセスが異なる場合もあります。太陽光発電の設備等は財産評価基本通達129《一般動産の評価》で評価することになります。

財産評価基本通達129

（一般動産の評価）

　一般動産の価額は、原則として、売買実例価額、精通者意見価格等を参酌して評価する。

　ただし、売買実例価額、精通者意見価格等が明らかでない動産については、その動産と同種及び同規格の新品の課税時期における小売価額から、その動産の製造の時から課税時期までの期間（その期間に1年未満の端数があるときは、その端数は1年とする。）の償却費の額の合計額又は減価の額を控除した金額によって評価する。

　実務では通常後段を用います。したがって、結果としては理論簿価となります。

　税制改正で封じ込められましたが節税商品として例えば足場など、少額減価償却資産を大量に購入し、少額減価償却資産特例で損金算入した会社があったとします。

　通常の少額減価償却資産は理論簿価への洗替えなどしません。しかし、それを金額的にあまりに多額に購入している場合、純資産価額方式計算上は資産計上をしなくてよいでしょうか。やはり金額の重要性を総合勘案し、株価へのインパクトがあまりに大きいと判断されるのであれば計上すべきかもしれません。

（参照）

ソフトの評価[8]

　Q.　質問
　　当社は資材管理のソフトを数年前に購入してカスタマイズして使用しています。取引相場のない株式の評価の評価明細書第5表純資産価額の計算書で、会社使用のソフトの相続税財産評価はどうするのですか。会社は、このソフトを定額法で償却しています。

　A.　回答
　　販売用でなく自社で使用しているソフトは、一般動産として、原則として、売買実例価額、精通者意見価格等を参酌して評価します。ただし、それが明らかでない動産については、その動産と同種及び同規格の新品の課税時期における小売価額から、その動産の製造の時から課税時期までの期間の償却費の合計額又は減価の額を控除した金額によって評価します。この場合の償却方法は、定率法によります。

参考条文等

8　https://www.jtri.or.jp/counsel/detail.php?id=532

財産評価基本通達129、130

Q37=リゾート会員権下取り時の株価評価

リゾート会員権下取り時の株価評価について教えてください。

Answer

以下の通りです。

解説

　リゾート会員権購入の際に支払う登録料ですが、契約によれば登録料は買主に返還されず、有効期限がないため資産計上されるはずです。この登録料が解約され、返還されないがアップグレードされた場合、新契約に下取りされます。この時の株価評価上の取扱いはどうなるでしょうか。

「帳簿価額」欄は取得価額を含めて記載します。法人税基本通達9-7-13の2の反対にみます。

「相続税評価額」欄ですが、登録料は考慮しないでリゾート会員権のみを記載することで足ります。

> **法人税基本通達9-7-13の2**
> **（レジャークラブの入会金）**
> 　9-7-11及び9-7-12の取扱いは、法人がレジャークラブ（宿泊施設、体育施設、遊技施設その他のレジャー施設を会員に利用させることを目的とするクラブでゴルフクラブ以外のものをいう。以下9-7-14において同じ。）に対して支出した入会金について準用する。ただし、その会員としての有効期間が定められており、かつ、その脱退に際して入会金相当額の返還を受けることができないものとされているレジャークラブに対して支出する入会金（役員又は使用人に対する給与とされるものを除く。）につい

ては、繰延資産として償却することができるものとする。（昭52年直法
2-33「14」により追加）

（注）　年会費その他の費用は、その使途に応じて交際費等又は福利厚生費若し
　　　くは給与となることに留意する。

（参照）

質疑応答事例　不動産所有権付リゾート会員権の評価

【照会要旨】

　不動産売買契約（土地及び建物並びに附属施設の共用部分）と施設相互利
用契約とが一体として取引される不動産付施設利用権（リゾート会員権）
（仲介業者等による取引相場があるもの）はどのように評価するのでしょうか。

（参考）

　本件リゾート会員権は、不動産売買契約（土地及び建物並びに附属施設の
共有部分）と施設相互利用契約をその内容としています。

　不動産所有権と施設利用権を分離して譲渡することはできません。

　課税時期において契約解除する場合には清算金（不動産代金の2分の1＋
償却後の償却保証金）の返還があります。

【回答要旨】

　取引相場がある本件リゾート会員権については、「取引相場のあるゴル
フ会員権の評価方法」に準じて、課税時期における通常の取引価格の70
パーセント相当額により評価します。

（理由）

　リゾート会員権の取引は、ゴルフ会員権の取引と同様、上場株式のよう
に公開された市場で行われるわけではなく、

1　会員権取引業者が仲介して行われる場合や所有者と取得者が直接取引
　する場合もあり、取引の態様は一様ではないこと

2　取引業者の仲介の場合の価格形成も業者ごとによりバラツキが生じる
　のが通常であることから、

その取引価額を基礎として評価するにしても、評価上の安全性を考慮して評価する必要があります。

　ゴルフ会員権の場合、通常の取引価格の70パーセント相当額により評価することとしているのは、上記1及び2の事情を踏まえて評価上の安全性を考慮したものであり、本件リゾート会員権の取引も同様の事情にあると認められるため、課税時期における通常の取引価格の70パーセント相当額により評価します。

　なお、取引相場がある場合においても、契約者の死亡により直ちに契約を解除することは可能であることから、「契約解除する場合の清算金」に基づき評価する方法も考えられますが、会員権に取引価格がある場合には、清算金の価額も結果的に、取引価格に反映されるものと考えられることから、特段の事由がない限り「取引相場のあるゴルフ会員権の評価方法」に準じて通常の取引価格の70パーセント相当額により評価します。

【関係法令通達】

　財産評価基本通達211

*Q*38＝信用取引の際の株式等保有特定会社の株式・出資の範囲

　信用取引の際の株式等保有特定会社の株式・出資の範囲についてご教示ください。

Answer

　以下の通りとなります。

解説

　現物決済の場合は、株式・出資を現に保有していることから株式・出資の範囲に含まれます。

　しかし、差金決済の場合、単なる投資ですから現物はありません。この場合、株式、出資の範囲に含める必要はありません。

（参照）

質疑応答事例　判定の基礎となる「株式等」の範囲
（課税時期が平成30年1月1日以降の場合）

【照会要旨】

　次のものは、株式等保有特定会社の株式に該当するかどうかの判定の基礎となる「株式等」に含まれますか。

　　1　証券会社が保有する商品としての株式

　　2　外国株式

　　3　株式制のゴルフ会員権

　　4　匿名組合の出資

　　5　証券投資信託の受益証券

【回答要旨】

　株式等には、1から3が含まれ、4及び5は含まれません。

（理由）

1　株式等保有特定会社の株式に該当するかどうかの判定の基礎となる「株式等」とは、所有目的又は所有期間のいかんにかかわらず評価会社が有する株式、出資及び新株予約権付社債（会社法第2条《定義》第22号に規定する新株予約権付社債をいいます。）の全てをいいます。

　（注）「株式等」には、法人税法第12条（信託財産に属する資産及び負債並びに信託財産に帰せられる収益及び費用の帰属）の規定により、評価会社が信託財産に属する株式等を有するとみなされる場合も含まれます。ただし、信託財産のうちに株式等が含まれている場合であっても、評価会社が明らかに当該信託財産の収益の受益権のみを有している場合は除かれます。

2　照会の事例については、具体的には次のとおりとなります。

　1　証券会社が保有する商品としての株式

　　　商品であっても、株式であることに変わりがなく、判定の基礎となる「株式等」に該当します。

　（注）株式等保有特定会社に該当するかどうかを判定する場合において、評価

会社が金融商品取引業を営む会社であるときには、評価会社の有する「株式等」の価額には「保管有価証券勘定」に属する「株式等」の価額を含めないことに留意してください。

2　外国株式

外国株式であっても、株式であることに変わりがなく、判定の基礎となる「株式等」に該当します。

3　株式制のゴルフ会員権

ゴルフ場経営法人等の株主であることを前提としているものであり、判定の基礎となる「株式等」に該当します。

4　匿名組合の出資

「匿名組合」とは、商法における匿名組合契約に基づくもので「共同出資による企業形態」の一種であり、出資者（匿名組合員）が営業者の営業に対して出資を行い、営業者はその営業から生ずる利益を匿名組合員に分配することを要素とするものです。匿名組合契約により出資したときは、その出資は、営業者の財産に帰属するものとされており（商法536①）、匿名組合員の有する権利は、利益分配請求権と契約終了時における出資金返還請求権が一体となった匿名組合契約に基づく債権的権利ということにならざるを得ません。したがって、判定の基礎となる「株式等」に該当するものとはいえません。

5　証券投資信託の受益証券

「証券投資信託」とは、不特定多数の投資家から集めた小口資金を大口資金にまとめ、運用の専門家が投資家に代わって株式や公社債など有価証券に分散投資し、これから生じる運用収益を出資口数に応じて分配する制度であり、出資者は、運用収益の受益者の立場に止まることから、証券投資信託の受益証券は、判定の基礎となる「株式等」に該当するものとはいえません。

なお、例えば、「特定金銭信託」は、運用方法や運用先、金額、期間、利率などを委託者が特定できる金銭信託であることから、評価会社が実質的に信託財産を構成している「株式等」を所有していると認められます。

【関係法令通達】
　財産評価基本通達189(2)

Q39＝事業協同組合（法人税法上の法人）とみなし配当

　事業協同組合（法人税法上の法人）とみなし配当に係る留意点について教えてください。

Answer

　下記となります。

解説

> （前提：事実関係）
> ・事業協同組合（法人税法上の法人）
> ・今回、有償減資（出資口数減少）を行い、口数の40％を組合員に返金。
> ・一口1万円につき1万円を払戻し。
> ・ただしこの組合には、多額の（利益）剰余金があり。
> （質問）
> 　当該出資の払戻しにつき、プロラタ計算によりみなし配当を認識する必要があるか？あるいは会計処理と同様に出資金額のみを減らすことができるか？

（ご質問者様の私見）

　✓事業協同組合は、中小企業等協同組合法第3条1号に掲げる中小企業等協同組合であり、法人税法上は、別表第三に掲げる法人である協同組合等に該当。

　✓協同組合の減資の方法は、ⓐ出資持口数の減少、ⓑ出資一口の金額の減少及びⓒ組合員の脱退があり、このうち、ⓐの出資持口数の減少は、組合員の持口数を減少してその分だけ出資を払い戻すもの。

✓中小企業等協同組合法では、第23条（出資口数の減少）において、「組合員は、事業を休止したとき、事業の一部を廃止したとき、その他特にやむを得ない事由があると認められるときは、定款の定めるところにより、事業年度の終において、その出資口数を減少することができる。」と規定あり。今回の有償減資は、出資口数の減少による有償減資を行い、出資口数の40％を組合員に払い戻すもので、ⓐの出資持口数の減少による「出資の払戻し」に該当するものと思われる。

✓協同組合の出資の払戻しに係る税務上の処理については、法人税法第24条（配当等の額とみなす金額）第1項第6号に掲げる事由の1つである「出資の払戻しその他株式又は出資をその発行した法人が取得することなく消滅させること」により金銭その他の資産を交付した場合には、取得資本金額（計算された取得資本金額が交付した金銭その他の資産の価額の合計額を超える場合には、その超える部分の金額を減算した金額）を資本金等の額から減少させることとされている（法令8①二十）。

✓条文を算式で表すと、

$$取得資本金額＝直前の資本金等の額 \times \frac{払戻しに係る出資金額}{直前の出資総額}$$

このように、株式会社のようなプロラタ計算は要求されていない。

✓以上より、みなし配当を認識する必要はない。

（回答）

1）協同組合等の出資の財産評価基本通達上の評価

　⇒一般的な産業団体に対するものは払込済出資金額で財産評価（財基通195）。

　⇒今回はこれに該当しないものと想定されます。

2）企業組合等の出資の同上の評価

　⇒企業組合のように「いわゆる組合員に対するサービスの業務ではなく、それ自体が1個の企業体として営利を目的として商業、工業、漁業などの事業そのものを行うものに対する出資の価額は評基通

185、つまり純資産価額方式価額。

⇒今回はこれに該当するものと想定されます。

３）協同組合等の退社又は脱退

⇒原則、法人税法施行令第１条第１項第20号、ただし、取得資本金額が払込金銭等の額を超える場合には、当該超える部分の金額を、下記算式（上掲質問者の算式と同様）による取得資本金額から減算した金額を資本金等の額の減算として処理。

しかし、払戻しの金銭等の額が、取得資本金額を超える場合には、当該超える部分の金額は法人税法第24条（みなし配当）に規定するみなし配当となるので、当該部分は利益積立金額を減算（法令9①十四）。

⇒今回はこれに該当すると想定されます。

４）上記３）は何故そうなるのか？

法人税法施行令第９条第１項第８号では「剰余金の配当（出資に係るものに限る）」とある。ここでの剰余金の配当は株式会社及び協同組合等が行う配当。

中小企業等協同組合法第59条

（剰余金の配当）

　組合は、損失を填補し、第58条第１項の準備金及び同条第四項の繰越金を控除した後でなければ、剰余金の配当をしてはならない。

２　剰余金の配当は、定款の定めるところにより、組合員が組合の事業を利用した分量に応じ、又は年１割を超えない範囲内において払込済出資額に応じてしなければならない。

３　企業組合にあっては、前項の規定にかかわらず、剰余金の配当は、定款の定めるところにより、年２割を超えない範囲内において払込済出資額に応じてし、なお剰余があるときは、組合員（特定組合員を除く。）が企業組合の事業に従事した程度に応じてしなければならない。

協同組合等では剰余金の配当は事業分量配当金として損金計上できる。したがって表裏の配当も剰余金の分配ではなく、売上割戻しの性格を持っているため、上記の処理になる。

5）ここまでの考察に係る整理

・法令8①十七…資本の払戻し部分の計算方法と射程。

⇒法法24①…自己株式の取得の範囲、社員の退社含む。

なお同法（　）書でみなし配当の除外が列挙されている。

他には法令23③もみなし配当の除外が列挙されている。

⇒法法24①五…株式会社以外の法人が出資の消却・払戻しにより金銭等の交付等をしたこと、なお「法人が取得することなく消滅させること」との文理は外国での強制償却制度まで内包された規定だと理解される。

⇒法法8①十八…みなし配当が生じない自己株式の取得射程。

⇒関連条文、法令8①十八、法法61の2⑬、法令23③等、主に組織再編成関係

6）協同組合等での処理

法法60の2⇒法基通14-2-1　事業分量配当金

7）上記を踏まえて総括

✓今回の事業協同組合は、財産評価基本通達では上記2）で処理されるものと考えられます。

✓相続税評価で純資産ということは、通常の退社、出資の払戻しにおいても、資本金等の額＋利益積立金額で構成されていると考えるのが平仄がある考え方です。

✓以上より、みなし配当は認識するものと考えます。

なぜ株式会社と違い、税務上、協同組合にこのような処理が認められるのか？

⇒もともとの当該協同組合の構成によって、処理は異なります。例えば上記2）に該当する協同組合とすると上記のロジックで平仄があいま

すし、上記1）に該当する協同組合とすると、当初出資額の返還で終了です（上記1）の構成趣旨より）。

　財産評価基本通達における評価方法と法人税法、所得税法について平仄を合わせる必然性は全くありません。しかし、その認識の根本的な考え方において、

・財産評価基本通達…相続、贈与、遺贈時の清算局面、静的評価

・法人税法、所得税法でのみなし配当認識場面…同様に投資の清算

という一致がみられます。

　したがって、みなし配当を認識する、しないは、投資の清算局面かで切り分けることができます。この点、実質非営利に近い同業者団体に対する出資について、財産評価基本通達上、投資の清算局面にかかわらず、当初出資額での評価で認容されるのは、その性格上（政策立法とは個人的には思いません、しかし、この点、歴史をたどっているわけではありませんので、立法時は政策目的だった可能性があります。というのは、協同組合はそもそもの成立歴史において、同業者団体の相互扶助等、今でいう農協と同じ性格をみな有していた、それを目指していたと考えられるからです。）の問題だと考えます。したがって、組合の構成による、と判断しました。

　「原則、法令8①二十」から「利益積立金額を減算（法令9①十四）」への繋がるのか？　今回の場合、一口1万円を1万円で返すので「払戻しの金銭等の額が、取得資本金額を超える場合」とはならないと考えることにならないのか？

⇒みなし配当が認識される（法令8①十八や法令23③等々、みなし配当が認識されない事由に該当しない、文理解釈）ことを前提で条文を読み進めると、通常の株式会社と同様の取扱いをすることになります。

　通常の株式会社と同様のみなし配当の認識で条文を読むと、次に掲げる事由により（※）、金銭その他の資産の交付を受けた場合において、その金銭その他の資産の価額の合計額が、その出資先法人の資本金等の額のうち、その交付の対象となった株式又は出資に対応する部

分の金額を超えるときの、その超える部分の金額が、みなし配当とされます（法法24①）。

※出資の消却（取得した出資について行うものを除く。）、出資の払戻し、社員その他法人の出資者の退社又は脱退による持分の払戻し、その他株式又は出資をその発行した法人が取得することなく消滅させること、となります。すなわち、株式会社でみなし配当規定をチェックするにあたっては出発が法法24①になると思いますが、そこからスタートするということです。

【通常の株式会社でのみなし配当要件チェック】

　　法法24①→法令８①十八（該当しない場合チェック）→法令23③（該当しないチェック）

　また、上記の当初出資額＝返還額が全く同額であるから、みなし配当を認識しない、というのは株式会社だとしたら同じ結論にならないはずです。

　今回は投資の清算局面になりますから、やはり、みなし配当認識は必要と思います。例えば、上記みなし配当認識をしなくてもよい事由で「取得条項付株式」や「全部取得条項付株式」が挙げられていますが（法法61の２⑬）、これは株式価値は維持されており株主としての投資は継続しているから、という考え方からですし、他、税制適格組織再編成において株主は簿価の付替えのみ、という事由も列挙されていますが、同様の考え方からです。今回はそれに該当しないと考えます。

　とはいえ、実際にみなし配当を計算したところ、多額の金額が認識され、クライアント（個人株主）が総合課税の洗礼を浴びる、重い税負担で困る、というのであれば、

　　・当初出資額で返還

　　・その分、当該協同組合の持分価値は上昇（株式会社でいえば株式価値）

　　・他既存出資者への反射的贈与（相法９、相基通９-２（当該通達は出資含む。））ということで、みなし贈与の発生額との有利・不利シ

　ミュレーションを考えます。

　贈与税の税率テーブルいかんによっては、一度に返還（出資の買戻し）せず、数年分割すればよいと考えます（暦年贈与の国税内規は現在ありません。）。

8 第6表

特定の評価会社の株式及び株式に関する権利の価額の計算明細書

第6表　特定の評価会社の株式及び株式に関する権利の価額の計算明細書 会社名

	1株当たりの価額の計算の基となる金額	類似業種比準価額（第4表の㉖、㉗又は㉘の金額）	1株当たりの純資産価額（第5表の⑪の金額）	1株当たりの純資産価額の80%相当額（第5表の⑫の記載がある場合のその金額）
		① 円	② 円	円

	株式の区分	1株当たりの価額の算定方法等	1株当たりの価額
1株当たりの価額の計算	比準要素数1の会社の株式	②の金額（③の金額があるときは③の金額）と次の算式によって計算した金額とのいずれか低い方の金額（ ①の金額 円×0.25）+（ ②の金額（③の金額があるときは③の金額） 円×0.75）= 円	④ 円
	株式等保有特定会社の株式	（第8表の⑤の金額）	⑤ 円
	土地保有特定会社の株式	（②の金額（③の金額があるときはその金額））	⑥ 円
	開業後3年未満の会社等の株式	（②の金額（③の金額があるときはその金額））	⑦ 円
	開業前又は休業中の会社の株式	（②の金額）	⑧ 円

株式の価額の修正	課税時期において配当期待権の発生している場合	株式の価額〔④、⑤、⑥⑦又は⑧〕 円 −	1株当たりの配当金額 円 銭	修正後の株式の価額 ⑨ 円
	課税時期において株式の割当てを受ける権利、株主となる権利又は株式無償交付期待権の発生している場合	株式の価額④、⑤、⑥、⑦（⑨があるときは⑨）（ 円 +	割当株式1株当たりの払込金額 円 × 株）÷	1株当たりの割当株式数又は交付株式数 （1株+ 株）	修正後の株式の価額 ⑩ 円

	1株当たりの資本金等の額、発行済株式数等	直前期末の資本金等の額	直前期末の発行済株式数	直前期末の自己株式数	1株当たりの資本金等の額を50円とした場合の発行済株式数（⑪÷50円）	1株当たりの資本金等の額（⑪÷（⑫−⑬））
		⑪ 千円	⑫ 株	⑬ 株	⑭ 株	⑮ 円

直前期末以前2年間の配当金額	事業年度	⑯ 年配当金額	⑰ 左のうち非経常的な配当金額	⑱ 差引経常的な年配当金額（⑯−⑰）	年平均配当金額
	直前期	㋑ 千円	千円	㋺ 千円	⑲（㋺+㋥）÷2 千円
	直前々期	㋩ 千円	千円	㋥ 千円	

	1株(50円)当たりの年配当金額	年平均配当金額（⑲） 千円 ÷	⑭の株式数 株 =	⑳ 円 銭	この金額が2円50銭未満の場合は2円50銭とします。
	配当還元価額	⑳の金額 円 銭 10% ×	⑮の金額 円 50円 =	㉑ 円	㉒ 円	㉑の金額が、純資産価額方式等により計算した価額を超える場合には、純資産価額方式等により計算した価額とします。

3 株式に関する権利の価額（1.及び2.に共通）	配当期待権	1株当たりの予想配当金額 源泉徴収されるべき所得税相当額（ 円 銭）−（ 円 銭）	㉓ 円 銭	4. 株式及び株式に関する権利の価額（1.及び2.に共通）	
	株式の割当てを受ける権利（割当株式1株当たりの価額）	⑩（配当還元方式の場合は㉒）の金額 割当株式1株当たりの払込金額	㉔ 円	株式の評価額	円
	株主となる権利（割当株式1株当たりの価額）	⑩（配当還元方式の場合は㉒）の金額（課税時期後にその株主となる権利につき払い込むべき金額があるときは、その金額を控除した金額）	㉕ 円	株式に関する権利の評価額	円 銭（ ）
	株式無償交付期待権（交付される株式1株当たりの価額）	⑩（配当還元方式の場合は㉒）の金額	㉖ 円		

① 基本

チェック項目	根拠	確認
純資産価額方式と折衷方式の小さい金額が選択されていることを確認。	評基通189⑴、189-2	☐
純資産価額方式において、同族株主等の議決権割合が50％以下である場合の20％の評価減（評基通185但書）を適用を加味しているか？	評基通189-2	☐
上記について「納税者の選択により」類似業種比準方式と純資産価額方式との併用方式としている場合の純資産価額についても同様の加味がなされているか？	評基通189-2	☐
土地保有特定会社あるいは開業後3年未満の会社において、原則、純資産価額方式にて評価。	189-4	☐
上記における純資産価額方式では、同族株主等の議決権割合が50％以下である場合の20％の評価減（評基通185但書）を適用しているか？	189-4	☐
開業前又は休業中の会社については、原則、純資産価額方式で評価。	189-5	☐
上記における純資産価額方式では、同族株主の議決権割合が50％以下である場合の20％の評価減につき適用不可。	189-5	☐

② 配当還元方式による価額

チェック項目	根拠	確認
開業前、休業中の会社、清算中の会社については、配当還元価額を適用不可。		☐

9 第7表

株式等保有特定会社の株式の価額の計算明細書

第７表　株式等保有特定会社の株式の価額の計算明細書

会社名＿＿＿＿＿＿＿＿＿＿

１．Ｓ₁の金額

	事 業 年 度	① 直 前 期	② 直 前 々 期	合計(①＋②)	受取配当金等収受割合 （②÷（②＋③）） ※小数点以下３位未満切り捨て
受取配当金等 収受割合の計算	受取配当金等の額	イ 千円	ロ 千円	ハ 千円	ニ
	営業利益の金額	ホ 千円	ヘ 千円	ト 千円	

①－⑥の金額	1株（50円）当たりの年配当金額（第4表の③） ③ 円 銭 0	受取配当金等収受割合 （ニ）	⑤ の 金 額 （③×ニ） ④ 円 銭 0	⑥ － ⑥ の 金 額 （③－④） ⑤ 円 銭 0
ⓒ－ⓓの金額	1株（50円）当たりの年利益金額（第4表のⓒ） ⑥ 円		ⓓ の 金 額 （⑥×ニ） ⑦ 円	ⓒ － ⓓ の 金 額 （⑥－⑦） 円

①－ⓓの金額

（イ）の金額	1株（50円）当たりの純資産価額（第4表の⑩） ⑨	直前期末の株式等の帳簿価額の合計額 ⑩	直前期末の総資産価額（帳簿価額） ⑪	（イ）の金額 （⑨×（⑩÷⑪）） ⑫
（ロ）の金額	利益積立金額（第4表の⑱の「直前期」欄の金額） ⑬ 千円	1株当たりの資本金等の額を50円とした場合の発行済株式数（第4表の⑤の株式数） ⑭ 株	受取配当金等収受割合 （ニ）	（ロ）の金額 （（⑬÷⑭）×ニ） ⑮

ⓓの金額（⑫＋⑮） ⑯ 円	①－ⓓの金額（⑨－⑯） ⑰ 円	(注) 1 ニの割合は、1を上限とします。 2 ⑯の金額は、⑥の金額（⑨の金額）を上限とします。

1株（50円）当たりの類似業種比準価額の計算

	類似業種と業種目番号		区 分	1株（50円）当たりの年配当金額	1株（50円）当たりの年利益金額	1株（50円）当たりの純資産価額	1株（50円）当たりの比準価額
類似業種の株価	（No.　　）		評 価 会 社	⑤ 円 銭 0	⑧ 円	⑰ 円	⑲×⑲×0.7 ※ 中会社は0.6 小会社は0.5 とします。
	課税時期の属する月 ニ 月	円	類 似 業 種 B	C	D		
	課税時期の属する月の前月 ホ 月	円	要素別比準割合	⑤／B	⑧／C	⑰／D	
	課税時期の属する月の前々月 ヘ 月	円	比 準 割 合	$\frac{\frac{⑤}{B}+\frac{⑧}{C}+\frac{⑰}{D}}{3}$ ＝		⑲ ・	⑳ 円 銭 0
	前年平均株価 ト 月	円					
	課税時期の属する月以前2年間の平均株価 チ 月	円					
	A ニ、ホ、ヘ、ト及びチのうち最も低いもの ⑱						

	類似業種と業種目番号		区 分	1株（50円）当たりの年配当金額	1株（50円）当たりの年利益金額	1株（50円）当たりの純資産価額	1株（50円）当たりの比準価額
類似業種の株価	（No.　　）		評 価 会 社	⑤ 円 銭 0	⑧ 円	⑰ 円	㉑×㉒×0.7 ※ 中会社は0.6 小会社は0.5 とします。
	課税時期の属する月 リ 月	円	類 似 業 種 B	C	D		
	課税時期の属する月の前月 ヌ 月	円	要素別比準割合	⑤／B	⑧／C	⑰／D	
	課税時期の属する月の前々月 ル 月	円	比 準 割 合	$\frac{\frac{⑤}{B}+\frac{⑧}{C}+\frac{⑰}{D}}{3}$ ＝		㉒ ・	㉓ 円 銭 0
	前年平均株価 ヲ 月	円					
	課税時期の属する月以前2年間の平均株価 ワ 月	円					
	A リ、ヌ、ル、ヲ及びワのうち最も低いもの ㉒						

類似業種比準価額の修正計算

1株当たりの比準価額	比準価額（⑳と㉓とのいずれか低い方） 円 0銭 ×	第4表の④の金額 ＿＿＿ 円 50円	㉔ 円

比準価額の修正

直前期末の翌日から課税時期までの間に配当金交付の効力が発生した場合	比準価額（㉔） － 1株当たりの配当金額 円 銭		修正比準価額 ㉕ 円
直前期末の翌日から課税時期までの間に株式の割当て等の効力が発生した場合	比準価額（㉔）（㉕があるときは㉕） （ 円＋	割当株式1株当たりの払込金額 円 銭×	1株当たりの割当株式数 又は交付株式数 修正比準価額 株）÷（1株＋ 株） ㉖ 円

チェック項目	根拠	確認
法人から受け取る剰余金の配当以外のもの（投資信託の収益分配金等々）は含めない。	189-3⑴イ㈡	☐
資本金等の額の減少によるものは含めない。	189-3⑴イ㈡	☐
営業利益の金額に受取配当金の額は含めない。	189-3⑴イ㈡	☐
営業損失である場合に、マイナスで記載。	189-3⑴イ㈡	☐
受取配当金収受割合について下記を確認。 　・計算結果が1を超える場合に1とする 　・㈤+㈣が負数の場合、1 　・小数点以下3位未満切捨て	189-3⑴イ㈡	☐

第8表

株式等保有特定会社の株式の価額の計算明細書(続)

第８表　株式等保有特定会社の株式の価額の計算明細書（続）

会社名＿＿＿＿＿＿＿＿＿＿＿＿＿＿＿

（取引相場のない株式（出資）の評価明細書）

（平成三十年一月一日以降用）

	相続税評価額による純資産価額（第５表の⑤の金額）	課税時期現在の株式等の価額の合計額（第５表の⑦の金額）	差　　引（①－②）
1．S₁の金額（続） 純資産価額（相続税評価額）の修正計算	① 千円	② 千円	③ 千円
	帳簿価額による純資産価額（第５表の⑥の金額）	株式等の帳簿価額の合計額（第５表の㋺＋（㋩－㋥）の金額）(注)	差　　引（④－⑤）
	④ 千円	⑤ 千円	⑥ 千円
	評価差額に相当する金額（③－⑥）	評価差額に対する法人税額等相当額（⑦×37%）	課税時期現在の修正純資産価額（相続税評価額）（③－⑧）
	⑦ 千円	⑧ 千円	⑨ 千円
	課税時期現在の発行済株式数（第５表の⑩の株式数）	課税時期現在の修正後の１株当たりの純資産価額（相続税評価額）（⑨÷⑩）	(注)　第５表の㋩及び㋥の金額に株式等以外の資産に係る金額が含まれている場合には、その金額を除いて計算します。
	⑩ 株	⑪ 円	

1株当たりのS₁の金額の計算の基となる金額	修正後の類似業種比準価額（第７表の㉔、㉕又は㉖の金額）	修正後の１株当たりの純資産価額（相続税評価額）（⑪の金額）	
	⑫ 円	⑬ 円	

	区　分	1株当たりのS₁の金額の算定方法	1株当たりのS₁の金額
1株当たりのS₁の金額の計算	比準要素数1である会社のS₁の金額	⑫の金額と次の算式によって計算した金額とのいずれか低い方の金額（⑫の金額　　円×0.25）＋（⑬の金額　　円×0.75）＝　　円	⑭ 円
	上記以外の会社 大会社のS₁の金額	⑫の金額と⑬の金額とのいずれか低い方の金額（⑬の記載がないときは⑫の金額）	⑮ 円
	中会社のS₁の金額	⑫と⑬とのいずれか低い方の金額　Lの割合　⑬の金額　Lの割合〔　　円×0.　　〕＋〔　　円×（1－0.　　）〕	⑯ 円
	小会社のS₁の金額	⑬の金額と次の算式によって計算した金額とのいずれか低い方の金額（⑫の金額　　円×0.50）＋（⑬の金額　　円×0.50）＝　　円	⑰ 円

	課税時期現在の株式等の価額の合計額（第５表の⑦の金額）	株式等の帳簿価額の合計額（第５表の㋺＋㋩－㋥の金額）(注)	株式等に係る評価差額に相当する金額（⑱－⑲）	⑳の評価差額に対する法人税額等相当額（⑳×37%）
2．S₂の金額	⑱ 千円	⑲ 千円	⑳ 千円	㉑ 千円
	S₂の純資産価額相当額（⑱－㉑）	課税時期現在の発行済株式数（第５表の⑩の株式数）	S₂の金額（㉒÷㉓）	(注)　第５表の㋩及び㋥の金額に株式等以外の資産に係る金額が含まれている場合には、その金額を除いて計算します。
	㉒ 千円	㉓ 株	㉔ 円	

3．株式等保有特定会社の株式の価額	1株当たりの純資産価額（第５表の⑪の金額（第５表の⑫の金額があるときはその金額））	S₁の金額とS₂の金額との合計額（（⑭、⑮、⑯又は⑰）＋㉔）	株式等保有特定会社の株式の価額（㉕と㉖とのいずれか低い方の金額）
	㉕ 円	㉖ 円	㉗ 円

チェック項目	根拠	確認
第5表「㊁「かつ」㊄」に株式出資「以外」の資産に係る金額がある場合、これを除いて計算したか？	個通第8表2⑵	☐
比準要素数1の会社にも該当する場合、⑭欄への転記を確認。	評基通189-3⑴ただし書	☐
S1に係る修正純資産価額の計算上、同族株主等の保有議決権割外が50%以下の場合の20%評価減は適用されない。	評基通189-3⑴ただし書	☐

*Q*40=国外子会社配当による株式保有特定会社外しプランニング

　国外子会社配当による株式保有特定会社外しプランニングにおける留意点についてご教示ください。

Answer

　のれんの取扱いも含めて解説します。

解説

　国外子会社のせいで株式等保有特定会社に該当している場合は、国外子会社が配当することで非該当にすることが可能です。

　国外子会社株式の評価は下記の手順で行います。

（STEP 1）国外子会社の監査を依頼している現地の会計事務所から A/R 提出してもらう。うち B/S だけ利用します。

（STEP 2）B/S に計上されている net assets を抽出。わが国でいうところの純資産の額に当たります。

（STEP 3）この純資産価額に課税時期の TTB を乗じたものが評価額となります。

　こうして算定した国外子会社株式の評価額が高騰しており、株式等保有特定会社に該当する場合には、原則として配当を行います。

　すなわち、国外子会社の純資産は配当の金額だけ減少し、本体国内会社の総資産は配当の金額だけ増加します。

　これが株式評価に与える影響については、

・類似業種比準価額方式は、受取配当金のうち益金に算入されない金額がある場合には、1株当たりの利益金額の算定にあたって益金不算入額を加算し、それに対する源泉所得税額は控除します。

・純資産価額方式では、受取配当金により本体会社の現預金が増加するので、総資産は増加します。一方、国外会社株式の評価額は減少します。これは、国外会社株式の評価は純資産価額方式で行うためです。

（参照）

質疑応答事例　1株当たりの利益金額Ⓒ－外国子会社等から剰余金の配当
等がある場合

【照会要旨】

　類似業種比準方式により株式を評価するに当たり、評価会社の「1株当
たりの利益金額Ⓒ」の計算上、外国子会社等から受ける剰余金の配当等の
額があるときは、どのように計算するのでしょうか。

【回答要旨】

　法人税法第23条の2第1項の規定の適用を受ける外国子会社から剰余金
の配当等の額がある場合には、その評価会社の「1株当たりの利益金額
Ⓒ」の計算上、受取配当等の益金不算入額を加算して計算します。

　この場合、「取引相場のない株式（出資）の評価明細書」の記載に当たっ
ては、「第4表　類似業種比準価額等の計算明細書」の（2.比準要素等の
金額の計算）の「⑬受取配当等の益金不算入額」欄に当該受取配当等の益
金不算入額を加算し、加算した受取配当等に係る外国源泉税等の額の支払
いがある場合には、当該金額を「⑭左の所得税額」に加算して計算します。

　ただし、租税特別措置法第66条の8第1項又は同条第2項に規定する外
国法人から受ける剰余金の配当等の額のうち、その外国法人に係る特定課
税対象金額に達するまでの金額については、すでに評価会社の法人税法上
の課税所得金額とされているので、この部分については、類似業種比準株
価計算上の「1株当たりの利益金額Ⓒ」に加算しません（同法第66条の9の
4第1項及び同条第2項の規定により益金の額に算入しない剰余金の配当等の額
についても同様です。）。

【関係法令通達】

　財産評価基本通達183(2)

　法人税法第23条の2

　租税特別措置法第66条の8、第66条の9の4

（参照）

質疑応答事例　国外財産の評価 − 土地の場合

【照会要旨】

　国外に所在する土地は、どのように評価するのでしょうか。

【回答要旨】

　土地については、原則として、売買実例価額、地価の公示制度に基づく価格及び鑑定評価額等を参酌して評価します。

（注）

　１　課税上弊害がない限り、取得価額又は譲渡価額に、時点修正するための合理的な価額変動率を乗じて評価することができます。この場合の合理的な価額変動率は、公表されている諸外国における不動産に関する統計指標等を参考に求めることができます。

　２　例えば、韓国では「不動産価格公示及び鑑定評価に関する法律」が定められ、標準地公示価格が公示されています。

【関係法令通達】

　財産評価基本通達５−２

（参照）

質疑応答事例　国外財産の評価 − 取引相場のない株式の場合⑵

【照会要旨】

　取引相場のない外国法人の株式を、純資産価額方式に準じて評価する場合、どのように邦貨換算するのでしょうか。

【回答要旨】

　原則として「１株当たりの純資産価額」を計算した後、「対顧客直物電信買相場」により邦貨換算します。

　ただし、資産・負債が２カ国以上に所在しているなどの場合には、資産・負債ごとに、資産については「対顧客直物電信買相場」により、負債

については、「対顧客直物電信売相場」によりそれぞれ邦貨換算した上で「1株当たり純資産価額」を計算することもできます。

【関係法令通達】

　財産評価基本通達4-3、5-2、186-2

　実務上よく問題になっているものの、通説がないのが国外子会社の「のれん」の評価です。いくつか説が分かれていますが、下記のC説が最も簡単です。

　・本体会社における国外子会社株式の帳簿価額が200

　・国外子会社株式の直近の貸借対照表上の純資産が100

　100のものを200で本体会社は買っていることになるので、差額の100が「のれん」となります。

　この100をどう処理するかということについて、A説、B説、C説があります。

　A説は、国内財産と同様に財産評価基本通達165、166の規定に基づき、有償取得のれん＋自己創設のれんを一括評価するというものです。この165、166というのは営業権の評価明細書のことを指しています。

　B説は、のれんの評価を別途評価するということです。この方法としては、実務上は、DCF法等になると思われます。

　C説は、取得価額を基に時点修正する方法です。上記の場合、「のれん」は100なので、その100にその評価時点のTTBを掛けるという方法です。

参考・資料

参　考

Q(1)＝個人⇒法人間売買の税務上の適正評価額

個人⇒法人間売買の税務上の適正評価額についてご教示ください。

Answer

　所得税法基本通達59-6の規定を用います。課税上弊害がない限り配当還元方式価額での評価も可能です。

解説

　税務上の適正評価額は「譲渡人ベース」での「譲渡直前の議決権割合」で判定します。原則が所得税基本通達59-6、例外が配当還元方式です。みなし贈与認定は適正時価の約80％程度をきるくらいです。

所得税基本通達59-6

（株式等を贈与等した場合の「その時における価額」）

　法第59条第1項の規定の適用に当たって、譲渡所得の基因となる資産が株式（株主又は投資主となる権利、株式の割当てを受ける権利、新株予約権（新投資口予約権を含む。以下この項において同じ。）及び新株予約権の割当てを受ける権利を含む。以下この項において同じ。）である場合の同項に規定する「その時における価額」は、23～35共-9に準じて算定した価額による。

　この場合、23～35共-9の(4)ニに定める「1株又は1口当たりの純資産価額等を参酌して通常取引されると認められる価額」については、原則として、次によることを条件に、昭和39年4月25日付直資56・直審（資）17「財産評価基本通達」（法令解釈通達）の178から189-7まで《取引相場のない株式の評価》の例により算定した価額とする。

(1)　財産評価基本通達178、188、188-6、189-2、189-3及び189-4中「取得した株式」とあるのは「譲渡又は贈与した株式」と、同通達

185、189-2、189-3及び189-4中「株式の取得者」とあるのは「株式を譲渡又は贈与した個人」と、同通達188中「株式取得後」とあるのは「株式の譲渡又は贈与直前」とそれぞれ読み替えるほか、読み替えた後の同通達185ただし書、189-2、189-3又は189-4において株式を譲渡又は贈与した個人とその同族関係者の有する議決権の合計数が評価する会社の議決権総数の50%以下である場合に該当するかどうか及び読み替えた後の同通達188の⑴から⑷までに定める株式に該当するかどうかは、株式の譲渡又は贈与直前の議決権の数により判定すること。

⑵　当該株式の価額につき財産評価基本通達179の例により算定する場合（同通達189-3の⑴において同通達179に準じて算定する場合を含む。）において、当該株式を譲渡又は贈与した個人が当該譲渡又は贈与直前に当該株式の発行会社にとって同通達188の⑵に定める「中心的な同族株主」に該当するときは、当該発行会社は常に同通達178に定める「小会社」に該当するものとしてその例によること。

⑶　当該株式の発行会社が土地（土地の上に存する権利を含む。）又は金融商品取引所に上場されている有価証券を有しているときは、財産評価基本通達185の本文に定める「1株当たりの純資産価額（相続税評価額によって計算した金額）」の計算に当たり、これらの資産については、当該譲渡又は贈与の時における価額によること。

⑷　財産評価基本通達185の本文に定める「1株当たりの純資産価額（相続税評価額によって計算した金額）」の計算に当たり、同通達186-2により計算した評価差額に対する法人税額等に相当する金額は控除しないこと。

（参考）

租税特別措置法基本通達37の10-37の11共-22
（法人が自己の株式又は出資を個人から取得する場合の所得税法第59条の適用）

　法人がその株主等から措置法第37条の10第3項第5号の規定に該当する自己の株式又は出資の取得を行う場合において、その株主等が個人であるときには、同項及び措置法第37条の11第3項の規定により、当該株主等が交付を受ける金銭等（所得税法第25条第1項《配当等とみなす金額》の規定に該当する部分の金額（以下この項において「みなし配当額」という。）を除く。）は一般株式等に係る譲渡所得等又は上場株式等に係る譲渡所得等に係る収入金額とみなされるが、この場合における同法第59条第1項第2号《贈与等の場合の譲渡所得等の特例》の規定の適用については、次による。

(1)　所得税法第59条第1項第2号の規定に該当するかどうかの判定

　　法人が当該自己の株式又は出資を取得した時における当該自己の株式又は出資の価額（以下この項において「当該自己株式等の時価」という。）に対して、当該株主等に交付された金銭等の額が、所得税法第59条第1項第2号に規定する著しく低い価額の対価であるかどうかにより判定する。

(2)　所得税法第59条第1項第2号の規定に該当する場合の一般株式等に係る譲渡所得等又は上場株式等に係る譲渡所得等に係る収入金額とみなされる金額

　　当該自己株式等の時価に相当する金額から、みなし配当額に相当する金額を控除した金額による。

※筆者注

　　自己株式取得（金庫株）については所得税基本通達59-6を用いることと規定されています。なお、実務上は時価純資産価額を採用する例も多いです。例えば、自己資本が厚い会社で、金庫株によって株式の現金化金額を大きくしたいということであれば、所得税基本通達59-6ではなく、時価純資産価額の方について金額が大きいのでそれを使って、株式の現金化金額を増やすことができるということになります。相続金庫株により遺留分を配慮した資金工面（代償金交付の原資になるため）にも活用されます。

(注)「当該自己株式等の時価」は、所基通59-6《株式等を贈与等した場合の「その時における価額」》により算定するものとする。

（参照）

資産課税課情報第22号　令和２年９月30日　国税庁資産課税課
「『所得税基本通達の制定について』の一部改正について（法令解釈通達）」
の趣旨説明（情報）（一部抜粋）

《説明》

1　所得税法第59条第１項では、「贈与（法人に対するものに限る。）、相続
（限定承認に係るものに限る。）若しくは遺贈（法人に対するもの及び個人に
対する包括遺贈のうち限定承認に係るものに限る。）又は著しく低い価額の
対価による譲渡（法人に対するものに限る。）により居住者の有する譲渡
所得の基因となる資産等の移転があった場合、その者の譲渡所得等の金
額の計算については、その事由が生じた時に、その時における価額に相
当する金額により、その資産の譲渡があったものとみなす。」こととさ
れている。

2　また、所得税基本通達59-6《株式等を贈与等した場合の「その時に
おける価額」》（以下「本通達」という。）では、所得税法第59条第１項の
規定の適用に当たって、譲渡所得の基因となる資産が株式（株主又は投
資主となる権利、株式の割当てを受ける権利、新株予約権（新投資口予約権を
含む。）及び新株予約権の割当てを受ける権利を含む。）である場合の同項に
規定する「その時における価額」とは、所得税基本通達23〜35共－9に
準じて算定した価額によることとし、この場合、所得税基本通達23〜35
共－9の(4)ニに定める「１株又は１口当たりの純資産価額等を参酌して
通常取引されると認められる価額」については、原則として、一定の条
件の下、財産評価基本通達178から189-7まで《取引相場のない株式の
評価》の例により算定した価額とすることとしている。

3　そして、本通達の(1)では、財産評価基本通達188の(1)に定める「同族
株主」に該当するかどうかは、株式を譲渡又は贈与した個人の当該譲渡
又は贈与直前の議決権の数により判定することとする条件を定め、当該
株式を譲渡又は贈与した個人である株主が譲渡又は贈与直前において少

数株主に該当する場合に、取引相場のない株式の譲渡又は贈与の時における価額をいわゆる配当還元方式により算定することと取り扱っている。

4　先般、取引相場のない株式の譲渡の時における価額を争点として、本通達の(1)の条件に関し、譲渡所得に対する課税の場面において配当還元方式を用いることとなるのは、譲渡人である株主が少数株主に該当する場合（国側の主張）なのか、譲受人である株主が少数株主に該当する場合（納税者側の主張）なのかが争われた事件に対する最高裁判決（令和2年3月24日付最高裁第三小法廷判決）の中で、最高裁は、本通達の定めは、譲渡所得に対する課税と相続税等との性質の差異に応じた取扱いをすることとし、少数株主に該当するか否かについても当該株式を譲渡した株主について判断すべきことをいう趣旨のものということができると判示し、国側の主張を認めた（注）。

　　しかしながら、当該最高裁判決に付された裁判官の補足意見において、本通達の作成手法については、分かりやすさという観点から改善されることが望ましい等の指摘がなされ、この指摘を踏まえ、本通達の(1)の条件に係る従前からの取扱いがより明確になるよう、本通達の改正を行ったものである。

（注）　当該最高裁判決においては、株式の譲受人である株主が少数株主に該当することを理由として、譲渡人が譲渡した株式につき配当還元方式により算定した額が株式の譲渡の時における価額であるとした原審（平成30年7月19日付東京高裁判決）の判断部分（国側敗訴部分）が破棄され、原審に差し戻されている。

5　具体的には、本通達の(1)の条件について、譲渡又は贈与した株式の価額について株式を譲渡又は贈与した個人である株主が譲渡又は贈与直前において少数株主に該当する場合に財産評価基本通達188等の定めの例により算定するという従前からの取扱いを分かりやすく表現するため、①「取得した株式」と定めている部分について「譲渡又は贈与した株式」と読み替えるなどの必要な読替えを行うとともに、②読替え後の財産評価基本通達188等の定めの例により算定するかどうかを譲渡又は贈与直前の議決権の数により判定することを明確化するほか、所要の整備

を行っている。

別　添

・本通達の現行の取扱いに関し、以下の点について整理を行う。

　1　本通達の(2)の適用がある場合の財産評価基本通達180の取扱いについて

　2　評価会社が有する子会社株式を評価する場合の本通達の(2)の取扱いについて

　3　評価会社が有する子会社株式を評価する場合のその子会社が有する土地及び上場株式の評価について

1　本通達の(2)の適用がある場合の財産評価基本通達180の取扱いについて

　(1)　本通達の(2)の適用がある場合、譲渡等をした株式の「その時における価額」は、その株式を発行した会社（以下「評価会社」という。）を「財産評価基本通達178に定める『小会社』に該当するものとして」同通達179の例により算定することになる。

　　　財産評価基本通達179には、同通達178に定める大会社などの会社規模に応じた評価額の算定方法が定められ、その算定方法である「類似業種比準価額」及び「純資産価額」を用いる場合の原則形態が定められている。そしてこの「類似業種比準価額」については、同通達180において具体的算定方法が定められており、ここでは、類似業種の株価等に「しんしゃく割合」を乗ずることとされている。このように、同通達179における会社規模に応じた評価額の算定で「類似業種比準価額」を用いることから、本通達の(2)の適用がある場合、この「類似業種比準価額」を算出する計算において類似業種の株価等に乗ずる「しんしゃく割合」についても、小会社のしんしゃく割合（0.5）になるのかといった疑問がある。

　(2)　本通達の(2)は「当該株式の価額につき財産評価基本通達179の例により算定する場合（…）において、当該株式を譲渡又は贈与した個人

が当該譲渡又は贈与直前に当該株式の発行会社にとって同通達188の(2)に定める『中心的な同族株主』に該当するときは、当該発行会社は常に同通達178に定める『小会社』に該当するものとしてその例によること」としている。

このことからすると、本通達の(2)は、譲渡等をした株式の「その時における価額」を財産評価基本通達179の例により算定する場合において、譲渡等をした者が「中心的な同族株主」に該当するときの評価会社の株式については、同通達179(3)の「小会社」の算定方法である「純資産価額方式」又は選択により「類似業種比準方式と純資産価額方式との併用方式」を用いることを定めたものである。

本通達の(2)が上記のとおり定めた趣旨は、「中心的な同族株主」とは、議決権割合が25％以上となる特殊関係グループに属する同族株主をいうところ、評価会社が「中心的な同族株主」で支配されているような場合において、同族株主にとってその会社の株式の価値は、その会社の純資産価額と切り離しては考えられないところではないかと考えられ、また、本通達の制定に先立って行われた取引相場のない株式の譲渡に関する実態調査においても、持株割合が高い株主ほど純資産価額方式による評価額により取引されている傾向があったことが確認されている。

このため、「中心的な同族株主」の有する株式については、たとえその会社が大会社又は中会社に該当する場合であっても、小会社と同様に「純資産価額方式」を原則とし、選択的に「類似業種比準方式と純資産価額方式との併用方式」による算定方法によることとしている。

(3)　一方、「類似業種比準価額」を算出する計算において類似業種の株価等に乗ずる「しんしゃく割合」を会社規模に応じたものとしている趣旨は、次のとおりである。

類似業種比準方式による評価額は、評価会社の実態に即したものになるように、評価会社の事業内容が類似する業種目の株価を基として、評価会社と類似業種の1株当たりの①配当金額、②利益金額及び③純資産価額の3要素の比準割合を乗じて評価することとしている。

しかしながら、株価の構成要素としては、上記の3要素のほか、市場占有率や経営者の手腕などが考えられるが、これらを具体的に計数化してその評価会社の株式の評価に反映させることは困難である。また、評価会社の株式は現実に取引市場を持たない株式であることなどのほか、大半の評価会社はその情報力、組織力のほか技術革新、人材確保、資金調達力等の点で上場企業に比し劣勢にあり、一般的にその規模格差が拡大する傾向にあるといえる社会経済状況の変化を踏まえると、評価会社の規模が小さくなるに従って、上場会社との類似性が希薄になっていくことが顕著になってくると認められる。このため、この上場会社と評価会社の格差を評価上適正に反映させるよう、大会社の「0.7」を基礎として、中会社を「0.6」、小会社を「0.5」とするしんしゃく割合が定められている。

(4) 以上のとおり、本通達の(2)において「中心的な同族株主」の有する株式の価額を、評価会社が「常に『小会社』に該当するものとして」財産評価基本通達179の例により算定することとした趣旨（上記(2)参照）と、類似業種比準価額を求める算式におけるしんしゃく割合を評価会社の規模に応じたしんしゃく割合としている趣旨（上記(3)参照）は異なっており、本通達の(2)において「中心的な同族株主」の有する株式の価額を、評価会社が「常に『小会社』に該当するものとして」財産評価基本通達179の例による算定方法を用いることとした趣旨からしても、本通達の(2)は、財産評価基本通達180の類似業種比準価額を算出する計算において類似業種の株価等に乗ずるしんしゃく割合まで小会社の「0.5」とするものではない。

2 評価会社が有する子会社株式を評価する場合の本通達の(2)の取扱いについて

(1) 本通達の(2)は、譲渡等をした株式の「その時における価額」の算定について、株式を譲渡等した者が、その譲渡等の直前に評価会社にとって財産評価基本通達188の(2)に定める「中心的な同族株主」に該当する場合には、その評価会社を「財産評価基本通達178に定める『小会社』に該当するものとして」同通達179の例によることとするも

のである。

　　その上で、例えば、評価会社が子会社株式を有している場合に、当該譲渡等の直前に当該評価会社がその子会社にとって「中心的な同族株主」に該当するときにも、当該評価会社が有する子会社株式の「その時における価額」は、その子会社を「財産評価基本通達178に定める『小会社』に該当するものとして」同通達179の例により算定することが相当なのではないかといった疑問がある。

(2)　この点、本通達の(2)の「株式を譲渡又は贈与した個人」が「中心的な同族株主」に該当する場合に、その会社を「小会社」に該当するものとしてその例によることとした趣旨は、評価会社が「中心的な同族株主」で支配されているような場合において、同族株主にとってその会社の株式の価値は、その会社の純資産価額と切り離しては考えられないのではないかという理由等によるものである（上記1(2)参照）。

(3)　このような本通達の(2)の取扱いの趣旨に照らせば、評価会社が有する子会社株式の価額につき、財産評価基本通達179の例により算定する場合、評価会社がその子会社の「中心的な同族株主」に該当するときにも、当該子会社は、同通達178に定める「小会社」に該当するものとして、「純資産価額方式」又は選択により「類似業種比準方式と純資産価額方式との併用方式（Lを0.5として計算）」による価額とすることが相当である（この場合の類似業種比準価額を算出する計算において、類似業種の株価等に乗ずるしんしゃく割合（評基通180）については、当該子会社の実際の会社規模に応じたしんしゃく割合となる。）。

(4)　なお、評価会社の子会社が有する当該子会社の子会社（評価会社の孫会社。以下「孫会社」という。）の株式の価額を算定する場合にも、評価会社の株式の譲渡等の直前において当該評価会社の子会社が、孫会社にとって「中心的な同族株主」に該当するときには、上記と同様の理由により、当該孫会社は、「小会社」に該当するものとしてその例によることが相当である。

3　評価会社が有する子会社株式を評価する場合のその子会社が有する土地及び上場株式の評価について

(1) 本通達の(3)は、譲渡等をした株式の「その時における価額」の算定について、評価会社が有する土地及び上場株式の財産評価通達185の本文に定める「1株当たりの純資産価額」の計算に当たっては、これらの資産については、当該譲渡等の時における価額によることとするものである。

　その上で、例えば、評価会社が子会社株式を有している場合に、その子会社株式を評価する場合の「1株当たりの純資産価額」の計算に当たっても、その子会社が有する土地及び上場株式については、評価会社の株式の譲渡等の時における価額により当該子会社株式の評価をすることが相当ではないかといった疑問がある。

(2) この点、財産評価基本通達に定める土地の評価額（評基通11）については、「評価の安全性」を配慮して公示価格等のおおむね8割で定められており、上場株式の評価額（評基通169）については、一時点（相続開始時）における需給関係による偶発性の排除等を理由に一定のしんしゃくをしている。また、本通達の制定に先立って行われた取引相場のない株式の譲渡に関する実態調査においても、純資産価額方式についてみると、土地や上場株式は時価に洗い替え、かつ、その洗い替えに伴う評価差額についての法人税額等相当額は控除していないものが相当数であったことが確認されている。

　一方、所得税法第59条によるみなし譲渡課税は、法人に対する贈与等があった時にその時における価額に相当する金額により譲渡があったものとみなして課税するものである。このため、同条第1項の規定の適用に当たっては、土地について、評価の安全性を配慮する必要性に乏しく、また、上場株式については、その日における取引価額（偶発性はあったとしても、その日にはその価額で取引される）が明らかであり、財産評価基本通達169に定める上場株式の評価額のようなしんしゃくをする必要性は乏しい。

　これらの理由から、本通達の(3)において、土地及び上場株式について、財産評価基本通達の例により評価した価額ではなく、譲渡等の時における価額によることとしている。

(3)　このことは、評価会社の子会社が有している土地及び上場株式につ
いても同様に当てはまり、子会社が有する土地又は上場株式について
も評価の安全性を配慮等する必要性に乏しいと考えられる。

したがって、評価会社が有する土地又は上場株式だけでなく、評価
会社の子会社が有する土地又は上場株式についても、本通達の(3)の趣
旨に照らして、譲渡等の時における価額を基に評価会社が有する子会
社株式を評価するのが相当である。

(4)　なお、評価会社の子会社が有する孫会社の株式を評価する場合に
も、当該孫会社が有する土地や上場株式についても、上記と同様の理
由により、当該土地及び上場株式は、譲渡等の時における価額を基に
子会社が有する孫会社株式を評価するのが相当である。

適用上の注意事項は、以下の通りです。

①　同族株主判定は譲渡直前の議決権数で行います。

財産評価基本通達179が評価しよう発行会社の大・中・小区分に応
じた評価方式を扱っています。財産評価基本通達178では、その大・
中・小の区分の基準を示しています。

財産評価基本通達178は同族株主が取得した（購入側）株式について
の当該区分の基準を想定し、財産評価基本通達188は、同族株主以外
が取得した株式について言及しています。

それを受けて、財産評価基本通達188-2では相続株主以外が取得し
た株式の評価方法について例外を示しています。したがって①の条件
は、財産評価基本通達が購入側に立つのに対して譲受側に立つこと明
確にしたものです。

後述の法人税基本通達9-1-14（4-1-6）とは、売買取引の持株
単位で、購入者側の立場に立って適用するという相違点があること
があります。この相違は、法人税基本通達9-1-14（4-1-6）が法人
が事業年度末に保有する非上場株式について評価損を損金算入する場
合であり、株式の譲渡を前提として創設された規定ではないからと推

察されます[1]。

②　譲渡者が中心的同族株主なら小会社方式を適用します。

③　上記②における小会社方式の土地、上場有価証券は時価評価となります。法人税額等相当額の控除はしません。

　　実務上、時価評価替えできるものはすべて行うこともあります。保険積立金、レバレッジドリース、建物、建物附属設備、簿外の保険等々がそれに当たります。

④　「純然たる第三者」

　　純然たる第三者間売買においてはこの取扱いを形式的に当てはめることは相当でないと解されています[2]。

　　この「純然たる第三者」概念については、どのようなものがこれに当てはまるかという問題があります。

（参照）

質疑応答事例0363　Ⅲ　個人が法人に対して非上場株式を譲渡した場合の課税関係について　東京国税局課税第一部　資産課税課　資産評価官（平成23年12月作成）「資産税審理研修資料」（ＴＡＩＮＺ　コード　所得事例700363）

〜（中略）〜

3　個人が発行法人に非上場株式を譲渡した場合の取扱いについて

　　個人が非上場株式を法人に譲渡した場合の取扱いについては、上記2のとおりであるが、譲受人が非上場株式の発行法人であった場合には、

1　税理士法人 AKJ パートナーズ『非上場会社の株価決定の実務』（中央経済社　2017年）32頁

2　三又修他編著『平成29年版所得税基本通達逐条解説』（大蔵財務協会）718頁によると「当然のことながら、純然たる第三者間において種々の経済性を考慮して決定された価額（時価）により取引されたと認められる場合など、この取扱いを形式的に当てはめて判定することが相当でない場合もあることから、この取扱いは原則的なものとしている」との記載があります。

さらに別の課税上の取扱いに留意する必要がある。

　具体的には、所法25条、措法37条の10、措法９条の７及び相法９条の規定の適用に係るものであり、以下これらの規定の適用について記載することとする。

(1)　所法25条《配当等とみなす金額》の規定の適用について

　　配当所得とは、法人（法法２条６号に規定する公益法人等及び人格のない社団等を除く。）から受ける剰余金の配当、利益の配当、剰余金の分配等に係る所得をいうところ、一般的には、これらの剰余金の配当、利益の配当、剰余金の分配等とはいわないものの、法人が留保していた利益に相当する資産が一定の事由によって株主等に帰属したときには、みなし配当として剰余金の配当等と同様に課税されることとなる。そして、この一定の事由には、法人の自己の株式又は出資の取得（注）（以下「自己株式等の取得」という。）が含まれていることから、株主等が自己株式等の取得により金銭その他の資産の交付を受けた場合においては、その金銭の額及び金銭以外の資産の価額の合計額が、当該法人の法法２条16号に規定する資本金等の額又は同条17号の２に規定する連結個別資本金等の額のうちその交付の基因となった当該法人の株式又は出資に対応する部分の金額を超えるときは、その超える部分の金額に係る金銭その他の資産は、剰余金の配当等とみなされ、配当所得に該当することとなる。

〜（中略）〜

　　また、法人の自己株式等の取得の場合における所法59条の規定の適用に関して、次についても留意する必要がある（措通37の10-27）。

　イ　所法59条１項２号に該当するかどうかの判定

　　　法人が自己株式等の取得をした時における当該自己株式等の時価に対して、株主等に交付された金銭等の額が、同号に規定する著しく低い価額の対価であるかどうかにより判定する。すなわち、みなし譲渡を課税するかどうかの判定については、株主に交付された金銭等の額で判定することとなり、みなし配当部分も含めた金額で判定することとなる。

ロ　所法59条１項２号に該当する場合の株式等に係る譲渡所得等の収入金額とされる金額

自己株式等の時価に相当する金額から、みなし配当額に相当する金額を控除した金額による。

ハ　自己株式等の時価の算定

所基通59‐6により算定する。

〜　（中略）　〜

(3)　措法９条の７《相続財産に係る株式をその発行した非上場会社に譲渡した場合のみなし配当課税の特例》の規定の適用について

イ　特例の概要

相続又は遺贈（贈与者の死亡により効力を生ずる贈与を含む。以下同じ。）による財産の取得をした個人で、その相続又は遺贈につき納付すべき相続税額があるものが、その相続の開始があった日の翌日からその相続に係る申告書の提出期限の翌日以後３年を経過する日までの間に、その相続税額に係る課税価格（相法19条又は21条の14から21条の18までの規定の適用がある場合には、これらの規定により課税価格とみなされた金額）の計算の基礎に算入された非上場会社の株式をその非上場会社に譲渡した場合には、一定の手続を要件に、その非上場会社から交付を受けた金銭の額が、その非上場会社の法法２条16号に規定する資本金等の額又は同条17号の２に規定する連結個別資本金等の額のうちその交付の基因となった株式に対応する部分の金額を超えるときは、その超える部分の金額については、みなし配当課税は適用しないこととされている。

すなわち、非上場会社から交付を受けた金銭等の全ての金額が株式等の譲渡所得等の収入金額に該当することとなる。

ロ　措法９条の７の規定を適用する場合の譲渡人の手続について

この特例を適用する場合には、非上場会社に係る株式をその非上場会社に譲渡する時までに、「相続財産に係る非上場株式をその発行会社に譲渡した場合のみなし配当課税の特例に関する届出書」（以下「届出書」という。）を非上場会社を経由して、その非上場会社の

本店又は主たる事務所の所在地の所轄税務署長に提出しなければならないこととされている（措令5の2②）。

ハ　措法9条の7の規定を適用する場合の譲受人（非上場会社）の手続について

届出書の提出を受けた非上場会社は、その届出書の下部の部分を記載した上で、非上場会社の株式を譲り受けた日の属する年の翌年1月31日までに、その届出書を税務署長に提出しなければならない（措令5の2③）。

なお、非上場会社が届出書を受理したときには、その届出書はその受理された時に税務署長に提出されたものとみなされる（措令5の2⑤）。

(4)　相法9条の規定の適用について

相法9条では、対価を支払わないで、又は著しく低い価額の対価で利益を受けた場合には、その利益の価額に相当する金額について贈与税を課税する旨規定されているが、その例示として相基通9-2(4)では、会社に対し時価より著しく低い価額の対価で財産を譲渡した場合には、その財産を譲渡した者が他の株主に対して株式の価額のうち増加した部分に相当する金額を贈与したものとみなすこととされている。

したがって、低額で発行法人に株式を譲渡した場合には、所得税の課税に留意するだけでなく、他の株主に対して贈与税の課税が生じることにも留意する必要がある。

Q(2)＝個人⇒法人間の異動の留意点

個人⇒法人間の異動の留意点[3]

3　中島茂幸『非上場株式の税務』（中央経済社　2015年）92頁

Answer

下記の課税関係にご留意ください。

解説

○時価による譲渡（民法555、売買）

　　　・譲渡価格＝時価

　　　・譲渡価額が譲渡収入金額（所法33、36①・②）

　　　・株式の取得価額及び譲渡費用が必要経費（所法33③）

　　　・株式等に係る譲渡所得は分離課税（措法37の10①）

　　　・譲渡対価が取得価額（法令119①一）

○低額譲渡（時価の50％≦譲渡価額＜時価）

　　　・譲渡価額が譲渡収入金額（所法33、36①・②）

　　　・株式の取得価額及び譲渡費用が必要経費（所法33③）

　　　・株式等に係る譲渡所得は分離課税（措法37の10①）

　　　・時価を取得価額（法令119①二十六）

　　　・時価との差額は受贈益課税（法法22②）

○高額譲渡（譲渡価額＞時価）

　　　・差額原因により給与所得又は一時所得（所基通34-1(5)）（時価
　　　　＝譲渡価額）が譲渡収入金額（所法33、36①・②）

　　　・株式の取得価額及び譲渡費用が必要経費（所法33③）

　　　・株式等に係る譲渡所得は分離課税（措法37の10①）

　　　・時価を取得価額（法令119①二十六）

　　　・時価との差額は給与又は寄附金等（法法22③）

○著しく低い価額で譲渡（譲渡価額＜時価の50％未満）／贈与又は遺贈（民
　法549、990）（譲渡価額＝0）

　　　・譲渡者の譲渡所得（時価）を譲渡収入金額とみなす（所法59①
　　　　一・②、所令169、所基通59-3、59-6）

　　　・株式の取得価額及び譲渡費用が必要経費（所法33③）

　　　・株式等に係る譲渡所得は分離課税（措法37の10①）

・時価を取得価額（法令119①二十六）
・時価との差額は受贈益課税（法法22②）

　個人⇒法人間異動に関して譲渡価額が時価の50％を下回った場合、著しく低い価額での譲渡となりみなし譲渡が発動します。この場合、譲渡側の個人では譲渡価額が譲渡収入金額になり、取得法人としては時価を取得価額とすることになります。

　高額譲渡、すなわち譲渡価格が時価より高額な場合は、原因により給与所得又は一時所得となるのが原則です。しかし、課税実務上には、先述のとおり、高額譲渡に関して問題とされることはほとんどありません。

　法人側において、著しく低い価格で受贈益が計上されるのは、発行法人以外の法人が取得した場合です。

　発行法人の関係法人が取得する場合が典型例となります。

（参照）

> Q.
> 　第三者Ｍ＆Ａにみなし贈与は発動されるのでしょうか。仮に発動されるとしたらどういった場面でしょうか。
> A.
> 　原則として発動されません。純然たる第三者とのM&Aにおいて租税法が介入する余地はありません。
> 　当然ながら、いわゆる取引相場のない株式に係る税務上適正評価額に関する論点も一切生じません。
> 　しかし、一定の条件のもとでは発動可能性がない、とはいいきれない場合もあります。

【解説】
　第三者Ｍ＆Ａはその文言通り同族関係者間でのＭ＆Ａではありません。それにもかかわらず、みなし贈与の発動可能性を気にする実務家は少

なからずいるようです。

　この原因は平成19年8月23日東京地裁で相続税法第7条は「第三者間でも問わず適用あり」と判示していることが原因とも思われます。

　しかし、結論から申し上げると、第三間M＆Aではみなし贈与は生じません。M＆Aの相手側は「純然たる第三者」概念に該当するからです。

　租税法上の明確な定義はありませんが、「純然たる第三者間」とは、

　ⅰ）純粋に

　ⅱ）経済的合理性が存在する

　ⅲ）市場原理に基づき

売買価額（客観的交換価値）が決定される間柄と過去の裁判例等では読み取れます。

　その取引当事者が純然たる第三者間に該当したときは、租税法上の縛りは、原則としてなくなります。

　実務では留意すべき点は一切ないですが、よほど低額で譲渡した場合に限り、「低額で譲渡した理由」を疎明資料として残してもよいと思います。例えば、今後も買主側に顧問報酬等々外注費を支払い続けることが当初契約書で明記されていることなどが一例として挙げられます。また、売主企業の従業員の雇用について最低○年間は維持することを当初契約書で約定した結果、将来○年間は買主企業は赤字になることが明確であるといった事例も考えられます。それらの疎明資料として交渉時のメールなどは準備しておいてもよいかもしれません。

　ただしこれはよほどの事情と考えてよく、租税法は第三者M＆Aという私法に介入しないという大原則からするとあまりに保守的すぎます。

　しかし、M＆Aにより売主が売却交渉過程において、オーナーが少数株主から株式を事前に集約する場合、「事前にほぼ確定しているM＆A対価」よりも著しく低い価額で買い集めた場合、みなし贈与認定の可能性はあります。事前にほぼ確定しているM＆A対価が基準となるため、基本合意書締結前の段階での集約であれば問題は生じにくいと考えられます。

（参照）

F0‐3‐693
（取引相場のない株式／評価通達6適用の可否／通達評価額と時価との著しいかい離）
　審査請求人（X2）が相続により取得したA社株式の評価について、評価通達に基づく評価額（類似業種比準価額）は、K社の算定報告額及び相続開始後のA株式の譲渡価格等と著しくかい離していることから、評価通達の定める評価方法以外の評価方法によって評価すべき特別の事情があるとして、評価通達6が適用され、K社の算定報告額が時価であるとされた事例（令02‐07‐08裁決）

概　要
〔裁決の要旨〕
1　本件は、審査請求人（X2）が、相続により取得した取引相場のない株式（本件株式）を財産評価基本通達（評価通達）に定める類似業種比準価額により評価して相続税の申告をしたところ、原処分庁が、当該類似業種比準価額により評価することが著しく不適当と認められるとして、国税庁長官の指示を受けて評価した価額（K算定報告額）により相続税の更正処分等を行ったことに対し、審査請求人が、原処分の全部の取消しを求めた事案である。
2　評価通達に定める評価方法を画一的に適用することによって、適正な時価を求めることができない結果となるなど著しく公平を欠くような特別な事情があるときは、個々の財産の態様に応じた適正な「時価」の評価方法によるべきであり、評価通達6《この通達の定めにより難い場合の評価》はこのような趣旨に基づくものである。
3　1株当たりの価額で比較すると、本件株式通達評価額（8,186円）は、K算定報告額（80,373円）の約10％にとどまり、また、株式譲渡価格及び基本合意価格（105,068円）の約8％にとどまり、株式譲渡価格及び基本合意価格が本件株式通達評価額からかい離する程度は、K算定報告額よ

りも更に大きいものであった。

4　本件株式通達評価額は、K算定報告額並びに株式譲渡価格及び基本合意価格と著しくかい離しており、相続開始時における本件株式の客観的な交換価値を示しているものとみることはできず、相続開始時における本件株式の客観的な交換価値を算定するにつき、評価通達の定める評価方法が合理性を有するものとみることはできない。

5　そうすると、本件相続における本件株式については、評価通達の定める評価方法を形式的に全ての納税者に係る全ての財産の価額の評価において用いるという形式的な平等を貫くと、かえって租税負担の実質的な公平を著しく害することが明らかというべきであり、評価通達の定める評価方法以外の評価方法によって評価すべき特別な事情がある。

6　そして、株式譲渡価格及び基本合意価格をもって、主観的事情を捨象した客観的な取引価格ということはできないのに対し、K社の算定報告は、適正に行われたものであり合理性があることから、本件株式の相続税法第22条に規定する時価は、K算定報告額であると認められる。したがって、評価通達6の適用は適法である。

7　審査請求人は、原処分庁が相続開始前に締結された基本合意書及び相続開始後に締結された株式譲渡契約の契約書をK社に提出したことにより、K社の算定報告において、不当に高額な評価が行われたから、K算定報告額に合理性がない旨主張する。しかしながら、株式の価額の算定に当たり、当該株式の取引事例に係る資料を用いることは適切であり、また、K社の算定報告において不当に高額な評価が行われたことはないから、審査請求人の主張には理由がない。

8　審査請求人は、A社株式の譲渡に係る被相続人とB社との基本合意の事実は、A社ののれん等の無形資産の価値が顕在化したことを示すものではなく、基本合意価格は、本件株式通達評価額との比較対象にならない旨主張する。しかしながら、基本合意については、市場価格と比較して特別に高額又は低額な価格で合意が行われた旨をうかがわせる事情等は見当たらず、取引事例の価格である基本合意価格を評価通達の定める評価方法以外の評価方法によって評価すべき特別な事情の判断に当たっ

て比較対象から除外する理由はない。

9　審査請求人は、本件株式通達評価額と基本合意価格との間にかい離が
あることをもって、評価通達の定める評価方法によらないことが正当と
是認される特別な事情があるとはいえない旨主張する。しかしながら、
本件株式通達評価額と基本合意価格との間に著しいかい離があること
は、上記のとおり、評価通達の定める評価方法以外の評価方法によって
評価すべき特別な事情となる。

Q(3) = 法人⇒個人間、法人⇒法人間売買の税務上の適正評価額

　法人⇒個人間、法人⇒法人間売買の税務上の適正評価額についてご教示
ください。

Answer

　税務上の適正評価額は「譲受人ベース」での「譲受直後の議決権割合」
で判定します。原則が法人税基本通達9-1-14又は法人税基本通達4-1-
6、例外が配当還元方式です。みなし贈与認定は適正時価の約80％程度を
切るくらいです。

　法人税基本通達9-1-14（4-1-6）又は合併比率、交換比率、交付比
率の算定、第三者割当増資の1株当たり価額算定等に利用されます。

解説

法人税基本通達9-1-14
（市場有価証券等以外の株式の価額の特例）
　　法人が、市場有価証券等以外の株式（9-1-13の(1)及び(2)に該当するも
のを除く。）について法第33条第2項《資産の評価換えによる評価損の損
金算入》の規定を適用する場合において、事業年度終了の時における当
該株式の価額につき昭和39年4月25日付直資56・直審（資）17「財産評
価基本通達」（以下9-1-14において「財産評価基本通達」という。）の178

から189-7まで《取引相場のない株式の評価》の例によって算定した価額によっているときは、課税上弊害がない限り、次によることを条件としてこれを認める。

⑴　当該株式の価額につき財産評価基本通達179の例により算定する場合（同通達189-3の⑴において同通達179に準じて算定する場合を含む。）において、当該法人が当該株式の発行会社にとって同通達188の⑵に定める「中心的な同族株主」に該当するときは、当該発行会社は常に同通達178に定める「小会社」に該当するものとしてその例によること。

⑵　当該株式の発行会社が土地（土地の上に存する権利を含む。）又は金融商品取引所に上場されている有価証券を有しているときは、財産評価基本通達185の本文に定める「1株当たりの純資産価額（相続税評価額によって計算した金額）」の計算に当たり、これらの資産については当該事業年度終了の時における価額によること。

⑶　財産評価基本通達185の本文に定める「1株当たりの純資産価額（相続税評価額によって計算した金額）」の計算に当たり、同通達186-2により計算した評価差額に対する法人税額等に相当する金額は控除しないこと。

　なお、所得税基本通達59-6で計算した金額と、法人税基本通達9-1-14（4-1-6）で計算した金額は必ず一致していました。先述のとおり、所得税基本通達59-6については国税情報があるものの法人税基本通達ではそれがないので、理屈としては不一致でも問題ありません。しかし現状の実務では完全一致させるのが通常です。

法人税基本通達4-1-6
（市場有価証券等以外の株式の価額の特例）

　法人が、市場有価証券等以外の株式（4-1-5の⑴及び⑵に該当するものを除く。）について法第25条第3項《資産評定による評価益の益金算

入》の規定を適用する場合において、再生計画認可の決定があった時における当該株式の価額につき昭和39年4月25日付直資56・直審（資）17「財産評価基本通達」（以下4-1-6において「財産評価基本通達」という。）の178から189-7まで《取引相場のない株式の評価》の例によって算定した価額によっているときは、課税上弊害がない限り、次によることを条件としてこれを認める。

(1)　当該株式の価額につき財産評価基本通達179の例により算定する場合（同通達189-3の(1)において同通達179に準じて算定する場合を含む。）において、当該法人が当該株式の発行会社にとって同通達188の(2)に定める「中心的な同族株主」に該当するときは、当該発行会社は常に同通達178に定める「小会社」に該当するものとしてその例によること。

(2)　当該株式の発行会社が土地（土地の上に存する権利を含む。）又は金融商品取引所に上場されている有価証券を有しているときは、財産評価基本通達185の本文に定める「1株当たりの純資産価額（相続税評価額によって計算した金額）」の計算に当たり、これらの資産については当該再生計画認可の決定があった時における価額によること。

(3)　財産評価基本通達185の本文に定める「1株当たりの純資産価額（相続税評価額によって計算した金額）」の計算に当たり、同通達186-2により計算した評価差額に対する法人税額等に相当する金額は控除しないこと。

①　同族株主の判定時期は明記ありません。この通達は有価証券の評価損通達で株式を所有していることを前提としたものとされています。

②　所得税基本通達59-6と同じ考え方をするのは法人税基本通達2-3-4です。それ以外の留意すべき点は所得税基本通達59-6と同じです。なお純然たる第三者間においての取引価額についても考え方は同じです[4]。

　　法人税基本通達2-3-4において上場有価証券等以外の株式の譲渡

に係る対価の額（時価）の算定に当たっては、法人税基本通達４－１－
５、４－１－６を準用することを規定しています。これらの準用通達は
民事再生法の規定による再生計画認可決定のあった時の株式の価額に
ついて解釈指針です。なお、法人税基本通達９-１-13、９-１-14は法
人税基本通達４-１-５、４-１-６の方が発遣された時期が古いためこ
ちらのほうがなじみ深いというだけです[5]。

法人税基本通達２-３-４
（低廉譲渡等の場合の譲渡の時における有償によるその有価証券の譲渡に
より通常得べき対価の額）

　　法人が無償又は低い価額で有価証券を譲渡した場合における法第61条
の２第１項第１号《有価証券の譲渡損益の益金算入等》に規定する譲渡
の時における有償によるその有価証券の譲渡により通常得べき対価の額
の算定に当たっては、４-１-４《上場有価証券等の価額》並びに
４-１-５及び４-１-６《上場有価証券等以外の株式の価額》の取扱いを
準用する。

（注）　４-１-４本文に定める「当該再生計画認可の決定があった日以前１月間
　　　の当該市場価格の平均額」は、適用しない。

Q(4)＝株式の法人⇒個人間異動の留意点

　株式の法人⇒個人間異動について留意点をご教示ください[6]。

4　小原一博編著『法人税基本通達逐条解説八訂版』（税務研究会出版局）718頁においては
　　「ただし、純然たる第三者間において種々の経済性を考慮して定められた取引価額は、たと
　　え上記と異なる価額であっても、一般に常に合理的なものとして是認されることとなろう」
　　と記載されています。

5　茂腹敏明『非上場株式鑑定ハンドブック』（中央経済社　2009年）464頁〜465頁、OAG税
　　理士法人『株式評価の実務全書』（ぎょうせい　2019年）46頁

6　中島茂幸『非上場株式の税務』（中央経済社　2015年）120頁

Answer

下記になります。

> **解説**

○時価による譲渡（民法555売買）（譲渡価額＝時価）

　　　　・譲渡価額から取得価額及び譲渡費用を控除した差額が益金の
　　　　　額又は損金の額・譲渡利益額又は益金の額・譲渡損失額又は
　　　　　損金の額（法法22②、61の2）

　　　　・購入代価が取得価額（所法48、所令109①三）

○時価より低い価額で譲渡（譲渡価額＜時価）

　　　　・時価が譲渡収入（法基通2-3-4）

　　　　・譲渡価額と時価との差額は寄附金（法法37⑧）

　　　　・役員等への経済的利益の供与（法基通9-2-9⑵）

　　　　・購入代価が取得価額（所法48、所令109①三）

　　　　・経済的利益の享受（所基通36-15⑴）

　　　　・購入代価と時価との差額は一時所得等（所基通34-1⑸）、（業務
　　　　　に関して受けるもの及び継続的に受けるものは給与等の所得課税）

○時価より高い価額で譲渡（譲渡価額＞時価）

　　　　・時価が譲渡収入（法基通2-3-4）

　　　　・譲渡価額と時価との差額は受贈益（法法25の2②）

　　　　・受贈益が生じると法人の株主へのみなし贈与（相基通9-2）

　　　　・時価が取得価額（所法48、所令109①三）

　　　　・購入代価と時価との差額は法人への贈与

○贈与（民法549）（譲渡価額＝0）

　　　　・時価が譲渡収入

　　　　・時価相当額が寄附金（法法37⑧）、（業務に関して贈与するもの及
　　　　　び継続的に贈与するものは給与等の損金の額）

　　　　・時価が取得価額（所法48、所令109②三、評基通1）

　　　　・一時所得（所基通34-1⑸）、（業務に関して受けるもの及び継続的に

　　受けるものは給与等の所得課税）

　時価より低い価格での譲渡に関しては、役員等への経済的利益の供与や譲渡価格との差額について、原則として寄附金認定などがなされます。

　法人⇒個人間異動については、金庫株の処分が代表的です。法人税法上の時価の考え方から、税務上の適正時価については、

　✓第三者割当増資の場合

　　　……法人税基本通達9-1-14（4-1-6）又は時価純資産価額

　✓株主割当増資の場合

　　　……株主平等原則の要請からいくらでもよい

　第三者割当増資が「有利な発行価額」によるときは、払込期日における時価と発行価額（払込価額）との差額が、原則として一時所得として課税されます（所令84、所基通23～35共-6）。

　「有利な発行価額」とは、その新株等の発行価額を決定する日の現況におけるその発行法人の株式価額に比して社会通念上相当と認められる価額を下回る発行価額をいうものとされ、社会通念上相当と認められる価額を下回る発行価額かどうかは、その株式価額と発行価額との差額が当該株式価額のおおむね10％相当額以上であるかどうかにより判定されます（所基通23～35共-7）。

　払込期日における時価は、取引相場のない株式にあっては、

　⑴　適正価額の売買実例がある場合はそれ

　⑵　売買実例がない場合でも法人の事業の種類、規模及び収益の状況が類似する会社の取引価格がある場合はそれ

　⑶　これらの価額がない場合には、純資産価額によって評価した価額を斟酌し通常取引されると認められる価額

にそれぞれよることとされます（所基通23～35共-9⑷）。

　発行価額　＜　新株時価：新株取得者について所得税又は贈与税

　発行価額　＞　新株時価：旧株保有者について贈与税

（参照）

第三者割当増資を行う場合の税務上の時価について[7]

　Q　質問

　　役員に第三者割当増資を行う場合、発行価額の時価をどのように判定すればよいでしょうか。

　A　回答

　　原則として発行会社の直近の事業年度終了の時における一株当たりの純資産価額を斟酌して通常取引される価額によります。特例として「財産評価基本通達」の178から189-7までの取引相場のない株式の評価の例によって算定した価額によることができます。

参考条文等

　　法人税法基本通達　9-1-14

　なお金庫株をなくしたいというだけであれば、自己株式を処分するよりも消却した方が簡単です。ただし、みなし配当に留意する必要があります。

（参照）

自己株式消却について具体的な計算事例

下記となります。

【解説】

　会計上、自己株式が消却されます。租税法では、自己株式取得時における別表五（一）に係る利益積立金額の計算に関する明細書で計上されていた自己株式について、会計上の帳簿価額を消却する処理が必要となります。

7　https://www.jtri.or.jp/counsel/detail.php?id=364

〈設例1〉

（前提）

・会計上の帳簿価額と税務上の帳簿価額は同一。

・当法人は自己株式500株所有。その全部について消却することを決定。

・消却直前の自己株式帳簿価額は256,000円。

・自己株式消却に際し、その他資本剰余金256,000円減算。

・消却直前の自己株式の税務上の帳簿価額は、別表五（一）の期首欄にある△256,000円。

【別表五（一）】

I　利益積立金額の計算に関する明細書				
区分	期首現在利益積立金額	当期の増減		差引翌期首現在利益積立金額 ① - ② + ③
		減	増	
	①	②	③	④
自己株式	△256,000		256,000	
資本金等の額	256,000	256,000		

II　資本金等の額の計算に関する明細書				
区分	期首現在資本金等の額	当期の増減		差引翌期首現在資本金等の額 ① - ② + ③
		減	増	
	①	②	③	④
資本金				
資本準備金		256,000		△256,000
利益積立金額	△256,000		256,000	
差引合計額	△256,000	256,000	256,000	△256,000

このようなケースでは、

・取得時に計上した別表五（一）の利益積立金額の計算に関する明細書で計上していた自己株式を消却

・同額について資本金等の額の調整

・資本金等の額の計算に関する明細書の利益積立金額欄に

・同額を記載

するのみです。

〈設例2〉

（前提）

・帳簿価額とみなし配当金額は不一致。

・当法人は自己株式500株所有。その全部について消却することを決定。

・消却直前の自己株式の会計上の帳簿価額は320,000円。

・自己株式消却に際し、その他資本剰余金を減算。

・税務上は、自己株式取得時にみなし配当金額64,000円を利益積立金額から減算する処理が行われていた。

【別表五（一）】

	Ⅰ　利益積立金額の計算に関する明細書			
区分	期首現在利益積立金額	当期の増減		差引翌期首現在利益積立金額 ① - ② + ③
		減	増	
	①	②	③	④
自己株式	△320,000		320,000	
資本金等の額	256,000	320,000		△64,000

	Ⅱ　資本金等の額の計算に関する明細書			
区分	期首現在資本金等の額	当期の増減		差引翌期首現在資本金等の額 ① - ② + ③
		減	増	
	①	②	③	④
資本金				
資本準備金		320,000		△320,000
利益積立金額	△256,000		320,000	64,000
差引合計額	△256,000	320,000	320,000	△256,000

このようなケースでは、

・会計上自己株式が消却してなくなった

・自己株式取得時に別表五（一）の利益積立金額の計算に関する明細書で計上していた自己株式の会計上の帳簿価額を

・消去

すればよいことになります。

（参照）

> 源泉所得税の改正のあらまし（国税庁）
>   （注）　このパンフレットは、令和4年4月1日現在の法令に基づいて作成し
>   ています。

2　みなし配当の額の計算方法等について、次の見直しが行われました。
　　この改正は、令和4年4月1日以後に行われる資本の払戻しについて
　適用されます。
　⑴　資本の払戻しに係るみなし配当の額の計算の基礎となる払戻等対応
　　資本金額等及び資本金等の額の計算の基礎となる減資資本金額は、そ
　　の資本の払戻しにより減少した資本剰余金の額を限度とすることとさ
　　れました。
　　　（注）　出資等減少分配に係るみなし配当の額の計算及び資本金等の額から減
　　　　　算する金額についても、同様とされました。
　⑵　種類株式を発行する法人が資本の払戻しを行った場合におけるみな
　　し配当の額の計算の基礎となる払戻等対応資本金額等及び資本金等の
　　額の計算の基礎となる減資資本金額は、その資本の払戻しに係る各種
　　類資本金額を基礎として計算することとされました。
3　一定の内国法人（注）が支払を受ける配当等で次に掲げるものについ
　ては、所得税を課さないこととし、その配当等に係る所得税の源泉徴収
　を行わないこととされました。
　　　この改正は、令和5年10月1日以後に支払を受けるべき配当等につい
　て適用されます。
　　　（注）　「一定の内国法人」とは、内国法人のうち、一般社団法人及び一般財
　　　　　団法人（公益社団法人及び公益財団法人を除きます。）、人格のない社
　　　　　団等並びに法人税法以外の法律によって公益法人等とみなされている
　　　　　一定の法人（以下「一般社団法人等」といいます。）以外の法人をいい
　　　　　ます。

(1)　その一定の内国法人がその配当等の額の計算期間の初日からその末日まで継続して発行済株式等の全部を保有する株式等（注1、2）（以下「完全子法人株式等」といいます。）に係る配当等

(2)　その配当等の額に係る基準日等（配当等の額の計算期間の末日等）（注3）において、その一定の内国法人が直接に保有する他の内国法人（一般社団法人等を除きます。）の株式等の発行済株式等の総数等に占める割合が3分の1超である場合における当該他の内国法人の株式等（注2）（上記(1)の完全子法人株式等に該当する株式等を除きます。）に係る配当等

(注)1　法人税法第23条第5項に規定する完全子法人株式等をいいます。

2　その一定の内国法人が自己の名義をもって有するものに限ります。

3　法人税法施行令第22条第1項に規定する基準日等をいいます。

（参考）

○失権株再発行による第三者割当と配当還元方式

　ある株主の失権株を取得することとなった他の者が新株等を取得する権利は、所得税法施行令第84条第1項に規定する「株主等として与えられた場合」には該当しません。

　当該株式の純資産価額等の額と払込みの価額差額が一時所得の課税対象になります（所基通23〜35共-6、9）。

　しかし、上記「他の者」が失権株を取得した後の持株割合は財産評価基本通達での株主区分に従って、当該発行価額に関して配当還元方式価額で問題ありません。

　稀ですが、配当還元額が額面を上回ったとき、当該差額について有利な発行価額になった場合、一時所得課税関係が生じる可能性はあります（所得税法第34条、所得税法施行令第84条、所得税基本通達23〜35共-6、23〜35共-9）。

Q(5)=法人間の異動の留意点

法人間の異動で留意すべき点があればご教示ください[8]。

Answer

下記になります。

解説

○時価による譲渡（民法555、売買）（譲渡価格＝時価）

　　・譲渡価格から取得価額及び譲渡費用を控除した差額が益金の
　　　額又は損金の額

　　・譲渡利益額又は譲渡損失額（法法22②、61②）

　　・購入代価が取得価額（法令119①）

○時価より低い価額（譲渡価額＜時価）で譲渡

　　・時価から取得価額及び譲渡費用を控除した差額が益金・損金
　　　の額

　　・時価と譲渡価額との差額が寄附金（法法37⑧）

　　・時価が取得価額（法令119①一）

　　・購入代価と時価との差額は受贈益（法法22②）

○時価より高い価額で譲渡（譲渡価額＞時価）

　　・時価から取得価額及び譲渡費用を控除した差額が益金・損金
　　　の額

　　・時価と譲渡価額との差額が受贈益（法法25の2②）

　　・時価が取得価額（法令119①一）

　　・購入代価と時価との差額は寄附金（法法37⑧）

○贈与（民法549）（譲渡価額＝0）

　　・時価を譲渡価額として取得価額及び譲渡費用を控除した差額
　　　が益金又は損金の額

8　中島茂幸『非上場株式の税務』（中央経済社　2015年）146頁

・時価が取得価額（法令119①・⑧）

・時価相当額は受贈益（法法22②）

資 料

報 道 発 表 資 料
令和 5 年 1 月 31 日
国　税　庁

マンションに係る財産評価基本通達に関する有識者会議について

1　概要

　相続税等（相続税・贈与税）における財産の価額は、相続税法第22条の規定により、「財産の取得の時における時価による」こととされており、これを受け、国税庁では財産評価基本通達に各種財産の具体的な評価方法を定めています。

　財産評価基本通達に定める評価方法については、相続税法の時価主義の下、より適正なものとなるよう見直しを行っているところですが、こうした中で、マンションの「相続税評価額」については、「時価（市場売買価格）」との大きな乖離が生じているケースも確認されています。

　また、令和5年度与党税制改正大綱（令和4年12月16日決定）に、「相続税におけるマンションの評価方法については、相続税法の時価主義の下、市場価格との乖離の実態を踏まえ、適正化を検討する。」旨が記載されました。

　そこで、マンションの相続税評価について、市場価格との乖離の実態を踏まえた上で適正化を検討するため、第1回有識者会議を開催しました。

2　開催日

　令和5年1月30日（月）

3　委員名簿

　別添1のとおり

4　資料

　別添2のとおり

5　議事要旨

　別添3のとおり

別添1

委　員　名　簿

氏　名	現　職
澁谷　雅弘 （しぶや　まさひろ）	中央大学法学部教授
杉浦　綾子 （すぎうら　あやこ）	不動産鑑定士
戸張　有 （とばり　たもつ）	一般財団法人日本不動産研究所　公共部長
平井　貴昭 （ひらい　たかあき）	日本税理士会連合会　常務理事・調査研究部長
星野　浩明 （ほしの　ひろあき）	一般社団法人不動産協会　税制委員会　委員長
前川　俊一 （まえかわ　しゅんいち）	明海大学名誉教授
吉田　靖 （よしだ　やすし）	東京経済大学経営学部教授

(敬称略・五十音順)

〔オブザーバー〕
　総務省　自治税務局
　財務省　主税局
　国土交通省　住宅局、不動産・建設経済局

資　　料

マンションの相続税評価について

○ 相続税法では、相続等により取得した財産の価額は「当該財産の取得の時における時価（客観的な交換価値）」によるものとされており（時価主義）、その評価方法は国税庁の通達によって定められている。

○ マンションについては、「相続税評価額」と「市場売買価格（時価）」とが大きく乖離しているケースも把握されている。このような乖離があると、相続税の申告後に、国税当局から、路線価等に基づく相続税評価額ではなく鑑定価格等による時価で評価し直して課税処分をされるというケースも発生している。

○ こうしたケースで争われた、令和４年４月の最高裁判決（国側勝訴）以降、マンションの評価額の乖離に対する批判の高まりや、取引の手控えによる市場への影響を懸念する向きも見られ、課税の公平を図りつつ、納税者の予見可能性を確保する観点からも、早期にマンションの評価に関する通達を見直す必要がある。

○ また、令和５年度与党税制改正大綱においても「相続税におけるマンションの評価方法については、相続税法の時価主義の下、市場価格との乖離の実態を踏まえ、適正化を検討する。」と記載された。

○ このため、乖離の実態把握とその要因分析を的確に行った上で、不動産業界関係者などを含む有識者の意見も丁寧に聴取しながら、通達改正を検討していくこととした。

1

令和５年度与党税制改正大綱（令和４年１２月１６日決定）（抜粋）

第一　令和５年度税制改正の基本的考え方等

・・・（略）・・・。以下、令和５年度税制改正の主要項目及び今後の税制改正に当たっての基本的考え方を述べる。

５．円滑・適正な納税のための環境整備

⑸　マンションの相続税評価について

マンションについては、市場での売買価格と通達に基づく相続税評価額とが大きく乖離しているケースが見られる。現状を放置すれば、マンションの相続税評価額が個別に判断されることもあり、納税者の予見可能性を確保する必要もある。このため、相続税におけるマンションの評価方法については、相続税法の時価主義の下、市場価格との乖離の実態を踏まえ、適正化を検討する。

2

相続税法第22条・財産評価基本通達１項

○ 相続税法（抄）
（評価の原則）
第22条 この章で特別の定めのあるものを除くほか、相続、遺贈又は贈与により取得した財産の価額は、当該財産の取得の時における時価により、当該財産の価額から控除すべき債務の金額は、その時の現況による。

○ 財産評価基本通達（抄）
（評価の原則）
1 財産の評価については、次による。
（1） （略）
（2） 時価の意義
　　　 財産の価額は、時価によるものとし、時価とは、課税時期（相続、遺贈若しくは贈与により財産を取得した日若しくは相続税法の規定により相続、遺贈若しくは贈与により取得したものとみなされた財産のその取得の日又は地価税法第２条（（定義））第４号に規定する課税時期をいう。以下同じ。）において、それぞれの財産の現況に応じ、不特定多数の当事者間で自由な取引が行われる場合に通常成立すると認められる価額をいい、その価額は、この通達の定めによって評価した価額による。
（3） （略）

3

現行のマンションの相続税評価の方法

マンション（一室）の相続税評価額（自用の場合）
　　＝ 区分所有建物の価額（①）＋敷地（敷地権）の価額（②）

① 区分所有建物の価額
　　＝ 建物の固定資産税評価額（注１）　×　1.0

② 敷地（敷地権）の価額
　　＝ 敷地全体の価額（注２）　×　共有持分（敷地権割合）

（注１）「建物の固定資産税評価額」は、１棟の建物全体の評価額を専有面積の割合によって按分して各戸の評価額を算定
（注２）「敷地全体の価額」は、路線価方式又は倍率方式により評価

4

不動産価格指数の推移

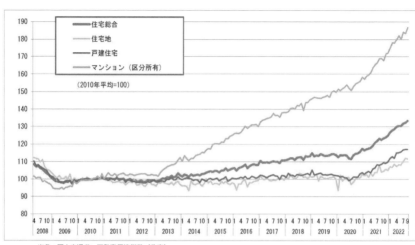

出典：国土交通省　不動産価格指数（住宅）

5

市場価格と相続税評価額の乖離の事例

	所在地	総階数	所在階数	築年数	専有面積	市場価格	相続税評価額	乖離率
①	東京都	43階	23階	9年	67.17㎡	11,900万円	3,720万円	3.20倍
②	福岡県	9階	9階	22年	78.20㎡	3,500万円	1,483万円	2.36倍
③	広島県	10階	8階	6年	71.59㎡	2,240万円	954万円	2.34倍

6

最高裁判決における財産評価基本通達6項の適用事例

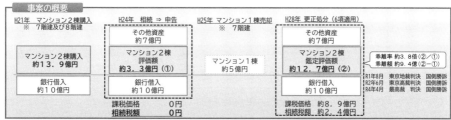

財産評価基本通達6項
（この通達の定めにより難い場合の評価）
6　この通達の定めによって評価することが著しく不適当と認められる財産の価額は、国税庁長官の指示を受けて評価する

事案の概要

H21年　マンション2棟購入	H24年　相続 ⇒ 申告	H25年　マンション1棟売却	H28年　更正処分（6項適用）
※　7階建及び8階建		※　7階建	

H24年　相続 ⇒ 申告
その他資産　約7億円
マンション2棟購入　約13.9億円
マンション2棟　評価額　約3.3億円（①）
銀行借入　約10億円
銀行借入　約10億円
課税価格　0円
相続税額　0円

H25年　マンション1棟売却
マンション1棟　約5億円

H28年　更正処分（6項適用）
その他資産　約7億円
マンション2棟　鑑定評価額　約12.7億円（②）
銀行借入　約10億円
課税価格　約8.9億円
相続税額　約2.4億円

乖離率　約3.8倍（②／①）
乖離額　約9.4億円（②－①）

R1年8月　東京地裁判決　国側勝訴
R2年6月　東京高裁判決　国側勝訴
R4年4月　最高裁　判決　国側勝訴

最高裁判決（令和4年4月19日）の要旨

① 課税庁が、**特定の者**の相続財産の価額についてのみ評価通達の定める方法により評価した価額を上回る価額によるものとすることは、たとえ当該価額が客観的な交換価値としての時価を上回らないとしても、**合理的な理由がない限り、平等原則に違反する**ものとして違法
② 相続税の課税価格に算入される財産の価額について、評価通達の定める方法による画一的な評価を行うことが**実質的な租税負担の公平に反する**というべき事情がある場合には、当該財産の価額を上記通達の定める方法により評価した価額を上回る価額によるものとすることは租税法上の一般原則としての平等原則に違反しない。
③ 本件の(1)、(2)などの事情の下においては、本件各不動産の価額を評価通達を上回る価額にすることは、**平等原則に違反しない**。
　(1) 本件各不動産（マンション2棟）の購入・借入れが行われなければ本件相続に係る**課税価格の合計額は6億円を超える**ものであったにもかかわらず、**これが行われたことにより、基礎控除の結果、相続税の総額が0円になる**。
　(2) 被相続人及び相続人は、本件各不動産の購入・借入れが近い将来発生することが予想される被相続人からの相続において**相続人の相続税の負担を減じ又は免れさせる**ものであることを知り、かつ、これを期待して、あえて本件購入・借入れを企画して実行した。

7

近年の評価通達6項の適用件数一覧

年分 （事務年度）	H24	H25	H26	H27	H28	H29	H30	R1	R2	R3	計
件数	0	1	0	2	0	4	0	1	1	0	9

➤　時価とは客観的な交換価値をいうと解されているが、評価通達に沿って評価するのが原則であり、それが「著しく不適当」な場合に限り、評価通達以外の方法で評価することになる。

➤　実際、評価通達6項の適用件数は年間数件程度と非常に限られており、最高裁判決でも、評価通達によらない評価とすることは合理的な理由がない限り平等原則に反するとされた。

➤　このため、マンションの市場価格と相続税評価額の乖離は、予見可能性の観点からも評価方法の見直しにより是正することが適当。

8

議論の射程・基本的考え方と今後の検討事項について

○ 国税庁で定めている財産評価基本通達のうち、マンションの評価方法について、相続税法の時価主義の下、市場価格との乖離の実態を踏まえ、国税庁においてその適正化を検討することとしており、本会合は国税庁がその検討に際し必要な事項について有識者から意見聴取することを目的とする。

○ その際、国税庁としては、相続税法の時価主義の下、あくまで適正な時価評価の観点から見直しを行うこととしており、今回の見直しは、評価額と時価の乖離を適切に是正することを目的とするものであって、一部の租税回避行為の防止のみを目的として行うものではない。

○ 本会合において検討すべき事項としては、相続税評価額と市場価格との乖離の実態把握及び要因分析の方法の検討、そして、これらの検討を踏まえた乖離の是正方法及び乖離の是正に当たって留意すべき事項等が考えられる。

9

第１回 マンションに係る財産評価基本通達に関する有識者会議
議事要旨

日時：令和５年１月30日（月）15：00〜16：00

場所：国税庁　第一会議室

　冒頭、座長及び座長代理について協議を行い、座長に前川委員が、座長代理に吉田委員が就任した。

　事務局から、配付資料に基づき説明を行い、その後、要旨以下のとおりご意見をいただいた。

○　価格乖離の問題は、タワーマンションだけではなくマンション全体にいえるのではないか。そうすると、時価主義の観点からは、見直しの範囲を一部のタワーマンションに限定すべきではない。

○　評価方法を見直した結果、評価額が時価を超えることとならないようにする配慮が必要。

○　時価と相続税評価額との価格乖離の要因分析を行うに当たり、統計的手法による分析が有用ではないか。

○　市場への影響にも配慮すべき（販売時において、マンションと一戸建ての選択におけるバイアスがかからないように、一戸建てとのバランスにも配慮し、急激な評価増にならないようにすべき。）。

○　足元、マンション市場は新型コロナウィルス感染症の影響により建築資材の価格が高騰していることから、いわゆるコロナ前の時期における実態も把握する必要がある。

（以上）

（プロフィール）

伊藤 俊一 （いとう しゅんいち）

伊藤俊一税理士事務所代表。

愛知県生まれ。税理士。愛知県立旭丘高校卒業、慶應義塾大学文学部退学。一橋大学大学院国際企業戦略研究科経営法務専攻修士、同博士課程満期退学。

都内コンサルティング会社にて某メガバンクの本店案件に係る事業再生、事業承継、資本政策、相続税等のあらゆる税分野の経験と実績を有する。

現在は、事業承継・少数株主からの株式集約（中小企業の資本政策）・相続税・地主様の土地有効活用コンサルティングについて累積数百件のスキーム立案実行、税理士・公認会計士・弁護士・司法書士等からの相談業務、会計事務所、税理士法人の顧問業務、租税法鑑定意見書作成等々を主力業務としている。

主な著書に『新版 Q&A 非上場株式の評価と戦略的活用手法のすべて』『新版 Q&A みなし贈与のすべて』（共に、ロギカ書房）ほか、月刊「税理」にも多数寄稿。

非上場株式評価チェックシート

初版発行　2023年3月31日

2刷発行　2024年6月10日

著　　者　伊藤 俊一

発 行 者　橋詰 守

発 行 所　株式会社 ロギカ書房
　　　　　〒101-0062
　　　　　東京都千代田区神田駿河台3-1-9
　　　　　日光ビル5階B-2号室
　　　　　Tel 03（5244）5143
　　　　　Fax 03（5244）5144
　　　　　http://logicashobo.co.jp/

印刷・製本　藤原印刷株式会社

「税務質問会」のご案内　https://myhoumu.jp/zeimusoudan/

会員の先生からの質問
（他の会員には匿名）

質問 →

税務質問会
会員専用の掲示版
（非公開の会員HP）

← 回答

伊藤 俊一

↓↑　メール配信（質問者の名前は非公開）

他の会員

質問できる内容は、過去の会計や税務に関する処理や判断（国際税務を除く）についてです。
以下のスキームやプランニングなどの提案に関する内容は対象外です。
（別サービス「節税タックスプランニング研究会」の対象）
節税対策やスキーム／保険活用の節税手法／ M&A ／事業継承スキーム／
組織再編／相続対策相続に関連する不動産の問題（借地権など）／
税務上適正株価算定／株価対策やスクイーズアウトを含む株主対策／
新株発行・併合・消却など株式関連／民事信託など

特徴と利用するメリット

税務に関する
質問・相談ができる

他の会員の質疑応答の
内容を見ることができる

税務に関する解説動画
30本以上が
ワンポイント解説
36種類が視聴できる

実務に役立つ
セミナー動画を
初月無料で視聴できる

弁護士監修の
一般企業用書式
400種類が利用できる

DVD/書籍を
割引購入できる

●初月無料で以下のサービスを利用できます。

【1】税務に関する質問・相談（専用フォームから何度でも質問できます）

【2】実務講座の視聴

① 社長貸付金・社長借入金を解消する手法と留意点

② 役員給与の基本と留意点

③ ミス事例で学ぶ消費税実務の留意点（基本編）

④ 税務質疑応答事例〜法人税法・所得税法〜

⑤ 税務質疑応答事例〜相続・贈与〜

⑥ 税務質疑応答事例〜役員給与・固定資産税編〜

⑦ 税務質疑応答事例〜消費税編〜

●正会員になると実務講座を視聴できます。（プレミアムプランの場合）

01 Ｑ＆Ａ課税実務における有利・不利判定

02 税理士が見落としがちな「みなし贈与」のすべて

03 借地権に関する実務論点

04 不動産管理会社と不動産所有型法人の論点整理

05 「税理士（FP）」「弁護士」「企業 CFO」単独で完結できる中小企業・零細企業のための M&A 実践活用スキーム

06 中小企業のための資本戦略と実践的活用スキーム＜組織再編成・スクイーズアウト・税務上適正評価額＞

07 中小・零細企業のための事業承継戦略と実践的活用スキーム

08 非上場株式の評価と戦略的活用スキーム（事業承継スキーム編）

09 非上場株式の評価と戦略的活用スキーム（株式評価編）

10 事業廃止の最適タイミングと盲点・留意点

11 会計事務所で完結できる財務＆税務デュー・デリジェンス「財務ＤＤ・税務ＤＤ報告書作成法」

12 会計事務所で完結できる DCF 法による株価評価報告書作成法

13 ミス事例で学ぶ消費税実務の留意点（基本編）

14 今更聞けない不動産 M&A 〜不動産 M&A の基本〜

15 役員給与の基本と留意点

16 役員退職金の基本と留意点

17 ミス事例で学ぶ消費税実務の留意点（中級編）

18 ミス事例で学ぶ消費税実務の留意点（上級編）

19 税務調査の勘所と留意点「事前準備と調査対応」の基本

20 税務調査の勘所と留意点「調査時の対応方法」

【会費】

スタンダードプラン	プレミアムプラン
●初月　無料	●初月　無料
● 2 カ月目以降　月8,800円（税込）	● 2 カ月目以降　月13,200円（税込）
①専用フォームから質問・相談できる	①専用フォームから質問・相談できる
②実務講座（スタンダード）12種類	②実務講座（スタンダード）12種類
③特典書式400種類（一般企業用）	③実務講座（プレミアム）40種類以上
	④特典書式400種類（一般企業用）

運営：伊藤俊一税理士事務所　　事務局：株式会社バレーフィールド
お問い合わせ先【TEL】03-6272-6906　【Email】book@valley-field.com
【WEB サイト】https://myhoumu.jp/zeimusoudan/

「節税タックスプランニング研究会」のご案内 https://myhoumu.jp/lp/taxplanning/

質問

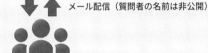

節税タックス
プランニング研究会
会員専用の掲示板
(非公開の会員HP)

回答

伊藤 俊一

会員の先生からの質問
(他の会員には匿名)

メール配信（質問者の名前は非公開）

他の会員

この研究会で質問できる内容は以下の通りです。
①過去の会計や税務に関する処理や判断（税務質問会と同様）
　※事前に調べることなく、すぐに質問できる点で「税務質問会」と異なります。
②これから実施する税務に関連するスキーム等
節税対策やスキーム／保険活用の節税手法／ M&A ／事業継承スキーム／
組織再編／相続対策相続に関連する不動産の問題（借地権など）／
税務上適正株価算定／株価対策やスクイーズアウトを含む株主対策／
新株発行・併合・消却など株式関連／民事信託など
※①②いずれも国際税務を除く

「節税タックスプランニング研究会」の特徴と利用するメリット

事前調べなしに、税務や
タックスプランニングについて
質問・相談ができる

他の会員の質疑応答の
内容を見ることができる

税務・タックスプランニングに
関する解説動画40種類
ワンポイント解説
36種類が視聴できる

実務に役立つ
セミナー動画を
初月無料で視聴できる

弁護士監修の
一般企業用書式
400種類が利用できる

DVD/書籍の
割引購入が可能

●初月無料で以下のサービスを利用できます。
【1】過去の会計や税務に関する処理や判断および節税策やタックスプランニング
　　　に関する質問・相談
【2】実務講座の視聴
① 節税商品のトレンドと利用時の留意点
② 「税理士（FP）」「弁護士」「企業CFO」単独で完結できる中小企業・零細企業のためのM&A実践活用スキーム
③ 中小企業のための資本戦略と実践的活用スキーム＜組織再編成・スクイーズアウト・税務上適正評価額＞
④ 中小・零細企業のための事業承継戦略と実践的活用スキーム
⑤ 非上場株式の評価と戦略的活用スキーム（事業承継スキーム編）
⑥ 非上場株式の評価と戦略的活用スキーム（株式評価編）
⑦ 税務質疑応答事例〜法人税法・所得税法〜
⑧ 税務質疑応答事例〜相続・贈与〜
⑨ 税務質疑応答事例〜役員給与・固定資産税編〜
⑩ 税務質疑応答事例〜消費税編〜

●正会員になると実務講座を視聴できます。（プレミアムプランの場合）
税務質問会（プレミアムプラン）の実務講座41種類に加えて、以下の講座を視聴できます。
42 金融機関提案書の読み解き方と留意点
43 会社を設立する際のタックスプランニングと留意すべき事項
44 増資や減資を行う際のタックスプランニングと留意すべき事項
45 富裕層向け節税プランニングの基本プロセスと留意点
46 会社分割によるタックスプランニングの基本と留意点
47 各種節税プランニングといわれている事例の概要と税務上の留意点
48 組織再編成と事業承継・再生に係るプランニングの基本
49 事業承継のタックスプランニング
50 事業再生のタックスプランニング
51 「廃業」と「倒産」における税務の基本と留意点

【会費】

スタンダードプラン	プレミアムプラン
●初月　無料	●初月　無料
●2カ月目以降　月19,800円（税込）	●2カ月目以降　月24,200円（税込）
①専用フォームから質問・相談できる	①専用フォームから質問・相談できる
②実務講座（スタンダード）11種類	②実務講座（スタンダード）11種類
③特典書式400種類（一般企業用）	③実務講座（プレミアム）40種類以上
	④特典書式400種類（一般企業用）

運営：伊藤俊一税理士事務所　　事務局：株式会社バレーフィールド
お問い合わせ先【TEL】03-6272-6906　【Email】book@valley-field.com
【WEBサイト】https://myhoumu.jp/lp/taxplanning/